KB122250

국제관계와 신뢰외교

김창희, 곽재성, 장노순, 조성권, 주미영

法 文 社

* 이 연구는 2013년 정부(교육부)의 재원으로 한국연구재단의 지원을 받아 수행되었음(NRF-2013 S1A3A2043521).

역사적으로 가장 대표적인 한국의 외교정책을 선정한다면 조선시대의 광해군(光海君, 재위 1608~1623)이 주도한 실리외교인 중립외교라고 할 수 있다. 당시 지정학적 측면에서 광해군의 외교정책인 중립외교가 등장한 배경은 크게 대내외적인 차원에서 설명할 수 있다. 하나는 대외적으로 북쪽에서 강대국으로 부상하지만 배척대상인 후금(후에 청나라)과 몰락하지만 전통적인 사대외교의 대상인 명나라 사이에서 줄다리기 외교정책을 전개해야 할 처지였다. 다른 하나는 대내적으로 7년간의 임진왜란으로 지배층은 붕당정치로 그리고 피지배층인 백성은 피폐된 사회경제와 질병 및 기근으로 언제든 민란이 발생할 수 있는 상황인 누란의 위기 시대였다. 이와 같은 대내외적인 위기상황에서 후금과 명나라 사이에서 현실적인 중립외교를 제시한 광해군의 정치외교적 리더십은 현재 한반도의 지정학적인 국제정세를 바라볼 때 매우 의미심장하다고 평가한다.

현재 한국은 동북아시아를 넘어서 G20의 회원국이고 유엔 안보리 비상임이사국이며 세계 10위권의 경제 및 군사강국으로 중견국의 입지를 지니고 있다. 또한 한국은 유엔 사무총장을 배출한 국가이며 세계에서 유일한 분단국가이면서도 원조수혜국에서 원조공여국으로 전환한 유일한 나라이기도 하면서, 최근에는 전 세계적으로 한류(韓流)의 확산과 함께 문화강국으로 발돋움하고 있다. 그럼에도 불구하고 한국은 현재 광해군 시대 이래 약 400년이 흘렀지만 한반도의 대내외적인 상황은 지정학적 차원에서 크게 변치 않고 오히려 더욱 복잡한 양상을 보이고 있다. 다시 말하면 대외적으로 한반도 주변의 강대국은 전통적인 중국과 일본을 포함해서 러시아와 미국이 가세한 양상이고 대내적으로 과거의 붕당정치는 현재 이데올로기 차원에서 남북한이 분단되고 그 와중에서 남한은 다시 지역감정으로 분열되는 양성을 보이고 있다. 한마디로 현재 한국은 불안정성과 불확실성의 특징을 보이고 있다.

한편 후쿠야마(Francis Fukuyama)는 그의 저서(『TRUST』 1995)에서 "한 국가의 경쟁력은 그 사회가 지니고 있는 신뢰 수준에 의해 결정 된다"고 강조했다. 이것이 국제사회에서도 그대로 적용된다면 국제사회에서 한국이 신뢰국가가 되기 위해서는 정치, 경제, 사회, 문화 등의 다양한 영역에서 신뢰 이미지를 창출하거나 유지할 수 있게 하는 외교정책이 수립되어야 한다. 이를 위해서는 '신뢰'가 외교의 핵심적 개념이 되어야 한다. 왜냐하면 대부분의 행위자들은 신뢰관계의 네트워크를 형성하고 있기 때문이다. 신뢰를 형성하는 것은 단순히 지도자 간의 유대관계를 넘어 입장, 전술, 전략을 둘러싼 현실적이고 복잡한 구조의 관계까지 중요하게 고려해야 한다. 한마디로 '신뢰하되 검증하라(trust but verify)'는 격언을 염두에 두어야 한다.

이런 맥락에서 이 단행본은 미래의 통일한국을 위한 글로벌 신뢰한국에 대한 인식을 조성하기 위한 방법의 하나로 국제사회 내 협력과 합의를 강조한다. 왜냐하면 독일통일이 시사하는 바와 같이 통일한국은 남북한의 '우리(us)'가 아닌 국제관계라는 '함께(together)'의 분석틀이 필요하다는 의미이다. 이를 위해 이 책은 신뢰한국을 위한 외교모델은 무엇이며 그리고 그 모델을 구체화하기 위한 이슈들은 무엇인가에 초점을 맞춘다. 다양한 외교적 이슈들 중에서 이 책은 우선 3년차의 연구를 집대성한다는 목적에서 이론적으로 신뢰외교의 분석틀을 제시하고 그에 따른 사례연구로서 북한에 대한 박근혜 정부의 한반도 신뢰프로세스에 대한 평가, 정치리더십, 사이버안보, 식량안보, 보건안보, 경제외교, ODA, 그리고 공공외교 등을 분석했다.

구체적으로 제1부는 『국제관계와 정치과정에서의 신뢰』라는 제목으로 세 편의 학술논문을 엮어 구성했다. 첫째, 주미영 교수의 "글로벌 신뢰 구축을 위한 외교정책 모색"이라는 논문은 21세기는 세계화와 정보화라는 거대한 변화 속에 놓여있고 행위자와 그에 따른 이슈는 점차적으로 다양화되고 복합해지고 있으며 또한 미래에 대한 불확실성과 위험성은 점차 높아지는 국제환경 속에서 국가 간 대립과 갈등은 관련 국가 간의 상호성에 의해 해결될 수밖에 없는데, 이를 위해서는 협력이 필요하고 협력을 이루어 내기 위해서는 반드시 신뢰가 전제되어야 함을 제시하고 있다. 따라서 이 글은 많은 국가들이 신뢰의 중요성을 재인식하고 그에 따른 외교 목표와 전략을 모색하는 과정에서 경험 및 도덕을 기초로 한 신뢰 판단의 기준과 내집단 및 외집단으로 구분되는 신뢰 대상을 사용해서 유형화 된 네 가지 신뢰 유형을 제시하면서 국가 목표에 따른 외교 영역에 적용할 필요성을 강조하고 있다.

둘째, 김창희 교수의 "국제관계에서 신뢰와 한반도 신뢰프로세스의 검토"라는 논문은 위의 주미영 교수가 제시한 현재의 국제적 상황과 맥을 같이하면서 신뢰를 기반으로 하는 외교의 구조와 방법이 변화되어야 함을 강조하고 있다. 그는 "신뢰란 약속을 지키는 것을 기반으로 대화와 행동을 통해 조성된다"고 제시하면서 신뢰를 국제정치의 주요이론인 현실주의, 자유주의, 그리고 구성주의 시각과 결부시켜 설명한다. 또한 이를 바탕으로 실제적 측면에서 한반도 신뢰프로세스를 신뢰를 바탕으로 한 협력지향의 구성주의적 시각과 결부시키고 있다. 그러나 북한 대외정책의 기본은 핵과 경제의 '병진로선'으로 우리의 정책과 상충하고 있다. 따라서 그는 신뢰는 상대에 대한 기대이므로 상호성을 가져야 함을 강조하면서 한반도 신뢰프로세스의 성공을 위해서는 투 트랙의 운영 등 유연성을 발휘하여 정책 논리와 수행의 간극을 좁혀나가야 함을 주장한다.

셋째, 김창희·주미영 교수의 "정치과정에서 신뢰와 정치리더십 연구"는 정부와 정치지도자에 대한 국민의 불신이 높아지는 것은 민주주의의 쇠퇴뿐만 아니라 정치의 효율성을 악화시키는 심각한 문제라고 인식하고 있다. 이런 맥락에서 신뢰는 정치체제가 그 정통성과 지속가능성을 유지하는데 가장 중요한 요소임을 강조하고 있다. 또한 신뢰는 대중의 요구가 정치체제로 투입되어 정치과정을 거쳐 산출된 정책이 얼마나 대중을 만족시킬 수 있는가에 달려있으므로 정치체계이론을 기초로 구조기능주의 분석도 가능함을 강조하고 있다. 정치적 신뢰는 사회적 자본에 기초한 사회적 신뢰의 수준, 정치과정에서의 정치리더십 기능, 정치 지도자의 개인적 자질과 능력 등에 따라 변화된다. 한마디로 두 교수는 사회적 신뢰가 정치적 신뢰로 이어질 수 있으며 궁극적으로 국민의 이익을 증대시켜 행복한 사회로 발전할 수 있음을 강조하고 있다. 또한 이 과정에서 국민으로부터 지지와 신뢰를 획득할 수 있다.

제2부는 『국가안보와 신뢰외교』라는 제목으로 네 편의 학술논문을 엮어 구성했다. 첫째, 장노순 교수의 "사이버안보에서 갈등구조와 신뢰구축"이라는 논문은 기본적으로 사이버안보는 재래식 군사안보 혹은 대량살상무기의 위협과 다른 비대칭적인 이중구조라는 특징을 갖고 있다고 전제한다. 예를 들면 비국가 행위자들은 사이버 무기를 저렴하게 획득하여 공격에 가담하고 공격자의 신원은 파악하기 어렵다. 이를 제재하기 위한 국제규범의 구축은 초기 단계 수준에 머무르고 있다. 왜냐하면 강대국들 간 신뢰구축은 당위적인 행위 규제보다는 자국의 이익을 극대화하려는 전략적 고려에 의해 영향을 받기 때문이다. 사이버안보에서 강대국은 절대적 우위를 유지하기 어렵고 공격력 강화가 방어력 강화로 이어지지 않는다. 또한 사이버 공격의 역량이 우세하더라도 사이버 첩보활동에서는 취약할 수 있다. 그는 이런 위협의 비대칭성이 사이버 공간에서 신뢰를 구축하는데 장애 요인임을 강조하고 있다.

둘째, 장노순 교수의 "사이버안보와 국제규범의 발전"은 현재까지 국제사회는 사이버안보를 확보하기 위해 국제규범을 구축하여 국제안보질서의 불안정 요인과 위협 요소를 최소화하려고 함을 전제하고 있다. 이런 국제규범의 발전을 주도하는 역할은 유엔 산하의 정부전문가그룹(GGE)이다. 1~3차 협상도 마무리되어 보고서가 유엔총회에서 채택됐다. 사이버안보를 보는 시각은 크게 두 가지가 있다. 미국과 서유럽은 사이버공간의 자유로운 정보 유통을 보호하지만 사이버 범죄를 통제하자는 입장이다. 반면에 중국과 러시아를 포함한 상하이협력기구는 인터넷 공간에 대한 국가의 통제가 필요하고 사이버공간의 군사화를 반대한다. 3차 합의 중에는 사이버 공간의 주권 인정, 사이버 공격에 대한 자위권 차원의 무력 사용, 비국가 행위자의 행위에 대한 관할 국가의 책임 등이 포함됐다. 그는 향후 사이버안보의 국제규범은 강대국이 얻는 전략적 이익의 편차가 해소되는 방식에 의해 영향을 받을 것임을 강조하고 있다.

셋째, 조성권 교수의 "식량안보를 위한 국가정책"이라는 논문은 1994년 UN개발계획이 인간안보의 위협으로 간주한 일곱 가지 인간안보의 이슈 중에서 식량에 대한 논의를 한국에 초점을 맞추어 분석하고 있다. 그는 식량자급률을 의미하는 식량안보는 매년 급격히 하락하면서 위협을 받고 있다고 강조한다. 예를 들면 한국의 곡물자급률은 2010년 27%에서 2011년 22%로 하락했다. 특히 콩의 자급률은 불과 8.7%에 불과하다. 국산 농산물, 수산물, 축산물의 비율도 점차적으로 낮아지는 반면 외국산 수입은 증가하고 있다. 따라서 이 글은 해방 이래 과거 정부들이 인간안보 차원에서 한국의 식량안보를 위해 얼마나 많은 노력을 기울였는가에 대한 평가적 분석이다. 이런 평가는 박근혜 정부의 외교정책 핵심인 신뢰외교가 인간안보 차원과 맥을 같이 한다는 의미에서도 중요하다. 왜냐하면 박근혜 정부가 대내외적인 식량문제를 국제사회에서의 신뢰외교를 추진하는 중요한 수단의 하나로 간주할 수 있기 때문이다.

넷째, 조성권 교수의 "21세기 전염병과 보건안보"라는 논문은 21세기 비전통 보건안보의 가장 중요한 이슈로 등장한 전염병에 대한 분석이다. 그러나 이 연구는 보건안보의 분석수준에서 현재 학문적 주류를 형성한 글로벌 보건안보에 초점을 맞춘 것이 아니라 국가안보에 초점을 맞춘 연구이다. 왜냐하면 국가안보가 토대를 형성하지 않은 글로벌 보건안보의 강조는 국제레짐의 형성에 많은 문제점을 드러낼 수 있기 때문이다. 따라서 이 연구는 전염병을 21세기 신안보 차원에서 접근하면서 인간 및 사회를 포함한 좀 더 넓은 의미의 국가안보 차원에서 정책을 제시하는 글이다. 그러나 전염병 관련 보건안보는 점차적으로 분석수준에서 글로벌 안보까지 확장할 수 있는 광범위한 안보 개념의 확대를 요구하고 있다. 또한 이 연구를 토대로 향후 과제는 전염병 이슈를 식량, 농촌, 수자원, 환경안보의 관점에서도 어떻게 연계시키는 문제로 확대될 수 있음을 보여주고 있다.

제3부는 『경제외교와 공공외교』라는 제목으로 세 편의 학술논문을 엮어 구성했다. 첫째, 곽재성 교수의 "경제외교에서의 신뢰구축"이라는 논문은 무역통상부분에서 다양한 사례분석을 통해 경제외교에서 신뢰의 역할에

대한 '일반화'를 시도하고 있다. 이를 위해 무역통상 외교와 신뢰의 관계를 크게 세 영역에서 접근한다. 첫째는 무역확대를 통한 신뢰구축을 도모한다. 특히 무역 협상시 다양한 신뢰 구축 메커니즘을 확보할 수 있음을 주장하고 있다. 둘째는 양자 간 다자간 무역불균형 등 무역 분쟁으로 신뢰가 위협받는 상황에서 그 해결 노력을 통해 신뢰를 쌓는 경우이다. 셋째는 자원 및 에너지 외교에 있어서 다국적 가스관 등 지정학적인 요인으로 인해 통상관계의 신뢰에 영향을 받는 경우의 리스크 관리가 중요하며 이를 해결하는 과정에서 신뢰의 역할을 강조하고 있다. 한마디로 이 글은 무역통상 분야에서 제시한 일반화 명제는 향후 보다 더 체계적인 연구의 토대로 활용할 수 있음을 제시한다.

둘째, 곽재성 교수의 "공적개발원조를 중심으로 한 글로벌 신뢰구축 방안"은 21세기 글로벌 사회에서 급부상하고 있는 한국이 글로벌 경제협력 무대에서 신뢰를 통한 지적 리더십의 가능성를 논의하고 있다. 구체적으로 세계적으로 수원국에서 공여국으로 탈바꿈한 몇 안 되는 사례인 한국의 원조공여 경험을 통해 21세기 대외정책의 한 축으로 빠르게 부상하고 있는 공적개발원조가 우리의 경제외교에 있어 신뢰구축에 기여하고 있는가에 대한 분석이다. 이를 위해 객관적인 지표를 제공하는 한 씽크탱크(CGD: Center for Global Development)의 자료를 활용하여 우리 원조의 외연상의 이슈를 기본적으로 파악하고, 나아가 질적인 면에서의 문제점과 개발효과성을 비롯한 다양한 원조 목적을 확보하기 위한 개선 가능성에 대해 논의하고 있다.

셋째, 주미영 교수의 "글로벌 신뢰국가 이미지 형성을 위한 한국의 공공외교 연구"라는 글은 '글로벌 신뢰한국'이라는 국가 이미지 형성을 위한 공공외교 모델과 공공외교 전략을 모색하고 있다. 공공외교의 역할은 우호적인 국가 이미지를 형성하는 것과 국제사회에서 신뢰받는 국가 이미지를 구축하는 것은 동일한 목표로 간주될 수 있다. 이를 위해 첫째는 외국 대중으로부터 신뢰를 얻기 위한 공공외교 커뮤니케이션 모델을 기초로 단계별 필요한 공공외교의 활동영역을 파악해야 하며; 둘째는 국제사회 내 한국의 위상을 알 수 있는 다양한 지수들을 통해 한국의 위상이나 국가 이미지의 현실을 분석해야 하고; 셋째는 한국이 '글로벌 신뢰'를 얻기 위한 다양한 공공외교 전략의 수단들을 논의하고 있다. 한마디로 주교수는 한국의 공공외교가 다른 선진국들에 비해 비교적 뒤처져 있는 상황에서 향후 명확한 외교 목표 설정 및 장기적인 효과를 얻을 수 있는 방안이 필요함을 강조하고 있다.

이 단행본은 2013년도 정부(교육부)의 재원으로 지난 3년 동안 한국연구재단의 지원(Social Science Korea 사업)을 받아 수행된 많은 학술논문들 중에서 선정한 8편과 2편의 학술논문을 묶어 편찬한 것이다. 이 프로젝트의 성공을 위해 많은 지인들과 기관들의 도움이 매우 컸다. 우선 비록 초창기 프로젝트의 계획서에 적극적으로 참여하고 2013~14년 동안 참석했지만 개인사정으로 그만둔 박상현 박사(국방과학연구원)에게 감사드린다. 또한 지난 3년 동안 다양한 학회의 세미나와 자체 세미나를 통해 사회, 발표, 그리고 토론을 해준 많은 학자들에게 이 글을 통해 조금이마나 우리들의 감사한 마음을 전하고 싶다. 그리고 그 과정에서 여러모로 귀찮은 뒤치다꺼리를 해준 박현진(전북대학교), 박선홍(한국외국어대학교), 김병일(한성대학교), 나유진(고려대학교), 김현경(전북대학교) 보조연구원들에게도 진심으로 감사의 말을 드리고 싶다. 특히 초창기 바쁜 과정에서 혼자 모든 일을 도맡은 박현진 연구원에게 다시 한번 감사의 마음을 전하고 싶다. 또한 이 프로젝트의 성공을 위해 전북대학교의 산학협력단 및 도서관을 비롯하여 경희대학교, 한라대학교, 한성대학교의 도서관들로부터 학술서적 등을 포함한 많은 지원에 감사드린다. 끝으로 기꺼이 출판해 주신 법문사 배효선 사장님께도 감사를 드린다.

2016년 6월

이 프로젝트의 성공을 위해 애쓴 다섯 명의 연구진을 대표하면서

김 창 희 拜上

차 례

제1부 국제관계와 정치과정에서의 신뢰

제 1 부

국제관계와 정치과정에서의 신뢰

제 1 장

글로벌 신뢰 구축을 위한 외교정책 모색: 신뢰유형을 중심으로*

주미영 전북대학교 SSK팀 연구교수

Ⅰ. 머 리 말

국제사회는 세계화로 인해 국가 간의 교류가 활성화되면서 다양한 문화 습득이 가능해졌을 뿐만 아니라 교통 및 IT기술 발전으로 주권과 국경을 초월하여 자본, 노동, 기술, 서비스, 정보 등이 교환되거나 조정되는 속도가 가속화 되었다. 이런 환경 속에서 전 세계는 국경 없는 무한경쟁체제가 되었기 때문에 국가 간 상호작용 방식은 변화될 수밖에 없다. 하지만 21세기가 시작된 지 얼마 되지 않은 2001년 미국에서 9·11 테러가 발생했고 이 때문에 국제사회는 그야말로 불신으로 가득 찬 "먹고 먹히는 잔인한 세상(dog-eat-dog)"처럼 간주되기 시작했다(Brewer et al. 2004, 105). 냉전 동안 논의되던 것과는 다른 의미에서 국가들은 신뢰의 중요성을 재인식하는 외교 목표와 전략을 생각하기 시작했다.

* 이 글은 『정치·정보연구』 제17권 1호(2014년)에 게재된 것이다.

2009년 영국의 '파이낸셜 타임스(Financial Times)'가 현대 사회를 좌우할 키워드로 '불확실성(uncertainty)'을 뽑았을 정도로 현 시대는 미래에 대한 예측이 불가능하다. 국제사회는 세계화·정보화로 요약되는 21세기 거대한 변화 속에서 NGO, 시민사회, 기업, 테러집단 등 비국가 행위자의 수와 그 영향력이 증대되고 있다. 이와 더불어 군사·안보·경제 등의 전통적 이슈에 치중하던 과거와는 달리 환경·테러·기술·인권과 같은 비전통적 이슈 등도 외교 영역에서 매우 중요하게 다루어지기 시작했다. 2008년 미국에서 시작된 금융위기 이후부터 경제 영역에서 선진국들의 영향력이 감소하고, 브릭스(BRICS), 친디아(CHINDIA)에 이어 마빈스(MAVINS), 미스트(MIST) 등으로 표현되는 신흥국들이 부상하고 있다. 강대국의 위계질서 변화와 새로운 안보위협이 등장함으로써 국제정치의 기본원리와 행동규칙이 단순에서 복합(complex)으로 바뀌고 있다(하영선 2011, 8장).

세계화는 복합적이고 비선형적인 경쟁의 장인 일련의 전쟁터를 양산해 내고 있다(Khondker 2000, 30). 다양화되고 복잡해진 국제질서 때문에 미래에 대한 불확실성은 점차 높아가고, 이에 대한 진단과 대응이 훨씬 더 어려워지고 있다. 이렇게 불확실하고 위험성이 높은 국제 환경에서 국가 간 대립과 갈등은 관련 국가 간의 상호성에 의해 해결될 수밖에 없다. 해결을 위해서는 협력이 필요하고 협력을 이루어내기 위해서는 반드시 신뢰(trust)가 전제되어야 한다. 금융위기와 더불어 개발, 기후변화, 원자력 안전, 재난관리, 식량부족, 초국가적 범죄, 및 사이버 안보 등 다양한 국제적 이슈는 어느 때보다도 국제사회 내 긴밀한 협력이 요구되고 있다. 선진국의 경기둔화와 세계경제의 불확실성이 신흥국에도 파급되는 추세 속에서 국제경제의 상호의존성 때문에 금융위기 극복을 위한 국제협력은 매우 중요하다.

특히 21세기가 "아시아 · 태평양 시대"라고 불릴 만큼 아 · 태 지역의 중요성이 증대하고 있다. 동북아 지역에서는 북핵 및 북한의 미사일 발사 문제가 역내 평화와 안보를 위협하는 요인이 되고 있을 뿐만 아니라 과거사와 영토문제를 둘러싼 역내 갈등 요인들로 이 지역의 안보는 다른 어떤 지역보다도 더 불확실성에 놓여있다. 특히 중국의 급속한 경제성장과 군사적 영향력의 증대는 동북아 지역의 안보 및 경제 구도 변화에 큰 영향을 주고 있다. 아 · 태 지역은 높은 경제성장률과 역동성을 발판으로 국제질서 변화의 중심에 있을 뿐만 아니라 세계 경제성장의 견인차 역할을 하고 있다. 이 지역에 위치한 한국은 국제사회에서 어떤 역할을 할 수 있는 국가로 거듭날 것인가를 고민하고 미래 통일시대를 대비해 한국의 외교 목표와 전략을 재검토하고 개선과 발전을 모색해 볼 적절한 시점이라 할 수 있다.

이처럼 불확실하고 위험한 국제환경 속에서 국내외적으로 대두되고 있는 많은 문제점을 해결하기 위해서는 한 국가 스스로의 역량만으로는 부족하다. 결국 다른 국가와의 상호관계를 통한 협력을 얻어내는 전략을 모색해야 하는데, 이 때 신뢰는 충분조건은 아니라도 필요조건은 될 수 있다. 한국은 세계에서 유일한 분단국가이기 때문에 특히 국방, 군사, 안보적 이슈를 둘러싼 외교가 다른 어떤 이슈에 비해 우선시될 수밖에 없지만, 경제, 안전, 문화 등의 다른 외교 영역 간 네트워크화될 수 있는 통합적 외교가 필요하고, 이를 위해서는 신뢰기반 외교 전략이 무엇보다도 중요하다.

따라서 이 글에서는 첫째 국제사회 내 다른 국가와의 관계에서 '신뢰 국가'로서의 이미지를 구축하기 위해서는 신뢰에 대한 개념과 이론을 보다 구체적으로 살펴보려고 한다. 무엇보다도 국제사회에서 신뢰받을 수 있는 국가가 된다는 것은 구체적으로 '국제적 신뢰(international trust)'를 구축한다는 것을 의미한다. 둘째, 외교 정책 수립에서 신뢰는 어떤 역할을 해야 하는가에 대한 논의가 필요한데 그 이유는 외교 영역 별 정책에서 그 역할이 다르기 때문이다. 즉 신뢰관계 구축에서 국가가 직면하는 문제점이 무엇인가를 파악하고자 한다. 마지막으로 한국이 타국에 대한 외교 관계를 형성할 경우와 타국이 한국과 외교 관계를 수립할 경우 신뢰구축의 의미와 방법에서 차이가 있다. 국제사회에서의 전반적인 한국의 신뢰 수준과 특정 국가와의 관계에서의 신뢰 정도는 크게 다르기 때문이다. 이를 파악하기 위해서는 상황에 따른 신뢰구축 방안을 모색해 볼 필요가 있다.

Ⅱ. 신뢰유형과 신뢰이론

정치학 분야에서 신뢰에 대한 연구는 이미 오래 전부터 시작되었지만 1990년대 다시 주목받기 시작했다. 신뢰와 관련해서 게임이론(Kydd, 1997), 위험감수(risk-taking)행위(Coleman 1990), 협력(Gambetta 1988), 사회적 자본(Coleman 1988; Putnam 1995) 등과 관련된 연구들이 많이 축적되어 왔다. 특히 국제정치 영역에서는 국가 간 갈등을 위한 평화적 해결과 신뢰와의 연계성을 파악하려는 연구가 주를 이루었다. 대부분의 이들 연구들은 평화적인 관계나 결실을 얻기 위해서는 신뢰가 기초되어야 하며, 신뢰는 국가 간 협력을 위한 필요조건이어야 한다고 주장한다.

신뢰는 우선 분석의 단위에 따라 내집단 신뢰(in-group trust)와 외집단 신뢰(out-group trust)로 구분된다. 공동체 내에서 신뢰가 어떻게 형성되며, 어떤 영향을 미치는가를 설명하는 이론은 세 가지가 있다.

첫째, 상충이론(antagonism theory)은 내집단 사람들은 강한 가족주의적 성향 때문에 외집단에 대해 높은 수준의 경계심이나 적대심을 보이므로 내집단과 외집단 신뢰 간에는 상관관계가 없다고 설명한다(Tajfel 1970; Yuki et al. 2005). 둘째, 통합이론(unity theory)은 내집단 신뢰와 외집단 신뢰 간에 상관관계가 있음을 강조한다. 타인에 대한 신뢰는 사회화 과정에서 형성되는 개인의 성격과 유사하기 때문에 내집단에 대한 신뢰가 높을 경우 타인이나 외집단에 대한 신뢰 역시 높은 성향이 있다(Allport 1954; Rosenberg 1957; Allport & Cattell 1965; Uslaner 2002; Welzel 2010). 셋째, 선행조건이론(prerequisite theory)은 내집단 신뢰와 외집단 신뢰 간 상관관계가 있긴 하지만 내집단 신뢰는 외집단 신뢰를 위한 필요조건이지 충분조건은 아니라고 주장한다. 즉 신뢰는 타집단과 협력했던 경험을 통해서 습득된다는 것이다(Seligman 1999; Sztompka 1999; Hardin 2002; Lollel and Torpe 2011; Dethey, Newton, and Welzel 2011).

사람들은 대체로 외집단 구성원의 행동보다는 자신이 속해 있는 내집단 구성원의 행동을 보다 더 긍정적으로 받아들인다. 내집단을 구성하는 개개인들의 신뢰 성향이 높으면 내집단 신뢰가 높아지게 되고 궁극적으로 외집단에 대한 신뢰 역시 높아지는 성향을 보이기 때문이다. 이는 사회를 구성하는 구성원들이 보여주는 각 개인의 성격과도 같아서 나타나는 특징이다. 하지만 내집단 신뢰가 항상 외집단 신뢰와 동일하지 않기 때문에 내집단 신뢰는 외집단 신뢰 구축에 필요조건이지만 충분조건은 아니다.

한편 내집단 신뢰와 외집단 신뢰로 구분하는 것과 달리 신뢰 대상 즉 '누구를 신뢰하는가'와 신뢰 판단의 기준인 '경험(지식)기반 또는 도덕기반'을 기초로 신뢰를 유형화할 수 있다. 네 가지 유형으로서 특정적 신뢰(particular trust), 일반적 신뢰(general trust), 도덕적 신뢰(moralistic trust), 그리고 전략적 신뢰(strategic trust)가 있다. 많은 학자들은 내집단 신뢰는 특정적 신뢰와, 그리고 외집단 신뢰는 일반적 신뢰와 유사하다고 본다. 다시 말하면 특정적 신뢰는 자신이 속해 있는 내집단 구성원만을 신뢰하는 성향을 보이는 반면, 일반적 신뢰는 자신이 속해 있지 않은 외집단 사람들까지도 포용하면서 신뢰하려는 태도를 보인다(우슬러너 2013).

퍼트넘(Robert Putnam 1993 & 2000)에 따르면 특정적 신뢰를 보이는 사람들은 외부세계가 위험하다고 생각하므로 낯선 사람들에게 경계심을 보이기 때문에 신뢰 여부를 결정하는 과정에서 자신의 경험이나 지식 즉 자신의 고정관념에 의존하는 경향이 높다. 반면 일반적 신뢰의 경우 사람들은 대부분의 사람들을 도덕적 공동체의 구성원으로 간주하기 때문에 다양한 유형의 낯선 사람들까지도 포용하는 성향을 보인다. 이렇듯 특정적 신뢰는 불확실성을 벗어나기 위해 개인적 경험을 토대로 내집단 구성원들과 신뢰를 형성하면서 강한 유대를 형성할 수 있지만, 일반적 신뢰는 도덕과 집단적 경험을 기초로 대부분의 사람들을 신뢰하므로 유대가 느슨한 편이다. 이에 대해 그는 전자를 결합적(bonding) 신뢰, 후자를 연결적(bridging) 신뢰라는 또 다른 유형으로 소개하고 있다.

한편 우슬러너(2000)는 신뢰를 전략적(strategic) 그리고 도덕적(moralistic) 차원에서 구분하는데, 이는 앞서 설명된 신뢰의 유형과 거의 유사하다. 전략적 신뢰는 특정 개인에 대한 정보와 경험을 근거해서 신뢰 대상을 평가하기 때문에 특정적 신뢰와 같은 의미라 생각할 수 있으나 신뢰 대상에서 약간 차이가 난다. 특정적 신뢰를 'A는 B를 믿는다.'고 표현한다면, 전략적 신뢰는 'A는 B가 X라는 행동을 할 것이라 믿는다.'로 표현된다(Hardin 2002, 36-40).[1] 특정적 신뢰가 전략적 신뢰보다 신뢰 대상의 수가 많다. 전략적 신뢰는 정보와 경험에 기초한 '지식기반적 신뢰'(Yamagishi 2011)이기 때문에 타인의 행동에 관한 예측과도 같다. 따라서 새로운 경험을 하게 될 경우 특정 타인에 대한 신뢰성에 대한 생각이 쉽게 바뀔 수 있기 때문에 전략적 신뢰는 무너질 가능성이 매우 높다. 이 같은 신뢰에 대해서 '쌓기는 어려워도 무너지기 쉽다.'(Das Gupta 1988, 50)는 표현이 적절하다.

한편 도덕적 신뢰의 기초는 타인이 보여주는 선의에 대한 신념을 기초로 다른 사람들이 나를 이용하려고 하지 않을 것이라고 믿는 데 있다. 도덕적 신뢰는 가치와 집단적 경험 모두를 기초로 하는 일반적 신뢰와는 다르게 오직 가치만을 기초로 한다. 따라서 일반적 신뢰는 안정적이긴 해도 변화의 기복이 심할 수 있는 반면, 도덕적 신뢰는 매우 안정적이다. 도덕적 신뢰는 자신과 다른 사람들과도 기꺼이 관계를 맺고, 폭넓게 공동체를 형성하고, 선행을 베풀고, 의견 대립을 해소할 수 있는 낙관적 세계관을 형성하는 데 도움을 준다. 이는 단순히 'A는 믿는다.'로 표현되는데, 특정한 사람에 대한 믿음이 아닌 일반적인 타인에 대한 믿음으로서 사람들이 어떻게 행동해야 하는가를 보여준다. 도덕적 신뢰의 경우 '쌓는 것은 어렵지만 쉽게 무너지지 않고 안정적이다.'라고 말할 수 있다.

[그림 1]을 보면 전략적 신뢰와 특정적 신뢰일수록 상호주의가 강하고, 일반적 신뢰, 도덕적 신뢰의 경우는 상호주의가 성립되지 않는다. 전략적 신뢰와 특정적 신뢰는 서로에 대해 경험을 통해 잘 알 수 있을 정도의 정보를 가지고 있는 경우에만 가능하기 때문에 내집단

---

1) 특정적 신뢰에서의 대상인 B는 내집단 내 대다수 또는 전체를 의미하지만, 전략적 신뢰의 B는 하나의 특정 대상을 의미한다.

[그림 1] 신뢰의 유형 특성

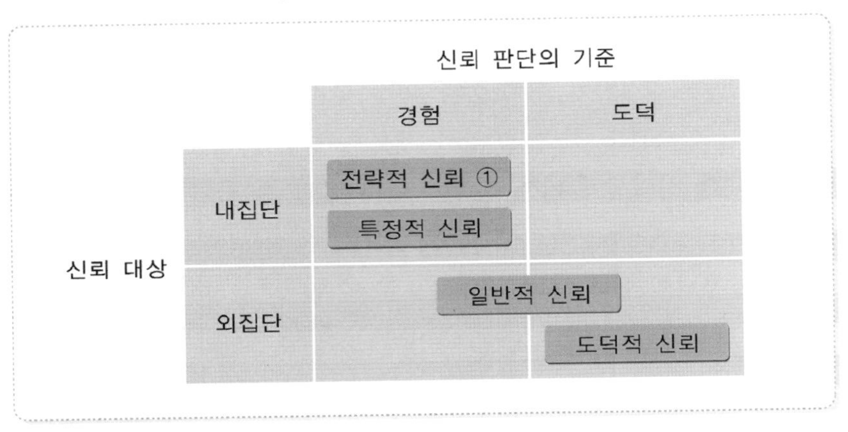

내 특정 상대이나 내집단 전체 간 신뢰 문제만을 해결할 수 있다. 도덕적 신뢰는 규칙적이고 정직한 행동을 기대하기 때문에 공동체가 일련의 도덕적 가치들을 공유할 때만 생성된다(Fukuyama 1995, 153). 특정적 신뢰는 좁은 네트워크 안에서 형성되기 때문에 신뢰를 기반해서 얻는 이익은 국지적이므로 내집단은 더 나은 생활을 할 수 있지만 사회 전체를 번영시키지는 못하는 한계가 있다(김시윤 2009, 232).

이와 같이 이론적으로 내집단 정체성이 신뢰 형성의 요소라면 국제정치에서 신뢰를 찾아보기는 매우 어렵다. 무정부 상태에서 국가들은 자국을 방어해야 하고 타국의 행태에 대한 동기를 늘 의심하기 때문이다. 따라서 국제정치, 즉 외교 영역에서는 사회정체성 이론에 따라 행위자 단위를 개인의 정체성뿐만 아닌 집단의 정체성으로 간주해야 한다. 국제관계에서의 신뢰는 [그림 1]에서와 같이 대상국과의 관계를 기초로 네 가지 신뢰유형 중 어떤 신뢰에 목표를 두어야 할 것인가에 따라 달라질 수 있다. 예를 들면 국가 간 우호 및 상호협력 수준 등을 기초로 대상국들을 내집단과 외집단으로 구분해 볼 수 있다. 이럴 경우 외교에서 외집단으로 간주될 수 있는 대상 국가는 동맹관계를 맺은 적 없고 유사하지 않은 상대이므로 대부분 내집단보다는 외집단과 신뢰관계를 형성하는 것이 훨씬 어렵다.

집단의 정체성을 구분하는 것은 전반적으로 국제 정치에서의 신뢰를 설명하기 위해 매우 중요한 일이다. 내집단 정체성은 아주 장기간 유지되고 있는 동맹국가나 우방국가들 간에서의 신뢰를 설명할 수 있다. 반면 일반적으로 외집단은 집단 내 정체성, 즉 민족이나 종교적 측면에서 전혀 다른 사람들이거나 전혀 모르는 사람들을 의미하므로 국제정치에서 외집단은 외교 관계를 형성한 적이 없거나 상호관계가 많지 않은 국가들을 의미한다. 따라서 전략적 신뢰나 특정적 신뢰는 동맹국가나 우방국가 또는 상호교류가 오랫동안 유지되어 온 국가들과의 관계에 적용될 수 있는 반면, 일반적 신뢰나 도덕적 신뢰는 교류나 외교관계를 해본 적인 없는 낯선 국가들과의 관계에서 형성될 수 있는 신뢰로 볼 수 있다. 일반적 또는 도덕적 신뢰는 새로운 협력이나 결집된 행동을 이끌어내기 위한 윤활유 역할을 할 수 있기 때문에 외교에서 신뢰를 구축하는 데 중요한 역할을 할 수 있다.

신뢰의 유형 분류와는 별도로 국제정치 영역에서 보는 신뢰에 대한 이론은 몇 가지로 정리된다. 우선 현실주의적 시각에서 보는 신뢰에 대한 설명은 두 가지가 있다. 첫째 공격적 현실주의는 무정부 상태와 국제사회에서는 '한 국가가 다른 국가에 대해 상대적인 힘을 극대화함으로써 자신의 생존을 위해 방위력을 확대하고자 한다.'고 주장한다 (Mearsheimer 1990 & 2001; Labs 1997). 어떤 국가들이건 자국의 이익을 추구하므로 상대 국가에 의해 이용당할 것을 두려워하기 때문에 상대방을 신뢰하지 않는 성향이 있다. 이와 같이 불확실한 국제정치에서 쌍방 간의 관계는 불신과 갈등이 순환적으로 지속되고, 각 국가는 국방력이나 국력을 강화하기 위한 순환과정을 경험하게 된다. 국가들은 서로에 대해 두려움을 느끼고 전쟁이 일어날 것을 우려하기 때문에 이런 상황에서는 국가 간 신뢰가 형성될 가능성이 매우 낮을 수밖에 없다. 이것은 흔히 홉스(Thomas Hobbes)의 견해에 따른 '안보 딜레마' 상황을 의미한다(Herz 1950; Waltz 1979).

둘째, 방어적 현실주의는 불신이 항상 협력을 방해하는 것은 아니라고 설명한다(Jervis 1976 & 1989; Spita 1996; Glaser 1992 & 2002; Waltz 1978, 1997 & 2000). 대부분의 지도자들은 전쟁 비용이 전쟁의 결과보다 훨씬 큰 손실이 발생한다는 것을 잘 알고 있다. 따라서 복합적인 상호의존적 지구화 시대에서는 대부분의 지도자들이 다른 국가를 정복하거나 영토를 확장하기 위해 군사력을 이용하는 것을 원치 않는다. 지도자든 국민들이든 전쟁이 국가운영을 위한 유용한 도구라는 것을 여전히 인정하지만 대부분의 전쟁이 한 사회 내에서 극단적으로 민족주의 성향이 높거나 지나치게 군사주의적 성향이 강한 비합리적인 세력에 의해 저질러진다고 인식하고 있다. 따라서 이 견해에 따르면 생존이나 안보의 목적을 위해서 불신의 상황은 하나의 변수로서 변화될 수 있는 가능성이 열려 있을 뿐만 아니라 일정 국가들은 서로 협력할 수 있을 정도로 충분히 신뢰할 만한 수준에 있다고 볼 수 있다.

셋째, 자유주의적 제도주의 견해에 따르면 신뢰는 행위자가 상대방과 협력할만한 동기와 확신을 줄 수 있는 제도가 운영되거나 상대방의 착취로부터 보호받을 수 있을 경우에만 존재한다(Kohane and Nye 2002; Hoffman 2006). 이런 중재적 역할의 제도 없이 신뢰 형성은 불가능하다. 따라서 외국과 협력해서 신뢰를 쌓기 위해서는 지도자가 다자관계 결정에서 의견이나 주장을 효과적으로 제시할 수 있는 제도는 물론 자국 국민들로부터의 압력으로부터 자유로울 수 있는 제도가 필요하다(Hoffman 2006, 8). 즉 국가정책을 수립하기 위해서 정치체제가 사회적 또는 국민적 선호를 어떻게 수렴하고 있는지가 중요하다. 신뢰가 없는 사회에서는 국민들이 스스로 위험을 줄이고 협력을 증진시키기 위해 제도를 구성하기도 하고, 기업들 역시 필요할 경우 신뢰를 위한 제도적 보장을 요구하기도 한다. 집단적 신뢰를 확보하는 것은 마치 '티핑 포인트(tipping-point)'[2] 현상과도 같다(Kramer 2010, 83). 사실에 대한 확신이 충분히 있다면 집단적 신뢰는 존재하지만, 확신이 부족하면 집단적 신뢰는 존재하지 않게 된다. 신뢰는 오직 확신과 함께 존재할 수 있으며, 상대방의 이용으로부터 보호되는 것이 신뢰의 본질이고 그 원천이 바로 제도의 존재라 할 수 있다.

마지막으로 베이지언 이론(Bayesian theory)은 신뢰와 불신이 공존하고 있는 국제사회에서는 다른 행위자의 행태에 대한 믿음에 따라 신뢰여부가 결정된다고 설명한다. 특정 국가가 타국의 행태 동기에 대해 어떻게 신뢰하는가 또 행태에 대한 믿음에 대해 어떤 반응을 보이는가에 따라 신뢰인지 불신인지가 파악된다. 신뢰는 존재할 수 있지만 신뢰에 대한 믿음은 단순히 다른 국가의 행태를 반영할 뿐이다. 정당화된 신뢰는 협력을 유지할 수 있는 반면, 정당화된 불신은 갈등과 전쟁을 유발한다. 이 이론은 정책결정권자가 자신의 믿음에 따라 행동하고, 새로운 정보에 대응에서 합리적으로 자신의 믿음을 변화할 수 있다는 점을 강조한다. 전략적 신뢰가 바로 이에 해당된다.

---

2) 이는 작은 일에서 시작하여 한순간에 급진적으로 전파되는 극적인 변화의 순간을 의미한다.

Ⅲ. 외교에서의 신뢰개념

신뢰는 사회 내 인간 관계에서 뿐만 아니라 기관이나 국가 간 관계에서도 매우 중요한 개념으로 이미 오래 전부터 학계에서 연구의 대상이 되어왔다. 신뢰란 '한 측이 상대방 호의(goodwill)에 대해 긍정적인 감정'을 갖는 것을 의미하는 심리학적 개념도 있지만, 주로 학자들에게 신뢰란 '상대방을 위해 기꺼이 위험을 감수하려는 태도' 또는 '자신의 이익을 상대방의 지배하에 기꺼이 내려놓으려는 의지를 보이는 태도'로 정의되고 있다(Brenkert 1998; Gambetta, 1988; Govier 1997; Hardin 2001; Larson 1998). 따라서 외교에서의 신뢰는 국제체제 내에서 상대국가가 특정 국가를 위해 스스로 위험을 감수하는 태도를 보이거나 반대로 특정국가가 상대국가에 대해 기꺼이 위험을 감수하려는 태도를 보일 경우가 바로 국제적 신뢰에 해당된다.

국제적 신뢰란 한 국가가 대부분의 국가들이 기대하는 행위규범에 따라 행동하는 데 대한 믿음과도 같다. 만일 공동체 행위규범이 공동체의 결속을 유지시키는 역할을 한다면 공동체 구성원인 국가는 동일한 또는 공동의 이익을 추구하는 개인과도 같기 때문이다. 따라서 이 경우는 앞서 소개한 신뢰 유형 중 내집단 신뢰로 간주해서 특정적 신뢰나 전략적 신뢰에 적용할 수 있다. 즉 일정 국가가 비합리적이고, 동의할 수도 없고, 위기가 발생할 수 있는 상황임에도 불구하고 공동체의 구성원이기 때문에 동맹국이나 우방국을 위해 의무감으로 보여주는 신뢰가 바로 이에 해당된다. 한편 국제적 신뢰에 대한 개념을 "대부분의 국가들이 선의와 좋은 의도를 가지고 있다는 가정 하에서 다른 국가들에게 의구심을 가지고 있더라도 상시적으로 믿어주려는 결정과도 같다(Brewer et al. 2004, 96)"로 간주한다면, 이는 일반적 신뢰나 도덕적 신뢰가 적용될 수 있다. 이렇듯 외교에서의 신뢰는 앞서 소개된 신뢰의 유형 모두가 적용될 수 있는 복잡한 특성을 지니고 있다.

하지만 무엇보다도 중요한 것은 국제체제 내 신뢰와 신뢰관계는 어떤 유형이든 변화되기 쉬운 특성을 보인다. 왜냐하면 외교에서의 신뢰는 결코 조건 없이 지속될 수 없기 때문이다. 국가 간 관계는 상호작용을 통해 수립되고, 모든 국가는 국가존립의 목표를 위해 자신의 이익을 추구하므로 자신의 이익에 해가 될 경우 그 관계는 반드시 악화된다. 미래에 자국에게 이익이 되는 확실한 결과가 예상된다면 상대방에 대한 신뢰가 가능해진다. 자신의 이익을 다른 국가에게 위임하는 국가는 항상 타국을 배반할 수 있는 위험성을 지니고 있는데, 배반의 위험이 없을 경우에는 신뢰관계 형성에 전혀 문제가 없다. 결국 이를 위해서는 결합적 관계, 즉 전략적 신뢰가 반드시 필요하다. 이 같은 신뢰는 상대방의 능력에 대한 충분한 지식과 경험이 기반 되어야 한다. 상대측의 약속이행 가능성, 즉 약속을 지킬 것이라고 믿을만한 존재인가에 대한 평가가 이루어져야 한다.

긍정적인 결과를 기대할 수 있어서 신뢰나 신뢰관계가 형성되더라도 '위험(risk)'이라는 부정적 요소가 내포되어 있기 때문에 신뢰를 기초로 나타난 결과는 바람직할 수도 있지만 아닐 수도 있다. 따라서 신뢰와 신뢰관계는 위험성을 내포하고 있지만 위험을 감수해야만 반드시 신뢰를 얻는 것만은 아니다(Williamson 1993). 신뢰는 자신과 다른 사람이 갖고 있는 기본적 가치가 동일하다는 윤리적 가정 하에서 가능하기 때문에 낯선 사람들을 믿어 줌으로써 그들을 자신의 '도덕적 공동체' 내로 포용하는 상황은 외교 영역에서 자주 발생한다. 이와 같은 신뢰를 바탕으로 이루어진 합의는 오래 지속될 뿐 아니라 모든 단계를 거치면서 새로운 합의를 모색할 필요가 없는 만큼 일반적 신뢰나 도덕적 신뢰를 구축하는 것도 외교에서 매우 중요하다.

외교영역에서 신뢰는 국가 행태를 설명하며 국가 간 상호관계 형성의 기초가 된다. 국가들이 다른 국가와의 관계 설정 시 항상 신뢰라는 말을 사용하는데, 신뢰를 자국의 이익이나 정치 엘리트들의 수사(rhetoric)로 사용되는 진정성과는 별개의 문제라고 믿는 사람은 거의 없다. 신뢰의 의미는 분명히 다른 사람들의 선의에 대해 긍정적인 감정을 갖는 긍정적 세계관도 내포하고 있기 때문이다. 타인을 신뢰하는 사람들이 상대방과 공통된 문화를 공유한다면, 공동의 기본적 가치를 인식하게 되어 낯선 사람과의 협력이 수월해진다. 경험과 가치 모두를 종합적으로 중요시하는 일반적 신뢰 및 가치 중심적인 도덕적 신뢰의 구축은 오히려 특정적 신뢰나 전략적 신뢰 구축에 도움이 된다.

신뢰는 사회의 다양성 및 문화적 전통에 따라 그 성향을 달리한다. 다시 말하면 신뢰는 관계 형성에서 매우 상대적인 척도가 될 수 있다. 이는 외교라는 게임의 장에서 신뢰 환경을 개척하는 기술을 쌓을 경우 중요한 변수로 작용한다. “다른 사람들이 당신을 존경하는 것처럼 상대방을 대하라”는 것이 바로 외교적 성공을 위한 황금규칙(golden rule)으로 알려져 있다. 최근 많은 국가들은 외국 국민들이 자국의 정책에 대해 호의적인 태도를 갖게 하기 위해 공공외교를 중시하기 시작했다. 공공외교의 목표는 국가의 대외정책 목표를 보다 효율적으로 달성하기 위해 타국 정부 및 국민의 마음을 움직이게 만드는 것이다. 공공외교는 신뢰관계를 구축하는 데 효과적이기 때문이다. 따라서 공공외교는 앞서 언급한 신뢰 유형 중 도덕적 신뢰가 적용될 수 있는 외교 영역이다.

〈표 1〉 국가 목표에 따른 외교 영역 관련 신뢰 유형

목표	영역	중요 이슈	신뢰 대상	신뢰 판단 기준	
				경험	도덕
평화	군사외교	국방, 안보(쌍방, 다자), 테러, 해적	내집단 신뢰	전략적 신뢰 특정적 신뢰	
		평화유지, 인도주의적 구원	외집단 신뢰		일반적 신뢰 도덕적 신뢰
번영	경제외교	무역, 투자, 해외기업 유치, 금융정보 및 규제	내집단 신뢰	전략적 신뢰 특정적 신뢰	
			외집단 신뢰		일반적 신뢰 도덕적 신뢰
안전	식량외교	식량생산 및 소비, 식량가격 안정화, 잉여식량, 식량 고갈	내집단 신뢰	전략적 신뢰 특정적 신뢰	
			외집단 신뢰		일반적 신뢰 도덕적 신뢰
	환경외교	세계기후변화, 오존층 파괴, 해양 및 대기오염, 자원고갈, 탄소배출, 핵유출, 산림훼손	외집단 신뢰		일반적 신뢰 도덕적 신뢰
문화	공공외교 및 민간외교	관광, 커뮤니케이션, 언어교육, 학술·예술·스포츠 등 문화 행사 및 교류, 대외원조	외집단 신뢰		일반적 신뢰 도덕적 신뢰

<표 1>은 국가가 추구하는 목표에 따른 외교영역 별 적용 가능한 신뢰 유형을 구분한 것이다. 외교 영역에서는 상호관계가 존재하고 관계 지향적 결과를 얻는 것에 목표를 두고 있다. 따라서 국가는 자신과 비슷한 상대 국가를 선호하는 것이 최상의 전략이겠지만, 반드시 모든 관계에서 비슷한 수준의 국가만 대상할 수는 없다. 신뢰가 훼손될 경우 발생할 위험 수준이 높은 군사외교는 전략적이나 특정적 신뢰를

구축하는 데 초점을 두어야 하고, 그와 반대로 전 세계적으로 모두 협력해서 해결해야 할 이슈를 다루는 환경외교나 다른 국가와 새롭게 신뢰관계를 형성하거나 신뢰수준을 향상시키기 위한 공공외교는 보다 더 오래 지속될 수 있는 일반적 신뢰나 도덕적 신뢰에 관심을 가져야 한다. 경제외교나 식량외교는 국가의 이익추구 뿐만 아니라 국제사회의 규범을 준수해야 하는 의무가 있기 때문에 특정 이슈에 따라 신뢰 판단의 기준이 달라질 수 있다.

외교관계에서 신뢰의 유형은 세 가지로 요약될 수 있다. 첫째, 신용(credibility 또는 trustworthiness)으로의 신뢰는 "국가 A가 국가 B를 신뢰할만하다고 믿을수록, 국가 A는 국가 B에 협력할 가능성이 높다"는 것을 의미한다. 국가 A는 국가 B에 대해 우호적인 감정을 가지고 있고, 국가 B가 약속을 지킬만한 능력이 있다고 믿기 때문에 협력하려고 할 것이다. 국가 A는 국가 B가 약속을 지킬 것을 확신하고 있다. 따라서 국가 A는 자국의 이익이 B의 행동에 좌우되는 상황에서 국가 B가 적어도 자신에게 해를 끼치지 않을 것으로 예측하므로 신뢰하게 된다. 이는 상대 국가와의 과거 상호작용을 기초로 자국에 이익을 주는 행동을 할 것이라는 판단이 가능하기 때문이다. 국제정치에서 이 같은 신용의 의미로서의 신뢰는 한 국가가 무기통제조약에 서명하고 다른 국가들과 함께 무기 감축에 참여하는 것이나, 혹은 자유무역협정에 서명하고 외국물품에 대한 관세장벽을 낮추는 행태를 보이는 등의 예에서 찾아 볼 수 있다. 국제사회에서 약속을 이행하는 행동을 보임으로써 국가의 신뢰를 높일 수 있다.

둘째, 의무(obligation) 또는 책임으로서의 신뢰는 "국가 A의 국가 B에 대한 신뢰가 높을수록, 국가 A는 국가 B가 자신의 결정을 지지해줄 거라고 기대하는 성향이 높다"는 것을 의미한다. '가재는 게 편'

또는 '초록은 동색'과 유사한 의미로 인간이든 국가든 상대방에 대한 신뢰가 높으면, 상대방이 갈등이나 위험에 빠질 경우 무조건적으로 그 편에 설 의무감을 갖게 된다는 것이다(Messick and Kramer 2001). 이는 높은 수준의 상호적인 호감이나 친분을 기초로 '우리'라는 감정을 기초로 할 때 나타나는 신뢰다. 의무감 때문에 신뢰를 보인다는 것은 위험부담이 있고 불확실성이 존재하는 경우라도 상대방의 동기를 의심 없이 기꺼이 믿어준다는 것이다. 이는 국제사회에서 우방국이나 동맹국 간에서 강조될 수 있는 개념이다. 신뢰하는 측은 신뢰관계를 창출하고, 신뢰받는 측은 이런 관계를 성공적으로 유지하기 위해 노력하게 된다.

셋째, 위임(delegation)으로서의 신뢰는 "국가 A의 국가 B에 대한 신뢰가 높을수록, 국가 A는 국가 B가 스스로 문제를 해결할 때까지 기다려 주는 성향이 높다"는 것을 의미한다. 국가 A는 국가 B의 판단과 해결방안을 믿어 주는, 즉 국가 B의 동기와 능력에 대해 낙관적인 태도를 보임으로써 가능한 한 다른 어떤 처방보다도 국가 B의 처방을 더 받아들이는 성향을 보인다. 국가 A는 국가 B가 자신의 이익을 보다 더 추구해 줄 것으로 믿기 때문이다. 예를 들면 국제관계에서 국가들은 종종 전쟁비용을 감당하지 않기 위해서 동맹국들에게 방위비용을 떠맡기려고 하는 경우가 있다(Christiansen and Snyder 1990). 또한 국제사회에서 혹시라도 비난받을 만한 이슈의 경우 한 국가는 다른 국가가 스스로 해결하게끔 신뢰를 보내줌으로써 자신은 그 문제에 연루되지 않고 비난으로부터 자유롭게 되는 경우도 있다.

신뢰는 이익을 초월해서 약속을 지키려는 도덕적 의무감이라는 주장이 과거에는 힘을 얻었지만, 흄(David Hume 1978[1739~40], 3.2.5: 523)은 약속을 지키려는 의무감조차도 장기적으로는 상대방과 오랫동안 상호교류를 지속하고자 하는 자신의 이익추구라고 주장했다. 하지만 약속을 지키기 위해서 필요한 요소 중 하나가 바로 상대방으로부터 신용(credibility)을 유지하는 것이다. 신용을 잃게 된다면 상대방과 약속할 수 있는 기회를 상실하기 때문이다(Hardin 2002, 19). 국제사회에서 강대국 대열에 있지 않는 한 신용 및 의무로서의 신뢰는 어떤 국가라도 구축해야 할 중요한 신뢰 유형이다. 한편 위임으로서의 신뢰는 국가 간 위계적 관계가 존재할 경우나 또는 예민한 이슈에 대해 공공연하게 의도를 보이지 않으면서 책임회피를 하고 싶은 경우에 적용되기 적합하다.

Ⅳ. 21세기 외교에서의 신뢰역할

2012년 한국은 유엔 안보리 비상임 이사국이 됨으로써 한국은 선진국과 개도국 간의 가교 역할을 할 수 있는 기회가 주어졌을 뿐만 아니라, 아·태 지역의 핵심 지역인 동북아 중심에 위치하고 있기 때문에 이런 변화에 적응할 수 있는 외교 모델을 모색해야 할 필요가 있다. 불확실한 국제체제 내에서 한국은 외교적 측면에서 어떤 행태와 정책을 취해야 할 것인가를 고민해야 한다. 외교 환경이 변화됨에 따라 이에 효율적으로 대응할 수 있는 외교의 방법 역시 변화되어야 한다. 과거의 양자외교 및 다자외교 틀이 지닌 장·단점을 파악해서 21세기 국제환경에 적합한, 특히 분단국인 한국은 미래에 통일한국이 되어서도 지속될 수 있는 외교 모델을 모색할 필요가 있다.

지난 이명박 정부 하에서 '총력·복합 외교', '네트워크 외교', '열린 외교' 등이 소개되기 시작했지만, 외교의 목표나 국제사회에서 한국이 추구하는 외교정책적 목표가 구체화되지는 못했다. 최근 국제사회에서 한국의 목표를 '중견국가'로 설정한 외교 정책이 모색되고 있지만, 이 목표는 중단기적이긴 하지만 장기적이고 미래지향적이지는 못한 한계점이 있다. 후쿠야마(Francis Fukuyama 1995)가 "한 국가의 경쟁력은 그 사회가 지니고 있는 신뢰 수준에 의해 결정된다."고 주장했듯이 현 시점에서 국제적 신뢰 국가가 되는 목표를 설정하는 것은 매우 시의적절하다. 왜냐하면 이는 통일한국 이후에도 가능한 목표가 될 수 있기 때문이다. '글로벌 신뢰 한국(Global Trust Korea)'과 같은 구체적인 국가 목표가 설정된다면, 다른 국가들로부터 신뢰받는 국가가 되기 위해 국제사회 내에서 군사외교, 통상외교, 개발외교, 공공외교 등을 통해 협력을 이끌어 내거나, 스스로 다른 국가에 적극적으로 협력하는 자발성을 보여주려는 노력을 보여줘야 한다.

국가 간 신뢰를 구축하는 것이 얼마나 어려운지는 역사적 경험을 통해 수없이 많이 보아왔다. 지난 반세기 동안 세계 질서는 경제력과 군사력, 경제제재 등의 힘의 논리를 기초로 한 하드파워에 의한 지배에서 한 국가의 제도, 문화수준, 대외정책 등을 통해 다른 국가와 국민들에게 긍정적인 영향력을 행사하는 소프트파워에 의한 지배로 이동하고 있다. 1990년 나이(Joseph S. Nye)에 의해 소개된 소프트파워는 상대방이 자발적으로 나와 같은 선호(preference)를 갖게 하는 힘을 의미한다. 이는 강제력 보다는 매력, 명령이 아닌 자발적 동의에 의해 얻어지는 능력으로 특정 목표의 달성을 위해 기존의 푸시(push) 전략에서 풀(pull) 전략으로의 변화를 전제하고 있다. 이것이 바로 상대방으로부터 신뢰받는 것이고, 협력을 이끌어내는 동력이기도 하다.

이처럼 외교의 수단이 변화되고 있는 21세기 외교의 핵심은 신뢰라 할 수 있다. 다양화, 복합화, 다변화되는 국제 질서에서 외교의 게임은 신뢰를 기초로 이루어진다. 신뢰는 돈으로 사고 팔 수 있는 것이 아니라, 스스로 상대방을 향해 쌓아가야 하는 것이므로 거래(bargaining)의 의미를 지닌 외교에서 핵심적 역할을 한다. 불확실성이 존재할 경우에 신뢰의 개념이 보다 더 중요하기 때문이다.

신뢰는 한 국가가 다른 국가들로부터 얻는 것일 수도 있지만, 스스로 구축하는 것이기도 하다. 핵심적인 소수 아젠다의 선점을 통한 신뢰구축과 확산을 위해 한국은 4강 외교를 넘어 외교 대상의 확장뿐만 아니라, 동북아와 동아시아를 넘어 외교영역의 지리적 확장을 도모하는 글로벌 수준의 외교에 초점을 맞추어야 한다. 외교정책은 국내적으로나 대외적으로나 정책결정 시 더 이상 한 국가 또는 한 특정 부처만의 문제가 아니다. 정책결정에 관련된 모든 국내외 행위자들과 다양한 외교영역 간의 네트워킹이 매우 중요하다. 전략적이나 특정적 신뢰구축에 초점을 두던 전략을 일반적이나 도덕적 신뢰 구축을 얻는 전략으로 확대할 필요가 있다. 강대국과의 관계도 중요하지만, 중견국과의 상호 협력 강화, 및 저개발국에 대한 국제적 인륜적 의무 수행도 매우 중요하기 때문이다.

한편 외교에서의 신뢰구축을 위해서는 상대국가로부터 신뢰를 받을 만한가에 대한 평가에 관심을 가져야 한다. [그림 2]에서와 같이 상대방을 신뢰할 것인가를 평가하는 국가는 무엇보다도 신뢰 대상국의 의도, 즉 이익 추구를 위한 것인가 혹은 도덕적 책임인가에 대한 평가와 대상국의 약속을 이행 혹은 불이행에 대한 평가를 종합한다. 또한 대상국이 이런 과정에서 의도에 맞는 행동을 하고 있는가도 평가해야 한다. 신뢰는 사회적 규범 또는 실천으로 정의되듯 대상국이 아주 예외적인 특성을 보인다면 결코 신뢰구축은 이루어질 수가 없다. 신뢰평가국과 신뢰 대상국 모두 적어도 일정 이슈 또는 사건에 대해 서로

[그림 2] 신뢰 구축의 틀

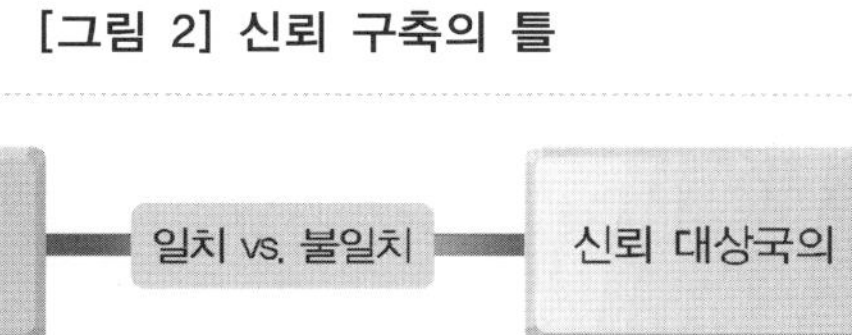
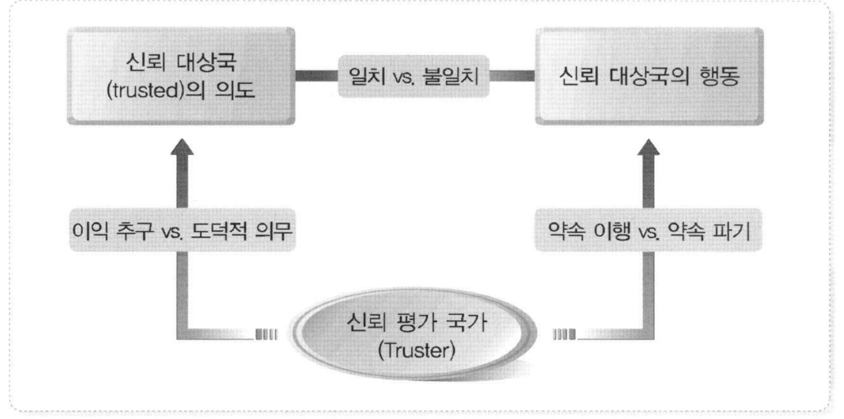

일치되는 이익을 추구해야 한다. 신뢰 대상국이 신뢰 평가국의 이익에 관심이 있는가를 파악할 수 있어야만 대상국 행위에 대한 기대 및 예측이 가능할 수 있다.

외교에서 신뢰가 형성되는 데 영향을 주는 또 다른 요소가 있다. 우선 정책결정자들의 유형에 따라 신뢰 여부에 대한 결정이 달라진다. 외교정책결정에서 정치적 자유주의자 또는 진보주의자들이 정치적인 보수주의자들에 비해 신뢰를 보이는 성향이 높다(Rathbun 2011, 6). 보수주의자들은 국제정치적 환경은 수많은 경쟁자들이 존재하는 위험한 곳이기 때문에 다른 국가들과의 다자주의적 관계를 통한 혜택보다는 일방주의 외교정책을 통한 독점을 보다 더 선호한다. 하지만 세계화와 네트워크화되어 있는 국제정치적 환경에서 이 주장은 설득력이 약할 수밖에 없다.

한편, 신뢰구축을 위한 방법으로는 첫째 상대방과 신뢰관계를 형성한 후 지속적으로 유지하는 것이다. 다시 말하면 일회성 관계 형성은 오래 유지될 가능성이 낮기 때문에 관계를 지속하기 위해서는 신뢰를 기초로 상호작용이 있어야만 한다. 둘째, 신뢰관계는 제도 및 기관의 지원 하에 유지될 수 있다. 이는 주로 법체제와 같은 계약을 통해 강화될 수 있다. 신뢰관계 유지는 어떤 제도적 요소가 적용가능한가에 달려있다. 셋째, 기관이 아닌 제3자 즉 중재자에 의한 중재를 통해 신뢰관계가 형성될 수도 있다.

앞서 소개된 외교에서의 신뢰와 관련된 이론들은 시기별 국제사회 환경 및 국제질서에 따라 그 설명력에 장단점이 있다. 과거보다는 그 역할의 중요성이 약화되긴 했어도 여전히 국제사회 내 외교에서 국가 간의 갈등을 막고 협력을 증진하기 위한 가장 보편적인 방법이 바로 제3자에 의한 중재(mediation)다. 국가 간 협력이 이루어지지 못하는 이유는 상대방에 대한 불확실성 때문이다. 이런 불확실성은 양측이 지닌 비대칭적 정보 때문이기도 하고 상대방에 대한 불신 때문이기도 하다.

세계화 이후 국가들은 신뢰를 구축하는 것을 가장 중요하게 생각하기 시작하고 있지만, 여전히 자신들 스스로 갈등을 해소하고 불확실한 상황을 헤쳐 나가는 것은 어렵다. 그렇다고 해서 신뢰를 기반으로 협력을 이루어내기 위해 모든 외교 영역에 반드시 중재가 필요한 것은 아니다. 중재가 용이하지 않은 갈등은 그 원인이 불확실성이나 비대칭적 정보 때문이므로 갈등의 당사자 간의 신뢰 형성을 위한 협력을 누가 중재하느냐가 중요하다.

중재를 통해 성공적인 결과를 얻기 위해서는 대상국들과 중재자가 유대의식을 갖고 인정될 수준의 상호의존적 네트워크를 형성하고 있어야 한다. 또한 대상국들 간 대화를 촉진시키는 전략이 유용하되 중재자는 신뢰를 구축하는 데 있어서 어느 쪽에도 편파적이어서는 안 된다. 중재자는 갈등 이슈에 대해 중도적 입장을 보여야 하지만 이슈에 대해 무관심해서는 안 된다. 이 과정에서 중재자는 양측이 상대방을 서로 신뢰하게 만들기 위해서 정직한 모습을 보여야 한다. 갈등을 막고 평화로운 해결을 위해 중재자는 양측에게 상대방이 진정으로 평화를 원하며, 기만하거나 이용하지 않을 것이라는 확신을 주어야하기 때문이다. 특히 안보적 차원에서의 갈등은 국제사회에서 빈번히 발생되는데, 이런 국가 간 갈등은 서로에 대한 확신 또는 신뢰구축 전략을 통해 문제발생을 막거나 해결할 수 있으며, 이 과정에서 중재자의 역할이 가장 중요하다.

갈등해결에서 누가 중재자가 되어야 할 것인가에 대한 논의를 보면 중재자는 공명정대(impartiality)해야 한다는 주장(Young 1967; Smith and Stam 2003; Rauchhaus 2005)이 있는 반면, 편파적인 중재자라도 중립적인 중재자만큼 바람직하진 않지만 본인의 임무를 수행할 수 있다는 주장(Touval 1975; Tiuval and Zattman 1989)도 있다. 한편 나약한 중재자는 반드시 중립적이어야 하지만 강력한 중재자는 편파적일지라도 효과적일 수 있다는 주장도 있다(Princen 1991 and 1992: Kydd 2003). 그 이유는 중재자는 한 측의 결정에 대한 정보를 다른 측에 전달하면서 양보하도록 설득할 수 있기 때문이다. 이 때 한 측에 편파적인 중재자만이 상대방이 양보 없이는 평화롭게 문제를 해결하지 않을 것이라는 것을 분명하게 말해줄 수 있기 때문이다.

거래이론(bargaining theory)에 의하면 완벽한 정보를 공유하는 사람들은 갈등이나 지체 없이 합의를 이루는데, 그 이유는 갈등으로 발생하는 비용 때문에 더 늦어져서 피해를 입기보다는 빨리 합의하려들기 때문이다(Rubinstein 1982). 이는 국가들이 지닌 정보의 비대칭성으로 인해 발생하는 갈등을 의미한다. 만일 각자 자신들이 확보한 정보에 의존하고 있다면 거래에서 더 나은 결과를 얻기 위해 상대방보다 더 강한 것처럼 행동할 것이기 때문에 갈등이 발생하게 된다. 이런 상황은 국제관계나 경제영역에서 자주 등장하는 현상이다.

불확실한 상황은 이렇게 정보의 비대칭성 때문에 발생하기도 하지만 상대에 대한 불신 또한 중요한 원인이다. 불신은 상대방이 상호협력하려 할 것인가가 불확실할 때 발생한다(Gambetta 1988; Hardin 2002). 신뢰의 문제는 행위자들이 협상을 위한 거래를 심사숙고할 때 매우 중요하다. 거래단계에서와는 달리 쌍방이 신뢰하지 않을 경우 협력하더라도 상대방이 그 상황을 부당하게 이용할 것으로 믿기 때문에 갈등이 발생한다. 국제관계에서는 이런 경우 평화유지나 갈등해소를 위해 중재자가 나서기도 하지만, 대부분 당사자들이 상대방을 확신시키려는 의사를 보임으로써 스스로 신뢰를 구축한다.

신뢰는 사회문화적 배경에 따라 차이가 있지만, 배신의 가능성이 있는데도 그 위험을 무릅쓰고 상대방에게 호의를 베풀어 주려는 계산의 요소가 내포되어 있다. 러시아 격언인 '신뢰하되 검증하라(Trust, but verify)'처럼 단기간보다는 장기간에 걸쳐 신뢰를 구축하면 신뢰가 지닌 이런 위험성을 줄일 수 있다. 신뢰는 순식간에 깨지기 쉬운 특징을 가지고 있기 때문에, 최근에는 국가 간 관계 형성을 위한 외교영역 중에서 특히 보다 안정적이고 지속가능한 일반적 신뢰와 도덕적 신뢰 구축을 위한 공공외교 또는 민간외교가 중시되고 있다. 공공외교는 신뢰구축 위해 외교의 중심 영역인 정치적, 군사적, 그리고 경제적 영역과의 협력을 통한 시너지 효과를 낼 수 있다.

신뢰는 양자 관계에서 한 측이 다른 측의 협력만을 요구하지 않고 상호협력하기를 선호한다는 믿음 하에서 가능하다. 따라서 전쟁과 평화의 차이는 '신뢰의 문제'일 수 있다. 서로 간 신뢰할 수 있다면 국가들은 협력하고 평화로운 관계를 유지할 것이고, 서로 신뢰하지 않는다면 협력이 불가능할 뿐만 아니라 전쟁이 발생할 수도 있다. 이런 의미에서 외교는 자국에게는 최상이 아닐지라도, 다른 대안보다 쌍방 모두에게 더 나은 결과를 추구하는 것을 우선시해야 한다. 외교에서 한 국가는 다른 국가가 원하는 것을 통제할 수 있지만, 상대방이 원하는 것을 무시하고 자신의 것만 얻기 보다는 타협, 교환, 또는 협력(collaboration)을 통해야 더 많은 것을 얻을 수 있다. 이런 거래와 협력은 연계(connection)가 반드시 필요하고, 신뢰를 기초로 이루어지게 된다.

불신의 문제는 거래의 단계가 아닌 협상을 통해 성사된 거래가 시작될 때 발생한다. 거래가 이루어지는 과정에서는 더 많은 혜택을 얻기 위해 서로 상대방에 얼마나 압력을 가해야 할지에 대해 불확실한 반면, 협상을 실천하는 과정에서는 상대방의 약속 이행 여부가 불확실하기 때문이다. 결국 상대방에 대한 불신은 서로에게 부정적 결과를 가져오게 된다. 사람이든 국가든 신뢰할지 말지를 결정하는 것은 정책결정과도 같다. 신뢰는 다양한 상황에서 그 행태와 평판에 대해 알아가는 과정, 즉 경험을 기초로 이루어진다. 그리고 국가는 상호협력을 자주 경험할수록 타국의 선의를 더 믿게 된다. 신뢰는 협력을 위한 유일한 해결책은 아닐 수 있지만, 협상 과정에서 서로에 대한 장애물을 상당 부분 제거하고 타협할 가능성을 높여줄 수 있다.

한국의 경우 불확실성이 만연한 국제사회 환경에서 더 나아가서 미래 통일한국이 된 이후에도 지속적으로 추구해야 할 국가 목표로 '글로벌 신뢰 한국'을 설정할 경우 다음과 같은 신뢰구축 외교 전략을 생각해 볼 수 있다. 21세기 외교는 서로 경쟁하는 이익을 반영하는 다수의 아젠다와 함께 발생하는 분열과 융합 간의 균형을 이루는 데 초점을 두어야 하므로 [그림 3]과 같이 각 외교 영역의 특성에 따른 신뢰구축도 중요하지만 외교영역 간 네트워킹도 원활하게 이루어져야 한다.

[그림 3] 글로벌 신뢰 한국을 위한 외교 모델

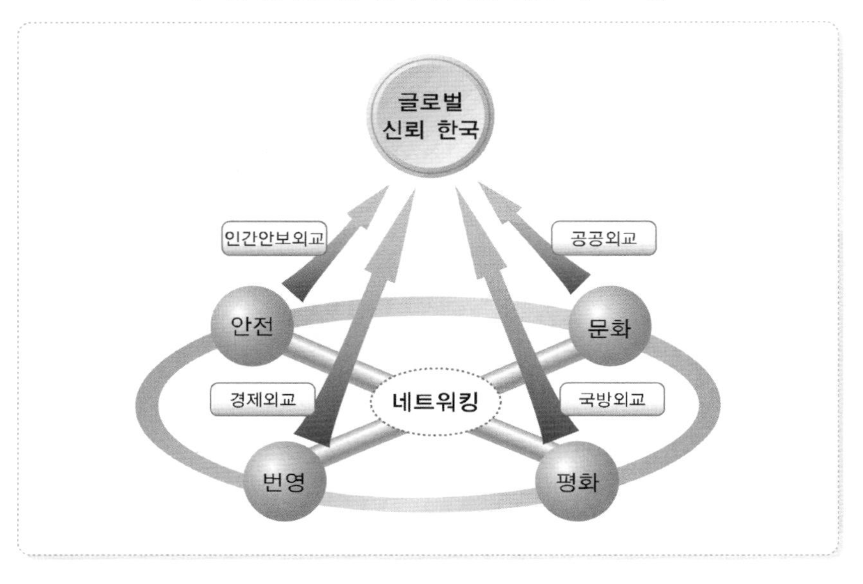

첫째, 국제사회에서 유일한 분단국가인 상황에서 북핵 및 북한의 미사일 문제 때문에 주변 국가는 물론 국제사회를 위협하고 있기 때문에 한반도에서 평화가 유지될 수 있는 외교정책을 굳건히 유지해야 한다. 한반도의 평화가 유지된다면, 최소한 주변 4개국 미국, 일본, 중국, 러시아와의 협력적 관계를 기초로 국제관계의 안정화에 지속적으로 기여할 수 있을 것이고 이로써 국제사회에서 평화와 안전의 이미지를 구축함으로써 다른 국가로부터 신뢰를 얻어낼 수 있을 것이다.

이와 더불어 국제사회 내 어디에서든 평화와 안정을 위협하는 갈등이나 분쟁이 발생할 경우 한국은 평화정착을 도모하고 세계 평화를 지속시키려는 국제적 노력에 적극적으로 동참할 필요가 있다. 능동적 군사 외교적 측면에서 한국은 분쟁지역에 평화유지군을 파견한 경우나 최근 제네바 군축회의(Conference on Disarmament)[3]에서 미국, 영국 등 25개 회원국으로 구성된 서방국가 그룹의 조정국으로 선임되어 그룹 내 국가들의 의견을 조정하고 군축회의와 다른 지역 그룹에 서방국가 그룹의 입장을 대변하는 역할을 하게 된 것도 국제적으로 신뢰를 얻을 수 있는 좋은 기회가 될 수 있다.

둘째, 한국은 세계 10위권 경제대국으로서 2012년 세계수출 7강, 무역 8강에 진입하는 성과를 보였지만, 2014년 국가 경쟁력 25위, 국가 브랜드 가치 순위 16위로 경제적 위상에 비해 제대로 인정받지 못하고 있는 실정이다. 지속가능한 성장을 이루기 위해서는 보다 확고한 경쟁력의 기반이 마련되어야 한다. 특정 국가와 품목에 대한 과도한 의존으로 인해 발생하는 경기변동에 민감한 무역구조, 해외시장에서 선진국 제품에 비해 낮은 가격으로 판매되는 코리아 디스카운트 문제, 여전히 낮은 국가이미지와 기업 및 제품의 브랜드 가치 등 빈번히 지적되는 문제를 해결해야 한다. 따라서 실체와 이미지 모두 높은 순위를 받지 못한 인프라와 전통문화 및 자연은 중장기 전략 아래 지속적으로 개선해야 하고, 저평가된 유명인과 현대문화 부문은 외국에 적극적으로 홍보할 필요가 있다.

소프트파워의 등장은 세계경제가 20세기 후반부터 기존의 산업·지식경제에서 창조경제(creative economy), 소프트 경제(soft economy)로 이행한 것을 배경으로 하고 있으며, 이에 따라 개인의 창의성과 상상력, 문화 등 소프트 자원이 핵심적인 성장 동력으로 부각되고 있다. 예를 들면 무역부문의 하드파워는 특정 국가의 무역, 특히 수출이 갖고 있는 세계시장 영향력을 나타내는 정량적 지표와 해당 부문의 인

---

3) 제네바 군축회의는 현재 다자간 군축 협상을 담당하는 유일한 상설기구로서 총 65개의 회원국이 참여하고 있으며, 핵무기 비확산조약(NPT), 포괄적 핵실험금지협약(CTBT) 등 국제안보의 바탕을 이루는 다자 군축조약을 만들었다. 제네바 군축회의는 북한이 2013년 2월 제3차 핵실험을 감행하자 북한의 핵개발을 강력히 규탄하였다.

프라로 정의할 수 있으며, 무역이나 수출 규모 및 순위, 수출 1위 품목 수, 무역인프라 등을 주요 지표로 하고 있다. 반면 소프트파워는 특정 국가의 무역과 수출기업 제품이 갖고 있는 매력과 평판을 결정하는 정성 지표 및 해당 부문의 환경으로 정의되며, 수출제품 이미지(프리미엄/디스카운트 정도), 수출기업 브랜드 파워, 효율성 및 혁신의 정도 등을 내용으로 하고 있다. 따라서 경제 영역에서 신뢰구축을 위해 필요한 하나의 변수로서의 국가경쟁력 지표는 무역부문의 하드파워와 소프트파워 둘을 동시에 포함한다. 자유무역의 유지 및 발전과 국제 통화의 안정화 등에 협력함으로써 국제 경제 질서 유지에 동참하는 것은 물론, 한국을 벤치마킹 모델로 삼으려는 많은 개도국들에게 '한국형 무역모델'을 제공함으로써 한국이 궁극적으로 세계경제 성장에 기여하는 국가로서의 의무를 이행하고 있다는 이미지를 형성할 수 있다.

셋째, 글로벌 시대에서는 개별국가 차원에서 해결할 수 없는 문제인 기후변화, 환경오염, 자원고갈, 식량부족 등 인간안보와 관련된 문제가 확대되고 있는데, 한 특정 국가에서 발생한 문제는 그 국가만의 문제가 아니고 전 세계가 함께 고민해야 할 문제가 되고 있다. 경제적, 정치적 상호교류로 인해 개인보다는 공동의 이해관계가 더욱 중요해지고 있다. 따라서 외교정책은 국내적으로나 대외적으로나 정책결정 시 더 이상 하나의 행위자에 의해서가 아닌 다수의 다양한 행위자들이 요구된다. 정책결정에 관련된 모든 국내외 행위자들과 다양한 외교영역 간의 네트워킹이 매우 중요하다. 국제 사회의 다양화 및 다변화에 따른 전방위(multi-faceted) 외교를 추구할 필요가 있는데, 강대국들이 아닌 중동, 남미, 그리고 아프리카 지역 국가들과의 관계를 위해 외교적 이슈와 관련하여 상대국과의 협력, 우호, 및 대화를 위한 노력도 중요하다.

넷째, 글로벌 신뢰국가가 되는 것은 국가 이미지 형성에 관련된 만큼 한국이 지닌 다양한 측면의 장점을 국제사회에 널리 전파하는 일이 무엇보다도 중요하다. 지구촌 시대에서 각국의 정책결정은 더 이상 정치엘리트들만의 영역이 아니기 때문이다. 분쟁보다는 평화를 사랑하고, 안전하게 안심하고 살 수 있고, 여행할 수 있는 생활환경 및 자연환경을 유지하고, 발전된 경제와 기술력을 지닌, 더 나아가서는 문화적인 매력을 지닌 국가로서의 이미지를 국제사회에 보여주는 적극적인 노력이 필요하므로 이에 주력할 수 있는 외교 전략이 모색되어야 한다. 이를 위해서는 일반적 신뢰 및 도덕적 신뢰 구축을 위해 한국적 가치와 문화 등 한국을 알릴 수 있는 공공외교와 문화외교를 적극 활용해야 한다.

Ⅴ. 맺 음 말

한 국가의 외교 목표와 전략은 국가이익과 관련된 현안들 중에서의 우선순위 및 국제사회 내 위상에 따라 달라진다. 한국의 현 정부가 추구하는 신뢰외교는 2011년 Foreign Affairs에 실린 박근혜 대통령의 대북관련 글에서 강조되기 시작했다(Park Geun-hye 2011, 13-18). 물론 이 글은 대북정책의 측면에서 남북 간 정치군사적 신뢰를 구축해야 한다는 내용을 담고 있었다. 현 정부에서는 튼튼한 안보와 지속가능한 평화를 공고화하고 행복한 통일로 가기 위한 한반도 신뢰프로세스와 '행복한 지구촌'에 기여하는 신뢰받는 모범국가를 위한 국민과 함께 하는 신뢰외교 추진이 국정과제가 되고 있다.

국제사회는 무정부 상태처럼 힘과 이익을 위한 경쟁이 지속적으로 진행되고 있기 때문에 국가들은 잠재되어 있는 경쟁 상대 국가들을 약화시키고 자국의 상대적인 세력을 향상시키기 위해서 항상 기회를 엿보고 있다. 국가들은 신뢰하던 국가로부터 한번 배신당하면 결코 치유될 수 없기 때문에 '국가 간 신뢰가 구축되는 것은 매우 어렵다' (Mearsheimer 1991, 148). 이 때문에 국가 간 관계에서 한 국가가 다른 국가를 신뢰하겠다고 결정하는 것은 하나의 정책결정과도 같다. 신뢰는 선호하는 것에 대한 믿음으로 인식되기 때문이다.

하지만 일상적인 정책결정처럼 외교 영역에서 국가를 합리적 행위자로 볼 것인가에 대해서는 논란의 여지가 있다. 왜냐하면 정책결정의 행위자들이 네트워크화되어 있기 때문이다. 또한 외교 영역의 이슈들 모두 합리성에 근거해 해결할 수 있는 문제 또한 아니다. 신뢰성은 신뢰를 낳는다고 한다. 신뢰성이란 상대방이 신뢰에 부응하여 얼마나 충실할 수 있는가를 의미한다. 따라서 신뢰성은 신뢰를 구축하는 과정에서의 성과수준 또는 믿음의 수준이다. 신뢰성은 상대방의 이익을 직간접적으로 자신의 이익처럼 공유하는 것은 물론 그런 이익을 추구할 수 있는 능력을 필요로 한다.

불확실성과 다양성이 만연한 국제사회에서 국가경쟁력을 키우기 위해서는 다른 국가와의 관계 개선이 그 무엇보다도 중요하며, 이런 관계는 다른 국가와의 협력을 통해 가능한데, 협력은 신뢰를 기초로 한다. 외교에서의 신뢰가 가져오는 가장 중요한 결과는 국가 간 그리고 더 나아가서는 국제사회 내 협력적 분위기의 조성이다. 타인을 신뢰하는 사람들은 타인과 협력할 가능성이 높다. 따라서 신뢰는 협력을 위한 선결조건이다. 만일 신뢰를 잘해주는 행위자일수록 협력으로 인한 위험을 감수하는 성향이 높다.

이 글에서 살펴 본 신뢰의 유형은 국내정치뿐만 아니라 국제정치의 영역에서도 적용가능하다는 것을 알 수 있었다. 특히 신뢰가 외교의 핵심으로 간주되는 중요 개념인 만큼 국제사회에서 신뢰를 구축하기 위해서, 특히 외교 영역별 목표 달성을 위해 필요한 신뢰 유형에 따라 신뢰구축을 위한 전략을 달리할 필요가 있다. 군사외교, 경제외교, 식량외교, 환경외교, 문화외교 등이 관할하는 이슈들 중에는 국가의 이익추구가 가장 중요하기도 하고 국제사회에서 도덕적 책임감이나 의무를 행사하기 위한 것일 수도 있다. 특정 국가들과의 관계에서 더 나아가서는 국제사회 전체로부터 신뢰받기 위해서는 전략적 신뢰, 특정적 신뢰, 일반적 신뢰, 도덕적 신뢰에 이르는 다양한 신뢰구축 전략을 모색해야 한다.

신뢰가 협력을 유도하는지 또는 협력이 신뢰를 만들어내는 것인지에 대해 다양한 견해가 있지만 두 개념이 공진화하는 것만은 분명하다. 신뢰는 협력을 초래하고 협력은 신뢰를 쌓게 한다. 따라서 상호협력의 순환이 시작되고 유지된다면 분명히 신뢰는 더욱 강해질 수 있다. 신뢰가 협력으로 이어지는 유일한 통로가 아닐 수 있지만, 신뢰는 협상의 출발점에서 장애요소들을 상당부분 제거하고 타협을 이끌어낼 가능성을 높여준다는 퍼트남(2000, 135)의 주장처럼 신뢰구축이 외교적 목표 달성을 위해 우선되어야만 한다.

국가 간 신뢰를 쌓을 때에는 단순히 지도자 간의 유대관계를 넘어 입장, 전술, 전략을 둘러싼 현실적이고 복잡한 구조의 관계까지도 고려되어야 한다. 즉 상대방을 신뢰할만하다는 믿음 또는 상호협력을 선호한다는 것에 대한 확실성에 따라 신뢰의 강도, 즉 상대방에 대한 믿음의 강도가 달라진다. 국가 간 신뢰관계는 지도자들이 상대 국가를 신뢰할만하다는 신념을 기초로 자신의 국가 이익을 위임 통제할 수 있는 정책을 수립할 경우 형성될 수 있다.

신뢰외교를 위해서는 첫째, 단기적 전략보다는 중장기적인 목표와 전략을 세우는 것이 중요하다. 둘째, 현재와 같이 불확실성과 불안이 난무하는 국제사회 내에서 신뢰를 구축하기 위해서는 국가가 감당해야 하는 여러 영역의 외교 역량을 총동원해야 하는 만큼, 외교의 현안이 매우 복잡함을 인지해야 한다. 따라서 외교 영역간의 장단점을 보완해 줄 수 있는 영역과의 네트워크화는 물론 국내 외교 관련 행정 부서들 및 기타 행위자 간의 협력 시스템을 구축이 필요하다. 셋째, 신뢰외교는 국제적 신뢰 구축이 목표이기 때문에 영역 별 외교에서 필요한 국가들과의 네트워크화를 이루어야 한다. 마지막으로 무엇보다도 국제적 신뢰국가가 되기 위해서는 대내적 문제 즉 민주주의 발전을 저해하는 요인, 예를 들면 부정부패, 양극화, 인권침해 등의 많은 문제들을 개선함으로써 우호적인 국가적 이미지를 만드는 것이 선행되어야 한다.

참고문헌

김시윤. 2009. "신뢰, 지식공유 그리고 경제발전." 『한국비교정부학보』. 제13권, 제2호.

로버트 퍼트남 지음. 안청시 외 옮김. 2000. 『사회적 자본과 민주주의』. 서울: 박영사.

박종민. 2011. "정부의 질과 사회신뢰: 동아시아 비교분석." 한국행정학회 동계학술대회(서울대학교, 12월 9~10일) 발표논문.

박형중 외. 2013. 『Trustpolitik: 박근혜정부의 국가안보전략』. 통일연구원 정책연구시리즈.

에릭 M. 우슬러너 지음. 박수철 옮김. 2013. 『신뢰의 힘』. 서울: 오늘의 책.

이온죽 편. 2004. 『신뢰: 지구촌 시대의 사회적 자본』. 서울: 집문당.

하영선·김성배 엮음. 2012. 『복합세계정치론』. 도서출판 한울.

Axelrod, Robert. 1984. *The Evolution of Cooperation*. New York: Basic Books.

Brenkert, George G. 1998. "Trust, Morality, and International Business." Christel Lane and Reinhard Bachmann. eds. *Trust Within and Between Organizations: Conceptual Issues and Empirical Applications*. New York: Oxford University Press.

Brewer, Paul R. et al. 2004. "International Trust and Public Opinion about World Affairs." *American Journal of Political Science*. Vol. 48.

Christiansen, Thomas J. and Jack Snyder. 1990. "Chain Gangs

and Passed Bucks: Predicting Alliance Patterns in Multipolarity." *International Organization*. Vol. 44, No. 2.

Fukuyama, Francis. 1995. *Trust: The Social Virtues and the Creation of Prosperity*. New York: The Free Press.

Gambetta, Diego. ed. 1988. *Trust: Making and Breaking Cooperative Relations*. New York: Basil Blackwell.

Glaser, Charles. 1995. "Realists as Optimists: Cooperation as Self-Help." *International Security*. Vol. 19, No. 3.

Govier, Trudy. 1997. *Social Trust and Human Communities*. Montreal: McGill-Queen's University Press.

Hardin, Russell. 2001. "Conceptions and Explanations of Trust." Karen S. Cook. ed. *Trust in Society*. New York: Russell Sage Foundation.

Hoffman, Aaron. 2002. "A Conceptualization of Trust in International Relations." *European Journal of International Relations*. Vol. 8, No. 3.

__________. 2006. *Building Trust: Overcoming Suspicion in International Conflict*. Albany: State University of New York.

Jervis, Robert. 1976. Perception and Misperception in International Politics. Princeton: Princeton University Press.

__________. 1989. *The Logic of Images in International Relations*. New York: Columbia University Press.

Kramer, Roderick. 2010. "Collective Trust within Organizations: Conceptual Foundations and Empirical Insights." *Corporate*

Reputation Review. Vol. 13.

Kydd, Andrew. 2003. "Which Side Are You On? Bias, Credibility and Mediation." *American Journal of Political Science*. Vol. 47(October).

____________. 2006. "When Can Mediators Build Trust?" *American Political Science Review*. Vol. 100, No. 3.

____________. 2007. *Trust and Mistrust in International Relations*. Princeton and Oxford: Princeton University Press.

Larson, Deborah Welch. 1998. *Anatomy of Mistrust*. Ithaca: Cornell University Press.

Mearsheimer, John. 2011. *Why Leaders Lie: The Truth About Lying in International Politics*. Oxford: Oxford University Press.

Messick, David M. and Roderick M. Kramer. 1995. "The False Promise of International Institutions." *International Security*. Vol. 19, No. 3.

____. 2001. "Trust as a Form of Shallow Morality." Karen S. Cook. ed. *Trust in Society*. New York: Russell Sage Foundation.

Park Geun-hye. 2011. "A New Kind of Korea: Building Trust between Seoul and Pyongyang." *Foreign Affairs*. September/October.

Princen, Thomas. 1991. "Camp David: Problem Solving or Power Politics As Usual." *Journal of Peace Research*. Vol. 28 (February).

____________. 1992. *Intermediaries in International Conflict*.

Princeton: Princeton University Press.

Rathbun, Brian. 2011. "The 'Magnificent Fraud': Trust, International Cooperation, and the Hidden Domestic Politics of American Multilateralism after World War Ⅱ." *International Studies Quarterly*. Vol. 55.

Rauchhaus, Robert W. 2005. "Asymmetric Information, Mediation and Conflict Management." *Manuscript*. University of California Santa Barbara.

Smith, Alastair and Alan Stam. 2003. "Mediation and Peacekeeping in a Random Walk Model of Civil and Interstate War." *International Studies Review*. Vol. 5(December).

Touval, S. 1975. "Biased Intermediaries: Theoretical and Historical Considerations." *Jerusalem Journal of International Relations*. Vol. 1(Fall).

Touval, Saadia and I. William Zartman. 1989. "Mediation in International Conflicts." Kenneth Kressel and Dean G. Pruitt. eds. *Mediation Research: The Process and Effectiveness of Third Party Intervention*. Hoboken: Jossey-Bass.

Uslaner, Eric M. 2002. *The Moral Foundations of Trust*. New York: Cambridge University Press.

Yamagishi, Toshio. 2011. *Trust: The Evolutionary Game of Mind and Society*. The Science of the Mind series. New York: Springer.

Young, Oran R. 1967. *The Intermediaries: Third Parties in International Crises*. Princeton: Princeton University Press.

제 2 장

국제관계에서 신뢰와 한반도 신뢰프로세스의 검토*

김창희 전북대학교 정치외교학과 교수

Ⅰ. 문제의 제기

21세기 외교환경은 다양하고 복잡해진 국제질서 때문에 미래에 대한 불확실성이 높아가고 유동성이 강화되는 특징을 보이고 있다. 유동성과 불확실성이 급증하는 국제정세 속에서 외교의 구조와 체계도 변화되어야 한다. 이러한 상황에서 국제정치의 가장 핵심적인 논의는 협력의 문제로 귀결되고, 이를 이루어내기 위해서는 신뢰가 전제되어야 한다. 신뢰란 약속을 지키는 것을 기반으로 대화와 행동을 통해 조성된다. 신뢰의 형성과정은 소통으로 시작되고, 이를 통해 신뢰에 방해가 되는 불확실성을 제거해 나간다. 향후 한국의 외교는 '국제관계와 한반도의 미래'라는 큰 그림 속에서 통일한국을 위한 외교정책의 틀을 마련해 나가야 하는데, 여기에서의 핵심은 신뢰이다.

동북아는 정치・경제적으로 세계에서 가장 역동적인 지역 중 하나

* 이 글은 『社會科學硏究』 제39집 1호(2015)에 게재된 것이다.

로 이곳의 질서는 관련국가의 이해관계에 따라 복잡하게 변하고 있다. 미국의 힘의 우위가 여전한 가운데 중국의 부상이라는 변수가 작용하면서, 미국과 중국의 전략적 이해가 교차하고 있다. 미국과 중국은 한반도를 포함한 동북아시아에서 자국의 영향력을 강화하고 상대를 견제하는 노력을 지속하고 있다. 또한 일본의 '적극적 평화주의'의 명분하에 집단적 자위권 행사 그리고 러시아의 구 소련권 중심의 영향력 제고는 이 지역 국가 간의 상호경쟁과 협력을 교차하게 만들고 있다. 이러한 가운데 동북아 지역은 과거사와 영토문제를 둘러싼 역내 갈등 요인들과 북한의 핵문제가 역내 평화와 안보를 위협하는 요인이 되어 다른 어떤 지역보다도 더 불확실성이 높다.

동북아 역내 국가들이 패권적 경쟁보다는 협력적 경쟁, 공존과 공동번영을 국익으로 규정하는 패러다임의 전환이 필요하다. 우리는 복잡한 국제관계를 설명하고 문제해결을 위한 대안을 모색하려 할 때 국제관계이론을 사용한다. 물론 이론적 패러다임이 국제관계의 현상을 명확하게 설명할 수는 없다. 그러나 국제관계에 의미를 부여하고 사건과 정책의 관련성에 관한 시각을 제시하는 국제관계이론은 현실의 판단과 처방에 광범위한 영향을 미친다(박건영 2009, 69). 국제관계이론에서 협력의 문제는 주요한 논쟁으로 자리 잡고 있지만, 협력을 추동하는 핵심개념인 신뢰에 대한 문제는 큰 비중을 두지 않고 있다. 협력의 목표는 단일 국가의 활동으로 획득할 수 없는 더 큰 이익을 창출하거나 혹은 협력을 통해 위협으로부터 좀 더 자유로운 안보환경을 만드는 것이다. 여기에서 기본적으로 신뢰의 개념이 제기된다. 상호간 쌍방의 이익을 침해하지 않을 것이라는 믿음이 확립될 때 신뢰는 확립된다. 신뢰의 수준에 따라 협력의 정도와 협력이 가능한 이슈가 달라진다.

남북관계는 국가 대 국가가 아닌 특수관계로 설정하고 있지만 국가 간의 관계를 전제로 한 국제관계이론의 영역에서 다루어야 한다. 박근혜 정부가 제시한 한반도 신뢰프로세스는 자유주의가 추구하는 기능주의적 한계를 극복하려는 것을 핵심으로 하고 있다는 주장에서도 알 수 있다. 박근혜 정부에서는 신뢰를 남북관계 뿐만 아니라 국제관계를 관통하는 키워드로 삼고 있다. 신뢰외교의 큰 두 축이 한반도 신뢰프로세스와 동북아평화협력구상이라고 한다(Yun 2013, 12-14).

이 연구는 국제관계에서 신뢰를 이론과 실제적 측면에서 살펴보고 분석해 보려는 것이다. 또한 국제관계이론을 한국의 상황에 접목시키려 할 때 어떠한 시각이 가장 적합할 것인가를 검토해 보려는 것이 이 연구의 주요한 목적이다. 남북한 쌍방이 신뢰를 주장하고 있지만 아직 서로에게 좀 더 확실한 모습을 보여주지 못하고 있는데, 여기에는 어떠한 상충점이 있는가를 규명하고 나름대로 대안을 제시하는 것도 이 연구의 주요 내용이다.

Ⅱ. 신뢰의 개념과 국제관계에서 신뢰

1. 신뢰의 개념

신뢰의 사전적 의미는 믿고 의뢰한다는 뜻으로 영어 단어 Trust의 어원은 '편안함'을 의미하는 독일어의 Trost에서 연유된 것이다(김인영 편 2004, vii). 우리는 누군가를 믿을 때 마음이 편안해진다. 르보우(Richard Ned Lebow)는 신뢰의 원천(Source)은 고대 그리스 사람들이 이해한 것처럼 자신의 목적과 아무 관계없는 일을 친구를 위해 기꺼이 하고자 하는 우의와 의지로부터 나온다고 한다. 그는 독일의 철학자 칸트의 말을 인용하여 개인, 친구, 엘리트와 국가들이 자신들의 목적을 위한 수단이 아니라 그 자체들을 목적으로 취급하게 되면 신뢰는 형성되고 협력도 촉진된다고 한다. 또한 이를 통해서 공통의 정체성과 더 많은 신뢰가 구축된다는 것이다(Lebow 2013, 23). 신뢰는 개인과 집단 그리고 국가 간의 관계에서 형성되는 것이다.

일반적으로 사회과학자들은 신뢰를 특별한 행태와 관련시켜 정의한다. 파렐(Henry Farrell)과 나이트(Jack Knight)에 따르면 "신뢰는 한 측이 다른 편에게 특별한 문제에 관련하여 적절한 매너를 보여줄 것이라는 기대"(Henry Farrell & Jack Knight 2003, 541)라 말하고 있다. 신뢰의 특성으로 밤버거(Walter Bamberger)는 행위자 간의 상호작용, 미래지향성, 불확실성, 의존성 등을 들고 있다. 특히 신뢰는 기대가 충족되지 않을 경우에 발생하는 위험을 수반한다고 한다(김학성 · 장인숙 2014, 29-30). 이렇게 볼 때 신뢰는 믿고 의뢰한다는 뜻으로 상대가 존재하는 일정 행위 간에 발생하는데, 위험을 감수하면서 상대방에 믿음을 주는 것이라 할 수 있다.

푸트남(Robert D. Putnam)은 사회적 자본으로서 신뢰의 개념을 제시하고 있다. 사회적 자본은 사회공동체 구성원들 사이의 협력을 가능케 해주는 사회 연결망이나 규범, 그리고 신뢰를 말한다. 사회적 연결망의 존재로 신뢰의 상호이동이 가능하게 되고 확산될 수 있다(Putnam 1993, 169). 사회적 연결망은 사회구성원 간의 신뢰를 형성시켜 안정과 질서에 기여하는 협력행위를 촉진시키고, 정치적 · 사회적 효율성을 창출한다. 사회적 자본은 공공재의 성격을 갖게 되어 푸트남은 신뢰와 같은 대부분의 형태는 허쉬만(Albert Hirschman)이 명명한 '도덕적 자원(Moral Resources)'[1]이라는 속성을 가지고 있다고 한다.

서로에 대한 믿음을 보이면 상호신뢰는 깊어진다. 그러나 깊은 불신은 오히려 상호신뢰를 어렵게 만들기도 한다. 즉, 사회적 자본의 생성과 파괴는 선순환이나 악순환을 형성한다(Putnam 1993, 170). 사회구성원들은 대면적 상호작용의 반복을 통해 개인을 넘어 사회집단들이 상호협력을 추구하면 신뢰는 확대되지만, 신뢰에 따른 위험성과 불확실성의 강조는 불신을 높여간다. 후쿠야마(Francis Fukuyama)는 '한 국가의 경쟁력은 그 사회가 지니고 있는 신뢰 수준에 의해 결정 된다'고 했다. 그는 '신뢰란 어떤 공동체 내에서 그 공동체의 다른 구성원들이 보편적인 규범에 기초하여 규칙적이고 정직하며 협동적인 행동을 할 것이라는 기대'라고 신뢰를 정의하고 있다(구승회 역 1996, 49). 일반적인 수준의 신뢰가 사회마다 변하듯이, 신뢰의 수준은 시간이 지나면서 같은 사회 안에서도 어떤 특수한 조건이나 사태에 따라 변한다는 것이 후쿠야마의 주장이다.

신뢰는 상대에 대한 주관적 기대이므로 상대의 의사에 대한 의존을 전제로 하고 있다. 그러므로 무조건적으로 상대의 의사에 의존하는 경우 위험부담이 따르기 때문에 신뢰형성에 대한 개인의 동기는 약화될 수밖에 없다. 개인은 상대의 의사가 신뢰할 만한 것인지에 대한 정확한 정보를 얻기 어렵고 신뢰에 대한 기만행위를 감시하기도 어렵다. 즉, 신뢰는 기본적으로 불확실성을 갖고 있으므로 기만행위에 따른 위험을 감수해야 하는 것이다(안승국 2013, 24). 신뢰의 형성과정은 교류와 상호소통에서 시작된다. 상대를 존중하고 다른 의견을 인정하고 받아들일 때 대화와 협력이 가능하다. 교류와 소통의 내용은 상대방의

---

1) 도덕적 자원은 사용하면 할수록 그 공급이 많아지고 사용하지 않으면 고갈되는 속성을 지닌 자원이다. 두 사람이 서로에 대해 믿음을 보이면 보일수록 상호 신뢰는 더 두터워진다는 것이다.

이익을 해하지 않고 상호협력을 선호한다는 신호를 지속적으로 보내는 것이다. 지속적인 소통을 통해 불확실성을 제거하고 서로의 차이를 극복해 간다. 여기에서 양보와 희생을 감내한다는 신호보내기로 갈등과 대립을 뛰어 넘어야 신뢰구축의 수준으로 나아갈 수 있다.

이렇게 복합적으로 함축된 신뢰개념은 완전하게는 아니지만 국가관계에도 적용된다. 국제적 신뢰는 상대국가가 특정 국가를 위해 스스로 위험을 감수하려는 태도를 보이거나, 반대로 특정국가가 상대국가에 대해 기꺼이 위험을 감수하려는 태도를 보일 경우를 말한다. 국제적 신뢰란 한 국가가 대부분의 국가들이 기대하는 행동규범에 따라 행동하는 데 대한 믿음과도 같다(주미영 2014, 57-58). 국가 간 신뢰의 경우 누가 먼저 신뢰구축의 첫발을 내딛는가, 혹은 어떤 상황에 처한 국가가 신뢰형성을 위한 위험을 감수하려 하려는가에 대한 문제가 있다. 그렇기 때문에 상대의 의도와 동기 그 결과에 대한 불확실성은 국가 간 협력을 방해하고 이로 인하여 국가 간 신뢰형성을 어렵게 하는 면도 있다.

2. 국제관계이론에서 신뢰

국제관계이론은 복잡한 국제현상이라는 실험장에서 국제정치를 설명하는 것으로, 우리가 현실을 이해하고 이에 대처하는 방법을 고안하는 데 도움을 준다. 국제관계의 장은 대결과 협력으로 상정할 수 있는데, 특히 협력은 이를 추동하는 핵심개념인 신뢰와 깊은 상관관계를 가지고 있다. 신뢰는 상술한 바와 같이 개인이나 집단 간 관계뿐만 아니라 국제정치에서도 중심적 개념이고 주요한 관심사이다. 이에 대한 연구의 단초를 제시한 것은 저비스(Robert Jervis)이고, 그는 외교정책에 관한 저서와 논문을 통하여 인식과 협력의 문제를 제기하고 있다.

그는 인식과 오인이라는 인지적 개념과 안보 딜레마에서 협력문제를 제기하였다(Jervis 1976, 1978). 국제정치 수준에서 신뢰는 거의 변함없이 다른 행위자에 대한 판단을 포함하고 있다. 신뢰의 발전은 평화와 협력으로 관계 전환을 의미하는 것이다. 신뢰 없이 평화과정에 진입할 수 없고, 평화 없이 신뢰를 구축할 수 없기 때문에 이는 깊은 상호관련성을 가지고 있다. 이 연구는 아주 중요하지만 많은 연구가 진행되지는 않았다. 그러나 몇몇 학자들은 국제정치이론을 중심으로 평화와 안보 그리고 신뢰의 관계를 논의하고 있어, 이 분야에 활력을 불어 넣고 있다.

김학성은 국제정치이론을 중심으로 평화문제를 이론적 · 체계적으로 접근하고 있다. 그는 주요 국제정치이론들이 내세우는 핵심 가정들과 평화의 조건을 비교하여 검토하고 있다. 국제정치이론의 시선을 국제적 차원에만 집중하지 않고 국내적 차원의 연계적 설명의 필요성을 강조하고 있다(김학성 2000). 유현석은 '안보란 위협이 없는 상태'라고 하면서, 안보의 확보를 위한 평화적 처방을 현실주의 · 자유주의 · 구성주의적 관점에서 논의하고 있다. 그는 협력안보의 개념을 제시하며 이는 신뢰구축을 바탕으로 형성된다고 한다(유현석 2001). 르보우는 신뢰는 국내와 국제정치를 막론하고 핵심적인 분석 개념으로, 국제관계에서 신뢰는 거의 다른 행위자에 대한 판단을 포함하고 있다고 한다. 국제정치의 주류적 경향인 현실주의와 자유주의 그리고 구성주의에서의 신뢰의 의미를 설명하고 있다(Lebow 2013). 여기에서는 기존 국제관계이론의 시각을 설명하고, 이를 신뢰와 접목시켜 정리해 본다.

현실주의는 국제정치학의 지배적 패러다임으로 냉전이 종식된 이후에도 그 위력은 지속되고 있다. 현실주의는 국제정치의 지배적인 속성으로 '권력으로 정의되는 국가이익'을 추구하는 권력정치에서 출발하였다. 현실주의의 핵심가정은 국가는 정치행위의 핵심단위로 국제체계는 무정부상태이고, 국가는 권력을 추구하는 합리적 행위자라는 것이다.[2] 그러므로 모든 국가는 자신의 힘을 극대화하려고 행동하며 그렇게 행동하는 이유는 아무도 자신을 지켜주지 않는 무정부적 국제사회에서 생존할 수 있는 유일한 방법이 자신의 힘을 키움으로써 자신을 보호할 수 있다고 보기 때문이다.

공격적 현실주의를 주장한 미어셰이머(John J. Mearsheimer)는 "국제정치의 가장 중요한 요인은 모든 국가들에 내재하는 힘을 향한 의지이고, 이것은 국가들이 최고의 지위를 차지하기 위한 투쟁을 벌이는 원인이다(Mearsheimer 2001, 19)"라고 하였다. 그는 국가 간에 두 가지 요인이 협력을 방해한다고 한다. 상대방이 더 큰 이익을 보게 될 것이라는 생각과 상대방이 속이지 않을까 하는 우려가 협력을 어렵게 만드는 요인이라 하고 있다(Mearsheimer 2001, 51-52). 즉, 어떤 국가들이건 자국의 이익을 추구하므로 상대국가에 이용당할 것을 두려워하기 때문에 상대방을 신뢰하지 않는 성향이 있다는 것이다. 모든 국가는 잠재적 적국으로 간주하는 것이 합리적이라는 관점이다. 국가들은 서로에 대해 두려움을 느끼고 전쟁이 일어날 것을 우려하기 때문에 이러한 상황에서 국가 간 신뢰가 형성될 가능성이 매우 낮다. 그러므로 신뢰할 수 없는 잠재적 적대 국가를 상대로 협력하기 보다는 선제공격과 힘을 통한 억압만이 가장 합리적 선택으로 본다.

방어적 현실주의를 주장한 월츠(Kenneth N. Waltz)는 국가들의 첫 번째 관심은 국제체제 속에서 자신의 지위를 유지하는 일이라고 하면

---

2) 1970년대 말에 이르자 현실주의가 국가안보 문제의 여러 가지 차원을 설명하는 데 있어서 적실성이 있다고 인정하면서도, 국제구조를 강조하는 현실주의의 중요한 변형으로 신현실주의가 등장했다. 신현실주의는 월츠(Kenneth N. Waltz)에 의하여 체계화되었다.

서, 세력균형을 유지하기 위해서는 방어적 행동을 권장하고 있다(Waltz 1997, 126-127). 방어적 현실주의는 권력이 아닌 안보를 추구하는 국가를 상정하고 있기 때문에 협력의 가능성을 배제하지 않는다. 불신이 협력을 항상 방해하는 것은 아니고, 매우 제한적 범위에서 협력이 가능하다고 설명한다. 협력의 목표는 단일 국가 활동으로 획득할 수 없는 더 큰 이익을 창출하거나 혹은 협력을 통해 위협으로부터 좀 더 자유로운 안보환경을 만드는 것이다. 레이건 대통령이 이야기한 "신뢰하라, 그러나 검증하라(Trust, but Verify)"는 미국 보수주의자들의 슬로건이 되었다(Lebow 2013, 18-19).

자유주의는 국가만을 국제관계의 유일한 존재나 행위자로 파악하던 현실주의 패러다임에 비판적 시각을 가지고 있다. 자유주의는 국제관계가 가지는 특성으로 상호의존을 강조하고 있다.[3] 자유주의의 입장은 국제관계가 지니는 상호의존의 특성을 강조하기 위해 '복합적 상호의존'이라는 개념을 사용하면서, 다양한 통로에 의한 각 사회의 연결, 쟁점 간 위계서열의 부재, 그리고 군사력이 갖는 역할의 상대적 저하가 그 주요 특징이다(김재영 외 2010, 490). 신자유주의적 제도주의는 협력의 가능성을 현실주의보다 높게 평가한다. 그것은 안보와 복지에 의하여 유발된 행위자를 위한 가장 합리적인 전략이다.

자유주의자들은 제도화가 무정부를 극복할 잠재력을 가지고 있다고 믿는다. 그러므로 제도화는 국가와 다른 국제적 행위자가 상호 유용하다고 간주할 때 창조되고 확장되며, 영향력을 가진다. 협력은 제도를 통해 구축·유지되고, 제도는 보장과 신뢰를 통해 구축된다고 주장한

3) 신자유주의적 제도주의는 무정부상태의 국제사회에서도 국가 간의 제도적 협력이 발전할 수 있는 가능성을 이론적으로 보여줌으로써 넓은 의미에서 평화의 조건을 규명하는데 기여하고 있다(김학성, 2000: 7).

다(Lebow 2013, 19). 이들은 기본적으로 국제제도가 국가 간의 협력을 촉진함으로써 갈등을 평화적으로 해결할 수 있는 역할을 할 것이라 생각했다. 국제제도는 정보를 제공하고 배신에 대한 처벌을 통해 협력의 상대적 이득에 대한 불신을 감소시킬 수 있을 것으로 보았다(유현석 2006, 90-91). 즉, 협력하지 않으려는 국가를 강제와 설득으로 동기를 부여하고, 이들의 구체적인 사안을 효과적으로 디자인함으로써 예측성을 증가시키고 이를 통해 신뢰를 획득할 수 있다는 것이다.

국제관계에서 신현실주의와 신자유주의의 논쟁 속에 이들의 문제점을 지적하면서 등장한 것이 구성주의이다. 구성주의가 전개된 배경에는 냉전의 종식이라는 국제사회의 급격한 변화가 자리하고 있다. 구성주의의 지적 전통은 한마디로 정의하기 어렵지만 물질에 초점을 두는 실증주의를 비판하는 탈실증주의적 인식론에 기반을 두고 있다(김학성 2000, 86). 구성주의가 사용하는 개념적 요소들은 합리주의와 다르게 물질적 요소에 더하여 이념·규범·정체성 등과 같은 관념적 요소를 강조한다. 국제제도의 형성 및 변화와 관련해서도 사회적 맥락과 관념적 요소가 중요한 역할을 한다고 한다. 제도란 합리적 입장이 상정하듯 단순한 규칙이나 인센티브의 총체라기보다는 규범이나 가치를 반영하는 인지적이고 규범적 실체이다. 국제체제까지도 포함하는 국제제도는 무정부상태라는 냉엄한 현실에서 거래와 계약을 통해서 만들어지는 것이 아니라, 대화와 담론이 가능한 국제사회의 상호작용을 통해서 만들어진다고 본다(박재영 2009, 594-595). 이같이 구성주의는 제도가 국제정치에서 존재의 수용만이 아니라, 관념 등을 강조하고 있어 물질적 요소만을 강조하는 이론들과 다른 면을 보여준다.

구성주의자들의 이해는 현실주의와 자유주의와는 다르다. 구성주의는 국제관계의 현실은 지식과 사회적 요소에 의해 구성된다고 가정한다. 모든 정치권력은 사회적 교호와 상호구성과 같은 망에 깊숙이 천착되어 있고 궁극적으로는 정통성에 의존한다(Lebow 2013, 19). 또한 구성주의는 국가이익은 정체성의 사회적 구성에 의해 결정되며, 양자는 끊임없는 정치과정 속에서 상호작용하며 변화한다고 가정한다. 그러므로 구성주의이론은 현실주의와 자유주의와 같이 이론의 출발조건을 갈등이나 협력의 어느 한 쪽에 치중하지 않는다(김학성 2000, 102). 이러한 구성주의 시각을 국가안보에 적용해 보면 평화는 국가들이 국제정치를 권력의 추구로 보는 것이 아니라 협력과 공존이 가능한 것으로 생각한다. 국가안보는 잠재적 적국과의 상호관계 속에서 서로에 대한 정체성을 적이 아닌 공존의 대상을 바꾸는 노력을 통해 확보될 수 있다고 한다(유현석 2006, 92).

이상에서 국제관계이론에서 신뢰의 문제를 검토해 보았는데, 국제관계 현상을 설명하고 이해할 때나 문제해결을 위한 대안을 모색할 때 국제관계이론을 사용한다. 이에 대한 적용은 학자들마다 견해가 다르지만, 국제관계이론은 관점이라는 렌즈를 통해 클로즈업된 세상을 들여다보면서 반복적으로 발생하는 국제사건에 주목하여 행위자들의 관계에 대한 설명과 움직임을 이해하거나 예측할 수 있게 하여 유효한 수단들을 고안해낼 수 있도록 도와준다(박건영 2009, 20)는 의미를 가진다.

3. 적대적 관계에서 신뢰

위에서 국제관계에서 신뢰는 거시적인 시각으로 문제에 접근하였는데, 켈먼(Herbert C. Kelman)은 좀 더 구체적인 신뢰형성과정 문제를 제시하고 있다. 그는 국제관계에서 신뢰는 안정적인 평화와 협력으로 특징 지어지는 것으로 갈등을 풀거나 관계전환의 노력에서 필수적이라

하면서, 적대적 국가사이의 신뢰형성에 대하여 논하고 있다(Kelman 2005, 639-650). 특히 켈먼이 강조하고 있는 것은 신뢰와 평화사이의 관계로, 평화과정은 국가나 집단들이 갈등을 끝내고 협상하는 것이 자신들에게 가장 큰 이익이 있다는 결론에 도달하게 될 때 가능하다는 것이다. 그러므로 적대적 관계에서의 신뢰는 위험을 감수해야 한다는 어려움이 있다. 즉, 양자는 자기편이 손해를 보고 배신당할 수 있다고 생각하기 때문에 서로 신뢰하는 것은 두려워한다는 것이다. 이렇기 때문에 그들은 서로가 개방하거나 신뢰하거나 관대해지는 것을 꺼린다. 왜냐하면 이것이 상대방으로 하여금 이익을 취할 수 있다고 생각하기 때문이다. 각자가 평화를 만드는 것이 진정으로 이익이 된다고 할지라도 적들과 이익을 공유한다는 가정으로 위험한 행위를 기꺼이 하려고 하지 않는다(Kelman 2005, 640). 이러한 주장은 신뢰가 상대방에게 긍정적 감정을 표하는 그 근저에는 상호 이익이 증대되는 것에 있지만, 항상 불확실성이 존재하므로 신뢰형성이 용이하지 않다는 것과 그 맥을 같이하고 있다.

켈먼의 논문이 국제관계에서 신뢰 연구에 중대한 의미를 갖는 것은, 적대적 관계에서 신뢰형성(Building Trust Among Enemies) 문제를 제기하고 있기 때문이다. 그가 제시하고 있는 다섯 의제(Kelman 2005, 644-649)를 중심으로 신뢰의 형성과 유지 등을 살펴본다.

첫째로 실행과 확신의 지속적인 접근(Successive Approximations of Commitment and Reassurance)이다. 적대국들 사이의 신뢰형성을 위한 시발은 서로 상대방에 대한 확신이 필요하다. 그러나 양자는 자신이 위험에 빠져들지 않으려고 서로에게 확신을 주는 것을 두려워한다. 이를 해결하기 위해서는 공식적 또는 비공식적인 접근이 필요하다. 좀 더 단순한 문제에서 상대적으로 낮은 수준의 이행을 보여 줌으로써 어느 정도의 신뢰 확장에 대한 위험을 감소시킬 수 있다. 이렇게 상대적으로 낮은 수준의 이행을 제시하고 점차적으로 공식적인 협상을 창출해야 한다.

둘째로 신뢰의 저장소(Repository)로서 제3자의 역할이 필요하다. 제3자의 중요한 역할의 하나는 상호불신을 줄여주고 관계자들이 직접 소통을 하게 만들어 주는 것인데, 이를 위해서 관계자들 모두로부터 신뢰를 받고 있어야 한다는 것이다. 그들은 상호행동이 발생하는 상황에서 제3자를 신뢰해야 안전하다는 확신을 느낄 수 있다. 중요한 것은 신뢰의 저장소로 도움이 되기 위하여 제3자는 자신이 신뢰감을 증명해야 한다. 제3자의 역할은 상호행동과정의 초기에 중요하다. 초기에는 제3자를 통해 관계자들이 간접적으로 소통하지만 이후 직접적으로 소통하고 전환단계를 거쳐 신뢰를 구축하게 된다.

셋째로 실제적 행동으로의 신뢰(Working Trust)이다. 신뢰는 한편이 다른 편의 도움을 주는 것을 공약하고 다른 편에 이익을 증진시킬 것이라는 확신에 기반을 둔다. 그러므로 교환관계에서는 서로에게 이익이 될 것으로 행동한다. 실제적 신뢰는 상대의 태도가 상대의 이익에 기반하고 있어 신실하다는 것을 믿어주는 것이다. 상대의 이익에 기반하고 있기 때문에 신뢰구축과정이 일회성이 아니라 지속적으로 진행되고 또한 성실한 대응을 기대할 수 있다.

넷째로 불안한 제휴(Uneasy Coalition)이다. 실무 작업 참여자들 간에 신뢰를 진작시키는 문제는 그들 간의 응집성을 어느 정도 끌어 올리느냐에 있다. 제휴란 협상에 있어 해법의 가능성을 찾고 조정의 발견에 관심을 갖는 양측사이의 요소들이다. 이 제휴는 기본적으로 갈등선상에 존재하기 때문에 불안정한 협력으로 정의된다.[4] 실무 작업집단

4) 제휴의 불안정성은 상호 불신을 조장하기도 하고, 협력을 복잡하게 만들기도 한다. 그러나 불안감은 피할 수 없는 현실일 뿐만 아니라, 참여자들이 그들의 사회로 재진입해서

들은 개인적 갈등을 넘어 신뢰에 다다르는 응집성을 갖게 된다. 이러한 상황 하에서 불안한 제휴는 기본적인 갈등을 넘어 양측 사이의 가장 효과적인 연고관계의 집단으로 발전한다. 그러나 여기에서 나타나는 가장 큰 도전은 각자의 내부 집단의 지지문제이다. 내부의 지지 없이는 상대에 대한 신뢰를 지지하기 어렵기 때문이다.

다섯째로 상호 재확신(Mutual Reassurance)이다. 적대적인 양자는 현상유지가 고통을 더 증가시키게 될 것이라는 사실을 알고 있으면서, 또한 협상이 이익이 될 것이라는 것을 인지하면서도 실존하는 갈등 때문에 협상 테이블로 이동하는 것을 두려워한다. 양자는 협상이 궁극적으로 그들의 안보와 국가 정체성과 그들의 존재감을 위협하는 값비싼 양보가 되지 않을까 두려워한다. 그러므로 상호 재확신은 양국이 협정에 도달하기 위해 필요한 양보를 만들기 위한 중요한 요인이다. 양자는 새로운 리스크에 직면하고 새로운 의심의 원인이 발견될 때, 상대방의 신뢰를 지속적으로 확인할 필요가 있다. 그러나 일반적으로 국가들은 상대가 재확신을 수용할 것을 원하지만, 상대방에게 재확신을 제공하는 것에는 소극적인 것이 현실이다.

이상에서 켈먼이 제시하고 신뢰문제는 구성주의적 관점에서 접근한 것이다. 신뢰형성의 조건, 구체적인 행동, 제기되는 문제점, 해소 방법 등을 제시하고 있어, 국제관계에서 신뢰연구에 대단한 기여를 하였다고 본다. 물론 이것이 뿌리 깊은 상호불신을 초월하거나 서로 간에 신뢰의 신념으로 도약해 갈 수는 없지만, 양측의 갈등을 잠재울 수 있는 단초가 된다고 생각한다. 이러한 적대적 신뢰에 대한 이해는 한반도 신뢰프로세스를 분석하는 데 좋은 시사점을 제시해 주고 있다.

변화를 가져오는 문제이기 때문에 필요하기도 하다.

Ⅲ. 한국외교 지향점과 한반도 신뢰프로세스

1. 글로벌 신뢰 한국

동북아 평화협력구상은 동북아의 현재 상황의 안정적 유지・관리보다는 역내 구성원들이 신뢰의 문화와 협력과 정체성의 확립을 통해 새로운 협력의 틀과 기초를 마련해 나가는 것이다. 최근에 메르켈 독일 총리의 '통일을 만든 바탕에는 국제사회의 독일에 대한 신뢰가 있었다'는 말은 신뢰의 중요성을 새삼 느끼게 한다. 한국정부가 구상하고 있는 동북아 평화협력은 동북아 지역의 갈등과 불신구조를 화해와 지속가능한 협력의 구도로 전환하기 위해서 신뢰외교를 주요 정책으로, 역내 국가들과 다자대화를 촉진하여 협력과 관행을 축적하고 상호신뢰를 높여 공고한 협력의 틀을 마련해 간다는 것이다(국가안보실 2014, 95). 이를 위해서는 6자회담의 복원이나 기존 틀을 활용하는 것도 하나의 방안이다.

세계 속의 한국이 차지하는 위치는 국제사회의 평판으로 결정되는데 높은 자리를 차지하고 있지 않다. 향후 한국외교가 지향해야 할 바를 정부의 역할과 신뢰형성을 중심으로 살펴본다. 먼저 현재의 정책환경이 직면하고 있는 문제점과 외교기관의 의무가 무엇인가를 정확히 파악해야 한다. 우선 동맹관계가 아니라도 세계 외교무대에서 정상 간 개인적 친분과 신뢰는 두 나라 모두에 국가적 자산이 된다는 점에서 지도자의 역량과 역할이 매우 중요하다. 외교부만이 외교행위자는 아니지만 외교 네트워크를 운영하는 데 대한 주도권은 가져야 한다. 외교의 효율성 강화를 위해 외교정책 행위자로서의 조직 개혁이 필요하다. '신뢰'는 외교의 핵심적 개념이다. 신뢰를 형성하는 것은 단순히 지도자 간의 유대관계를 넘어 입장, 전술, 전략을 둘러싼 현실적이고 복잡한 구조의 관계까지 복합적으로 작용한다. 또한 변화되는 국내·외 환경에 적용될 수 있는 외교기능을 모색해야 한다.

한국이 국제사회에서 저평가되는 가장 큰 요인은 분단국가라는 인식에서 오는 것이다. 통일외교는 이를 극복할 수 있는 열쇠이다. 통일은 상대가 있고 이를 위해서는 먼저 신뢰를 통한 화해와 협력의 공존적 남북관계를 확고하게 정착시키는 것이 무엇보다도 필요하다. 남북관계는 이를 극복하지 못한 상태에서 계속적인 긴장관계를 유지하고 있다(김창희 2014, 394). 이러한 남북한의 문제는 양자 간의 문제로만 귀결되지 않고, 한반도 주변의 미국, 중국, 일본, 러시아 등이 상호 연계된 복잡한 국제관계의 틀 속에서 이해되고 해결되어야 한다. 다시 말하면 남북한 통일과 그 이후의 문제인 한반도 미래는 이들 주변 강대국가들과의 상호관계에서 해결되어야 한다.

아시아·태평양 지역은 높은 경제성장률과 역동성을 발판으로 국제질서 변화의 중심에 있을 뿐만 아니라 세계경제의 견인적 역할을 하고 있다. 이 지역에 위치한 한국은 국제사회에서 어떤 역할을 할 수 있는 국가로 거듭날 것인가를 고민하고, 미래 통일시대를 대비해 외교목표와 전략을 재검토하고 개선과 발전을 모색해 볼 시점이라 할 수 있다(주미영 2014, 51). 한반도 통일과 관련하여 글로벌 및 동북아 지역 차원에서 전개되는 전략외교는 국제공조는 물론 남북관계 진전을 위해서 매우 중요하다. 특히, 글로벌 변혁기의 전환기적 전략 환경의 변화에 대응하면서 한반도 통일을 추구하는 경우 통일외교는 전략적으로 더욱 중요하다(배정호 외 2014, 5). 통일외교는 구성주의적 시각에서의 접근이 필요하다. 구성주의자들의 생각을 국가안보에 적용하면 평화는 국제정치에서 권력추구가 아니라 협력과 공존에서 생성되고, 동북아 평화정착이 관련국들의 국가이익을 증대시킨다는 점이다.

2. 한반도 신뢰프로세스

신뢰프로세스는 신뢰라는 가치와 프로세스라는 과정의 합성어로, 한반도에서 남북관계가 불안정한 이유를 신뢰형성의 부재로 보고 이를 단계적이고 점진적으로 발전시켜 나간다는 것이다. 정부 특히 통일부의 공식 문건 등은 "한반도 신뢰프로세스는 튼튼한 안보를 바탕으로 남북한 신뢰를 형성함으로써 남북관계를 발전시키고, 한반도에 평화를 정착시키며, 나아가 통일기반을 구축하려는 정책"이라고 밝히고 있다. 박근혜 정부에서 신뢰는 '국정기조를 관통하는 키워드이고, 국가안보와 국제관계 그리고 남북관계를 포괄하고 있다'고 하면서, 이는 대통령이 당선되기 이전에 『외교문제(Foreign Affairs)』지에 게재한 글에서 제시했다고 한다.[5] 박대통령은 이 글에서 남북 간의 진정한 화해의 노력을 잠식하고 불신과 대결의 악순환에서 벗어나지 못하는 근본 이유를 신뢰의 결핍에서 찾았고, 한반도를 신뢰지역으로 전환하기 위한 정책의 필요성을 강조했다(Park 2011, 14). 과거에도 남북관계에서 신뢰의 중요성은 언급되었으나, 대북정책의 키워드로 신뢰가 사용된 것은 박근혜정부가 처음이다(최진욱 2013, 9).

한반도 신뢰프로세스의 목표는 '남북관계 발전'과 '한반도 평화정착'

---

5) 전성훈은 정책기획논문에서 "박근혜정부의 대북·통일정책을 상징하는 핵심 개념은 신뢰와 균형, 통합 그리고 진화이다."라고 하면서, '박근혜정부의 출범을 준비한 대통령직인수위원회에서 제시한 것이 박근혜정부의 국정목표가 되었다고 한다'. '신뢰정치'는 "Park Geun-hye, 2011, "A New Kind of Korea: Building Trust between Seoul and Pyongyang," Foreign Affairs, Vol. 90, No. 5 (September/October), 13-18."에서 처음 소개되었고, 박근혜정부가 추진하는 국방·통일·외교 정책의 기본 틀이 되었다는 것이다(전성훈 2013, 1-4).

그리고 '통일기반 구축'으로, 이들 목표들 간에는 유기적 관계가 있고 핵심적인 요인은 신뢰형성이다. 이를 추진하기 위해 '균형 있는 접근, 진화하는 대북정책, 국제사회와 협력'을 원칙으로 제시하고 있다. 좀 더 구체적으로 살펴보면 첫째로 균형 있는 접근은 '안보와 교류・협력', '남북협력과 국제공조'의 균형, 그리고 '유연할 때 더 유연하고 단호할 때는 더욱 단호'하게 정책을 추진한다. 둘째로 진화하는 대북정책은 북한의 올바른 선택을 유도하고, 남북한 공동발전을 구현하는 방향으로 지속 보완・발전하여, 상황에 맞춰 대북정책에 변화를 주면서 한반도 상황을 능동적으로 관리한다. 셋째로 국제사회와 협력은 국제사회와 긴밀한 협력을 통해 한반도 안보 위기를 해결하고, 한반도 문제 해결과 동북아 평화협력 증진의 선순환을 추구한다.

한반도 신뢰프로세스는 우리가 원하는 한반도 평화와 안정의 구도를 정착시키고 통일기반을 구축하기 위하여 우리가 먼저 움직여 주변국들의 지지와 협력을 이끌어 내자는 구상이다. 역대 정부가 북한의 진정한 변화를 유인하지 못했기 때문에 새로운 정책이 필요하다는 인식에서 출발했다. 그런데 신뢰문제는 '손뼉도 마주쳐야 소리가 난다'는 속담에서 보듯이, 이는 상호간의 문제인데 북한은 의지가 없거나 이를 보여주지 않고 있다고 한다(Yun 2013, 13). 현 정부가 신뢰문제를 외교 전면에 내세운 것은 처음이지만, 과거정부들도 신뢰 구축의 중요성을 꾸준하게 제기해 왔다. 그러나 남북한의 불신의 벽은 아직도 높다는 사실은 실행의 어려움이 얼마나 큰가를 말해주고 있다.

Ⅳ. 한반도 신뢰프로세스의 이론 적용과 검토

국제관계이론에서 패러다임을 중심으로 각 이론이 표방하는 질서와 작동원리는 한반도 상황을 분석할 수 있는 유효한 수단이 될 수 있다. 그러나 이론은 이론가와 그의 사회 및 국가의 가치와 관심, 그리고 이해관계를 반영하므로 다른 사회와 국가에 적용될 때 항상 '선택의 왜곡'과 '적실성의 결여'라는 오류를 범할 잠재성을 가진다(박건영 2009, 69)는 지적은 겸허하게 받아들여야 한다. 이러한 위험성이 상존함에도 불구하고 현상을 조명할 수 있는 틀을 제시해줄 수 있고, 이를 바탕으로 방향을 설정해 볼 수 있다는 것은 대단한 의미를 가진다. 한반도 신뢰프로세스의 분석을 통해 이것이 가지는 한계가 없는가를 규명해보고, 있다면 어떻게 풀어나가야 할 것인가 하는 방향성을 예시해 본다.

1. 신뢰프로세스의 국제관계이론 접목

국제관계이론으로 평화체제와 신뢰문제를 접근하려는 시도는 한반도 신뢰프로세스가 제시되기 이전부터 제기되었다. 김학성은 한반도 평화체제에 대한 이론적 접근을 통하여 구성주의는 현실주의와 자유주의에 비교하여 매력이 있다고 제시하였다. 그는 시장논리, 즉 경제적인 목적 합리성을 강조하는 현실주의와 자유주의는 강대국 내지 서구중심주의적 시각을 강하게 내포하고 있다. 현실주의적 시각은 동북아 강대국들의 능력에 초점을 맞춤으로써 한반도 평화체제의 구축을 위한 한국의 노력이 매우 제한적일 수밖에 없다는 결론을 유도하고, 자유주의적 시각은 동북아 지역의 협력여건의 부족으로 갈등 잠재력을 과대평가할 수 있다는 것이다. 이에 비해 구성주의적 시각은 남북한의 갈등관계가 협력지향적 공유지식이나 국제제도의 확대와 더불어 협력관계로 발전 할 수 있으며, 이 과정에서 한국의 역할 증대 가능성을 열어 놓고 있다(김학성 2000, 140-141)는 것이다.

한반도 신뢰프로세스의 출발은 김대중 정부와 이명박 정부의 접근 자체가 문제점이 있다는 지적에서이다. 대북화해정책은 경제사회의 협력이 정치군사적 성과로 파급될 것이라는 기능주의적 접근에 의존했지만 그러한 결과를 가져오지 못했다. 이명박 정부가 표방한 원칙 있는 대북정책이라는 상생공영정책은 전략적 인내로 오히려 남북관계의 단절만 가져왔다는 것이다. 김대중과 노무현 정부는 자유주의적 시각에서 기능주의와 신기능주의적 접근으로 남북관계를 조율하였고, 이명박 정부에서는 이에 반작용으로 신현실주의적 시각으로 여기에서 제기된 문제점을 탈피해보고자 했으나 좋은 결과를 가져오지 못했다는 것이 한반도 신뢰프로세스 추진의 이론적 배경으로 볼 수 있다.

물질적 차원에서 국한시켰던 기존 논의의 이론적 지평을 확대하고, 결과적으로 힘의 논리로 제압하려 했던 오류를 탈피하기 위해 제시된 것이 신뢰라고 본다. 이는 다음과 같은 주장에서도 알 수 있다. '한반도 신뢰프로세스는 구성주의와 관련한 이론적 내용을 포함하고 있다. 상술한 바와 같이 구성주의 이론은 인식, 관습, 정체성 등으로 대표되는 비물질적 요소와 가치들이 행위자의 세계관과 이익 구성 방식을 지배하게 된다는 입장을 취하고 있다. 대결과 경쟁이 중심이었던 남북관계의 구조적 특징에서 한 발 물러나 북한을 상대로 신뢰의 구축이 가능할 것이라는 관습과 경험을 축적해 나가야 한다는 신뢰프로세스는 다분히 구성주의적 입장 및 정책적 노력과 조화를 이룬다고 판단한다(박영호 외 2014, 75-76)'이다. 한반도 신뢰프로세스의 이론적 완결성에 동조할 수 있지만, 실제 효용성의 측면에서 하나의 담론으로 남을 수 있다는 점은 경계해야 한다.

2. 남북관계에서 신뢰형성과 문제

남북관계의 근본문제는 상호신뢰의 부족이고, 불신의 벽을 넘지 않고서는 남북관계의 진전은 불가능하다. 설령 남북관계가 진전되는 것 같더라도 신뢰가 없는 진전은 머지않아 후퇴할 가능성이 매우 높다(최진욱 외 2013, 14)는 주장은 타당하다. 그러나 남북관계에서 신뢰를 형성하는 과정은 결코 쉬운 일이 아니다. 남북한은 상호불신에 사로 잡혀있다. 남한은 남한대로 북한의 정책과 행태를 믿지 못하며, 북한은 북한대로 남한의 정책과 행동을 믿지 못한다. 즉, 남북관계는 본질적으로 상대방에 대한 불신을 전제로 하고 있다. 실제로 남북한 간에는 신뢰구축의 초기단계라 할 수 있는 합의서, 공동선언이 있어 왔다. 현 상태에서는 그저 하나의 문서로 남아 있을 뿐이다. 이에 대하여 '남북한 간 신뢰의 결여는 남한과 북한이 각각 자국의 의지를 실현하고 목표를 달성하고자 하는 정책을 상대방에 대한 진지한 고려 없이 추진하기 때문이다(박영호 2015, 290)'는 것은 일리 있는 대목이다. 그러면 어떻게 남북관계에서 신뢰형성이라는 첫발을 내딛을 수 있을까?

남북한이 상호체제를 인정하고 대화와 협력을 통해 상호이익을 추구할 수 있다는 신념이 있어야 한다. 이런 의미에서 안승국이 신뢰형성의 기본적인 문제로 '남북한 간 신뢰형성을 위해서는 불신에 따른 손실을 서로 인식해야 하고, 군사적으로 침략할 의도와 적대감이 존재하지 않아야 하며, 체제 또는 영토에 대한 보장이 있어야 한다'는 주장은 경청할 만하다(안승국 2013, 38). 이러한 전제에 대한 확신이 없을 때, 신뢰가 형성되기가 어렵다. 남북한 간의 신뢰형성은 다양한 분야의 교류와 협력을 통해서 상호이해를 증진시키는 것에서부터 다시 시작해야 한다. 상대방이 배신을 할 것을 두려워하면 아무것도 할 수가 없다. 상술한 켈먼의 첫 번째 의제에서 말한 것과 같이 상호간에 어느 정도의 확신을 가지기 위해서는, 단순한 문제에서부터 출발하여 낮은 수준의 이행을 보여주어야 한다. 어떤 형태로든 지속적인 접근은 신뢰 형성의 가장 큰 전제조건이다.

켈먼은 신뢰형성에서 가장 큰 도전으로 각각의 내부집단의 지지문제를 들고 있다. 남북한이 협상이나 협력으로 나가려 할 때 내부의 지지문제가 수반되지 않을 경우 이는 그 추동력을 잃게 된다. 이를 극복하는 방안은 무엇일까? 이기동은 신뢰프로세스가 통일지향성을 갖기 위해서는 그 개념의 확장이 필요하다고 하였다. 그는 푸트남이 구체화한 사회적 자본으로의 신뢰개념을 구체화한 사회적 개념으로의 신뢰개념을 남북관계 차원에 조작하여 '통합자본'[6]으로의 신뢰 개념을 확장하고자 하였다. 배신하지 않고 신뢰관계를 지속할 수 있도록 공공재를 계속 늘리는 노력이 필요한데, 공공재의 규모가 증대되면 배신보다는 협력에 대한 동기가 커진다는 것이다(이기동 2013, 47). 이 공공재 확산이 국민통합을 가져올 수 있고, 협상을 가능케 할 것이다.

한반도 신뢰프로세스의 진행에서 도출되는 문제점은 기반 조성에 대한 전제이다. 북한이 변화해야 한다는 것이다. 이상신은 한반도 신뢰프로세스가 보수적 성격을 보여주고 있다고 하면서, "남북한 신뢰의 부재는 기본적으로 북한이 지금까지의 약속을 지키지 않았기 때문이라는 판단에 입각하여 결국 신뢰구축의 책임을 상당부분 북한에 넘기고

6) 통합자본이란 남북한의 신뢰가 축적되고 확산되면 남북관계에서의 비효율성을 줄이고 서로의 이익을 증대시켜 행복한 통일 국가로 발전할 수 있다는 측면에서 신뢰를 통합자본으로 변용할 수 있다는 것이다. 남북한의 신뢰가 통일의 거래비용을 줄이고 정보소통을 원활하게 해주며 규범과 제도의 강화를 통한 편익을 공유하는 등 자본으로서 기능을 강화할 수 있다는 것이다(이기동 2013, 45).

있다"(이상신 2013, 116-117)는 것을 지적하고 있다. 그러나 북한은 남한 정부가 6.15공동선언과 10.4선언을 지키지 않음으로써 신뢰할 수 없다고 거듭 주장하고 있다. 결국 남한은 주도적으로 신뢰를 형성하기 위하여 노력을 하고 있는데 북한이 이에 응하지 않고 있다는 주장을 펴는 한편, 북한은 오직 과거 정부에서 합의한 것을 지키는 것이야말로 신뢰형성의 첩경이라 하고 있다. 이러한 인식의 출발점은 한반도 신뢰프로세스 진행을 어렵게 만들고 있다.

3. 남북관계의 상호인식의 상충

남북한의 대외정책 및 대북·대남정책은 실제로 어떻게 전개되고 있는가? 한반도 신뢰프로세스의 전 과정을 관통하는 명제는 확고한 안보태세이다. 강력한 안보와 남북대화는 '남북관계 발전과 평화로운 한반도'라는 수레를 움직이는 두 개의 바퀴와 같다는 것에서 알 수 있다(전성훈 2013, 8). 국가안보에 빈틈을 주지 않으면서 대북 억지력을 강화하고, 북핵협상을 힘으로 뒷받침함으로써 북한이 핵을 정치·군사적으로 무기화할 동기를 약화시키고 협상에 응할 가능성을 높인다는 것이다(전성훈 2013, 9-11). 이렇게 보면 한반도 신뢰프로세스의 신뢰에 대한 인식은 상호성이기 보다는 일방적인 속성이 더 많이 내포되어 있다. 이는 북한이 먼저 변해야 남북 간 신뢰를 쌓을 수 있다는 것으로, 북한이 변하지 않으면 남북한 간 신뢰를 쌓을 수 없다는 논리로도 볼 수 있다(박영호 2015, 285). 신뢰는 쌍방적이기 때문에 남북한은 모두 자신의 정책을 일방적으로 상대방이 수용하도록 강요해서는 안된다.

김정은은 2013년 3월 31일 조선로동당 중앙위원회 전원회의에서 '경제건설과 핵무력건설의 병진로선'을 제기하였다. 김정은이 보고한 것 중 중요 내용을 살펴보면 다음과 같다. 즉, "현 정세와 혁명발전의 요구로부터 당 중앙은 경제건설과 핵무력건설을 병진시킬 데 대한 새로운 전략적 로선을 제시하게 됩니다"라고 하고 있다. 이에 대하여 좀 더 구체적으로 경제를 발전시키고 인민생활을 향상시키기 위해서는 강력한 군사력 즉, 핵무력이 뒷받침 되어야 한다는 것이다. 이렇게 제기된 '병진로선'은 김정은 체제의 새로운 대내외 정책이 되었다. 이는 북한 내부 전략임과 동시에 대남·대외 전략인 셈이다. 북한은 병진노선 채택 1주년 논설에서 한반도 신뢰프로세스에 대하여 부정적으로 평가하고 있다. 즉, "적들은 병진로선에 대하여 경제발전과 인민생활향상에 부정적 영향을 미칠 것이라고 비방하였다"(로동신문 2014/3/31, 1)고 하면서, "경제건설과 핵무력건설을 병진시킬 데 대한 우리 당의 전략적 로선은 억척불변이다"고 하고 있다. 또한 "우리의 핵억제력은 그 어떤 정치적 흥정물이나 경제적 거래물이 아니다. 그것은 억만금과도 바꿀 수 없는 민족의 생명이고 통일조선의 국보이다"(로동신문 2014/3/31, 6)라 하면서, 자신들 정책의 불변성을 강조하고 있다.

통일부는 박근혜 정부가 한반도 신뢰프로세스를 지속적으로 추진하고 있다고 하면서, 첫째로 남북관계의 정상적 발전을 의연하고 일관되게 추진하고 있다고 하였다. 즉, 남북 간 대화를 통해 현안문제를 해결해 나가기 위해 지속적인 노력[7]과 북한의 도발과 위협 그리고 부당한 요구에 대해서는 원칙을 지키며 단호하게 대응하였다는 것이다. 또한 드레스덴 구상과 3대 통로(환경, 민생, 문화) 등 남북 간 신뢰를 형성하고 통일의 초석을 쌓을 수 있는 발전구상을 제시했고, 실천 가능한 사업들을 통해 상호신뢰를 쌓아 통일기반을 구축해 나가는 단계적 접근방법을 추진했다는 것이다. 국제사회 협력을 통해 북한 비핵화의

7) 2013년 7월, 8월 개성공단 발전 정상화 합의, 2014년 2월의 이산가족 상봉개최, 8월에 고위급접촉 제의, 12월에 통일준비위원회 명의 회담 제시를 들고 있다.

실질적 진전을 추구한다는 것도 제시하고 있다.[8)]

이상에서 살펴본 바와 같이 남북한 양측의 대외정책이나 인식은 완전히 상충되는 모습을 보여주고 있다. 즉, 한반도 신뢰프로세스와 병진정책이 완전히 충돌하고 있음을 말해주는 것이다. 정부가 '북핵문제 해결과 남북관계 발전이 선순환 하도록 노력해 나갈 것'이나, '남북관계 발전은 북한의 비핵화의 진전과 상호보완적'이라는 것은 북한의 '핵무력 건설'과 완전하게 배치되는 것이다. 또한 북한에서는 우리 정부가 한반도 신뢰프로세스의 주요한 실행으로 내세우는 '드레스덴 선언' 등을 정면으로 반박하고 있다.

한반도 신뢰프로세스에서 신뢰의 상호성을 인정하지 않고, 우리의 주관적 판단으로 디자인하려고 할 경우 정책적 편리성을 위한 도구로 전락할 수 있다. 한반도 신뢰프로세스가 실제 의도한 대로 작동하고 동력을 유지하기 위해서는 지속적으로 보완 수정되어야 한다(정성임 2013, 211)는 지적은 우리 정부가 간과해서는 안 될 대목이다. 남북한 간에 일정 수준의 신뢰가 형성될 때까지 군사적 신뢰는 한시적으로 북핵문제와 별도의 트랙에서 다루어야 할 필요가 있다. 만일 북핵문제와 군사적 신뢰조치가 상호 연동될 경우 군사적 신뢰형성을 위한 첫 단추도 꿰지 못할 수 있다(이기동 2013, 59). 남북한이 신뢰구축을 위하여 가장 먼저 필요한 것은 대화와 교류이다. 이것 없이는 아무것도 이루어지는 것이 없다. 만나서 모든 문제를 협상테이블 위에 올려놓아야 한다.

신뢰를 쌓는 노력은 계속되어야 하며, 남북관계의 모든 이슈들을 핵 문제와 연계시켜서 대화가 단절되고 북한문제가 방치되는 것은 바

8) 2015년 2월 25일 통일부의 "박근혜 정부 2년, 통일업무를 이렇게 추진했습니다"를 통하여 정부 출범 이후 남북관계상황과 향후 방향을 제시하고 있다.

람직하지 않다. 정부는 신뢰프로세스를 중장기적 정책프로그램의 구상으로 삼고, 임기 내 그 방향을 정확하게 제시하면서 정책을 추진해야 한다. 역지사지(易地思之)라는 말은 정책수행에 가장 기본적인 명제가 되어야 한다. 신뢰형성은 바로 여기에 있는 것이고 상충되는 점을 바로 잡을 수 있다.

Ⅴ. 결 론

"국제적 혹은 양대국 간의 갈등을 해결하려는 노력은 어려운 딜레마에 직면하게 된다. 특히 상대방이 근본적으로 위협적인 존재라고 인식하고 있을 때 더욱 그렇다. 양측은 어느 정도 상호 신뢰 없이 평화과정에 들어갈 수 없고, 그러나 평화과정에 진입하지 않고는 신뢰를 구축할 수 없다. 그러므로 불신은 지속되는 특징을 지닌다"(Kelman 2005, 641). 이는 국제관계에서 신뢰형성의 어려움을 말해주는 대목이다. 그러므로 국제관계에서 국가 간의 신뢰는 상호 간에 자신의 손해를 어느 정도 감수해야 한다. 특히 남북관계에서는 더욱 유념해야 할 문제이다. 이러한 자세로 상대방에 신호를 보낼 때, 신뢰형성의 초기단계로 진입할 수 있다. 신뢰는 양자관계에서 상대방의 협력만을 요구하지 않고 상호 선호한다는 믿음이 있어야 가능한 것이다. 적대적 국가 간의 신뢰구축의 시작은 어느 일방만의 협력을 강요해서는 안된다.

신뢰를 통해 국제협력을 추동하는 과정에 대한 관심이 높아지고 있다. 동북아에서도 평화체제가 마련되기 위해서는 역내 국가들의 협력이 선행되어야 한다. 서로 간 신뢰할 수 있다면 국가들은 협력하고 평화로운 관계를 유지할 것이고, 서로 신뢰하지 않는다면 협력이 불가능할 뿐만 아니라 전쟁이 발생할 수도 있다(주미영 2014, 67). 역내 국가들은 작지만 의미 있는 협력부터 시작하여 서로 믿을 수 있는 관행을 축적하고, 이를 확산시킴으로서 불신과 대립을 완화해 나가야 한다. 동북아의 평화는 한반도에 영향을 미칠 뿐만 아니라, 한반도의 문제는 동북아 평화구축의 핵심으로 자리 잡고 있다. 특히 북한 핵문제는 동북아의 불안정과 긴장을 야기하는 주된 원인이다. 한반도 신뢰프로세스는 국제사회와 함께 북한의 핵문제를 해결하고, 이를 남북관계 발전으로 연결해 선순환 되도록 한다는 것이다.

한반도 신뢰프로세스에 대하여 많은 전문가들이 이론적 측면에서는 긍정적으로 평가하고 있다. 한반도 신뢰프로세스가 구성주의적 시각과 접목되어 있다는 것을 받아들인다. 그러나 실제 정책으로 시행될지에 대해서는 의구심을 갖는다. 한반도 신뢰프로세스는 이론적인 당위적 규범만 있지, 신뢰에 대한 구체적인 내용이나 실천 단계 등에 대한 구체적인 제시가 없다. 국제관계에서 외교는 불확실한 상황에서 신뢰를 형성해 가는 과정이다. 그러므로 북한이 신뢰할 수 있는 모습을 보여야 협상 테이블에 함께할 수 있다고 한다면, 남북관계는 더 이상 진전을 보지 못할 것이다. 남북한은 상대방을 근본적으로 믿지 못하며, 남북대화의 주장과 같은 상호작용의 경우에도 그 행위와 의도 자체를 의심하면서 계속 머뭇거리고 있다. 정책을 집행하는 과정에서 왜 신뢰가 쌓이지 못하고 불신이 지속되고 있는지에 대한 원인이 철저히 규명되어야 한다. 그 원인이 주로 북한에 있는 것이 사실이지만 우리에게는 전혀 없는 것인지, 있다면 그것이 무엇인지에 대한 냉철한 평가도 정책수행에 도움이 될 것이다. 남북한이 자신만의 주장에만 매몰되지 말고 상대방의 자존심을 살려주면서, 상대의 주장에서 해결의 실마리를 찾으려는 열린 자세로의 노력이 필요하다.

한반도 신뢰프로세스가 이전 정부의 정책수행에 대한 문제점 즉, 포용과 원칙의 균형에서 출발했다고 한다면, 무엇이 어떻게 다른가를 확인시켜주어야 한다. 남북한의 신뢰가 실제로 형성되기 위해서 무엇을 어떻게 해야 할지를 이론적으로 검토해 보는 것도 중요하다. 북한의 신뢰를 전제로 하지 말고 실제로 협력가능 한 것이 무엇인가를 찾아야 한다. 투 트랙으로 풀어가는 것도 하나의 방법이다. 신뢰형성을 통한 남북관계의 정상화를 위해서 대범한 전략적 결단이 요구되는 시점이다.

참고문헌

구승회 역. 1995. 『트러스트: 사회도덕과 번영의 창조』. Fukuyama Francis. 1995. *TRUST: Social virtues and the creation prosperity*. 서울: 한국경제신문사.

국가안보실. 2014. 『희망의 새시대 국가안보전략』. 국가안보실.

김인영 편. 2004. 『사회신뢰/불신의 표상과 대응: 거시적 평가』. 서울: 도서출판 소화.

김재영 · 김창희 · 손병선 · 신기현. 2010. 『새로운 정치학의 이해(제3판)』. 파주: 삼우사.

김창희. 2014. 『남북관계와 한반도: 대결과 갈등에서 신뢰의 장으로』. 파주: 삼우사.

김학성. 2000. 『한반도 평화체제에 대한 이론적 접근: 현실주의. 자유주의. 구성주의의 비교』. 통일연구원.

김학성 · 장인숙. 2014. "한반도 신뢰프로세스에 대한 상호 이해적 접근: 이론적 검토와 실천방안 모색." 『정치 · 정보연구』 제17권 3호.

박건영. 2009. "국제관계이론의 역사와 계보." 우철구 · 박건영 편. 『현대 국제관계이론과 한국』. 서울: 사회평론.

박영호. 2015. "남북관계에 대한 남북한의 정책과 신뢰구축의 방향." 『국제지역연구』. 제18권 제5호.

박영호 · 정성철 · 박인휘 · 황지환 · 전봉근 · 김동수. 2014. 『신뢰정책의 과제와 추진전략』. 통일연구원.

박재영. 2009. 『국제정치 패러다임』 3판. 서울: 박영사.

배정호 · 박영호 · 박재적 · 김동수 · 김장호. 2014. 『한반도 통일에 대한 동북아 4국의 인식』. 통일연구원.

안승국. 2013. “신뢰에 대한 이론적 고찰.” 민족화해협력범국민협의회 정책위원회 편. 『한반도 신뢰의 길을 찾는다』. 서울: 도서출판 선인.

유현석. 2001. 『국제정세의 이해』. 서울: 한울아카데미.

———. 2006. 『국제정세의 이해』 2개정판. 파주: 한울아카데미.

이기동. 2013. “남북 간 정치 · 군사적 신뢰 형성.” 민족화해협력범국민협의회 정책위원회 편. 『한반도 신뢰의 길을 찾는다』. 서울: 도서출판 선인.

이상신. 2013. “우리는 북한을 신뢰할 수 있는가? 여론조사 데이터로 본 한반도 신뢰프로세스.” 『한국정치학회보』 47집 4호.

전성훈. 2013. “신뢰 · 균형 · 통합 · 진화의 대북 · 통일정책.” 『통일정책연구』 제22권 2호.

정성임. 2013. “한반도 신뢰프로세스: 구성. 인식. 접근방식.” 『통일정책연구』 제22권 2호.

주미영. 2014. “글로벌 신뢰 구축을 위한 외교정책 모색: 신뢰 유형을 중심으로.” 『정치 · 정보연구』 제17권 1호.

최진욱 · 김호섭 · 이정훈 · 한용섭 · 황재호. 2013. 『박근혜정부의 통일외교안보비전과 추진 과제』. 통일연구원.

로동신문. 2014. “우리의 병진로선을 높이 받들고 강성국가건설의 최후승리를 앞당겨나가자.” “우리의 핵억제력은 조선반도의 평화보장과 경제강국건설의 보검.” 3월 31일.

Farrell, Henry and Jack Knight. 2003. “Trust. Institutions and Institutional Change: Industrial Districts and the Social Capital Hypothesis.” *Politics and Society*. Vol. 31. No. 4.

Jervis, Robert. 1976. *Perception and Misperception in International*

Politics. Princeton: Princeton University Press.

————. 1978. "Cooperation under the security dilemma." *World Politics*. Vol. 30. No. 2.

Kelman, Herbert C. 2005. "Building trust among enemies: The central challenge for international conflict resolution." *International Journal of Intercultural Relations*. Vol. 29. No 6.

Lebow, Richard Ned. 2013. "The role of trust in international relations." *Global Asia*. Vol. 8. No 3.

Mearsheimer, John J. 2001. *The Tragedy of Great Power Politics*. Norton: W. W. and Company. Inc.

Park, Geun-hye. 2011. "A new kind of Korea: building trust between Seoul and Pyongyang." *Foreign Affairs*. Vol. 90. No. 5.

Putnam, Robert D. 1993. *Making Democracy Work: Civic Traditions in Modern Italy*. Princeton University Press.

Waltz, Kenneth N. 1979. *Theory of International Politics*. Reading, Mass.: Addison Wesley.

Yun, Byung-se. 2013. "Park Geun-hye's Trustpolitik: A new framework for South Korea's foreign policy." *Global Asia*. Vol. No 3.

제 3 장

정치과정에서 신뢰와 정치리더십 연구*

김창희 전북대학교 정치외교학과 교수
주미영 전북대학교 SSK팀 연구교수

Ⅰ. 서 론

선거민주주의나 대의민주주의의 핵심적인 정치기관, 즉 정당, 의회, 정치인, 정치지도자에 대한 국민의 신뢰는 선진민주주의 국가에서도 점차 낮아지는 현상을 보이고 있다. 이 같은 정부와 정치지도자에 대한 국민의 높은 불신감은 민주주의의 쇠퇴뿐만 아니라 정치의 효율성, 즉 거버넌스를 약화 또는 악화시키는 심각한 문제로 인식되고 있다. 그 이유는 신뢰가 정치체제의 정통성과 지속가능성을 유지하는 데 가장 중요한 요소이기 때문이다. 최근 국내정치는 물론 국제정치에서도 신뢰문제는 화두가 되고 있다. 세계화 시대의 국제환경에서 많은 국가들이 다른 국가들과의 신뢰구축은 물론 신뢰국가로서의 평판을 얻기 위해 경쟁적으로 외교활동을 펼치고 있지만, 무엇보다도 대내적으로 국민들로부터 신뢰받지 못하는 정부일 경우에는 그런 외교적 노력은

* 이 글은 『社會科學研究』 제40집 1호(2016)에 게재된 것이다.

의미를 상실할 수밖에 없다.

후쿠야마(1995)가 '한 국가의 경쟁력은 그 사회가 지니고 있는 신뢰 수준에 의해 결정 된다'고 했듯이, 국제사회에서 한국 역시 '신뢰한국'으로 거듭나기 위해서는 무엇보다도 한국 국민들이 과연 정부를 얼마나 신뢰하고 있느냐에 대해 생각해볼 필요가 있다. 각종 연구나 조사 결과를 보면 세계 많은 국가의 정부나 정치지도자에 대한 신뢰가 높지 않게 나타나고 있다. 심지어 한국의 정치인에 대한 신뢰도는 거의 바닥권에 있다는 것은 굳이 자료를 제시하지 않더라도 모두가 공감하고 있는 부분이다.[1)]

정부가 정책적으로 성공하기 위해서 가장 필요한 것은 정치체제 내 구성원들로부터 지지를 얻는 것이다. 여기에서 지지는 정치과정에서 신뢰를 바탕으로 형성된 것이므로 '정치적 신뢰(political trust)'와 관련된다. 정부 및 정부 기관, 정치지도자는 물론 정책형성과정에서 국민과의 약속이 지켜지고, 효율성, 공정성, 정직성이 인식될 경우 정치적 신뢰가 형성된다. 즉 정치적 신뢰는 대중들이 정치체제에 대해 표출하는 감정의 주요 지표라 할 수 있다(Newton and Norris 2000, 53).

이런 의미에서 신뢰는 대중들의 요구가 정치체제로 투입되어 정치과정을 거쳐 산출된 정책이 얼마나 대중들을 만족시킬 수 있는가에 달려있다. 그렇다면 정치이론과 신뢰문제를 어떻게 연결시켜 설명할 수 있을까에 대해 생각해 볼 필요가 있다. 정치체계이론은 정치의 인과 논리와 그 과정을 분석할 수 있으므로, 이 연구에서는 정치체계의

---

1) 2015년 경제협력개발기구(OECD)가 발표한 '한눈에 보는 정부 2015(Government at a Glance 2015)' 보고서 따르면 한국은 2014년 기준 국민들의 정부에 대한 신뢰도가 34%로 조사대상 41개국 중 26위로 중하위권 속해 있다. 이 조사는 갤럽에 의해 국가별 국민 1,000명을 대상으로 실시된 것으로 한국은 OECD 평균인 41.8%에 비해 현저히 낮은 수준을 보이고 있다.

구조 및 기능과 관련된 분석의 틀인 구조기능주의를 기초로 신뢰 문제를 다루어 보려고 한다. 이 분석은 정책형성과 이행에 관련된 것이므로 특히 정치리더십의 기능적 접근과 접목시켜 설명할 수 있는데, 여기에서 신뢰는 공통적으로 중심에 내재하는 변수로 간주될 수 있다.

게다가 정치문화는 특정 정치체계를 구성하고 있는 전체 국민들에서 발견되는 정치에 대한 태도, 가치, 신념, 감정 등으로 이해할 수 있다. 정치체제의 환경적 요소인 정치문화의 모태가 되는 사회 문화에서의 신뢰문제는 정치적 신뢰와는 달리 사회적 신뢰(social trust)로 구분되어야 한다. 이와 관련하여 신뢰의 확장을 사회적 기반 또는 사회적 자본으로 간주하는 수많은 연구가 있지만, 한국의 경우 이 같은 생각이 적합하게 형성되어 있지 않다는 주장이 우세하다. 우리 사회 자체가 신뢰보다는 불신 그리고 수평적 분화보다는 수직적 분화현상을 보이고 있어, 횡적인 네트워크가 전체 사회에 형성되기 어렵기 때문이다. 이런 현상은 지금까지 각 행위자들이 상호작용을 하며 관계를 형성해 오는 과정에서 얻은 경험의 소산이며, 구조화된 것이기 때문에 쉽게 극복되기 어려운 문제이기도 하다. 따라서 이를 극복하기 위한 대안으로서 정치지도자의 리더십에 초점을 두고자 한다. 정치리더십은 정치적 목적을 달성하기 위하여 국민들의 자발적인 지지와 신뢰를 획득할 수 있을 뿐만 아니라 국민들을 만족시킬 수 있는 정치기술이기 때문이다.

이 연구는 정부 정책에 대한 지지와 신뢰문제를 정치체계이론을 기초로 분석해 보고, 정치과정에서 어떻게 정치적 신뢰를 형성할 수 있을까에 대해 설명해 보려는 데 목적을 두고 있다. 이 논문의 제Ⅱ장에서는 우선 연구의 배경이 되는 기존 이론들을 살펴보고, 이 연구의 분석틀을 제시하려고 한다. 제Ⅲ장은 사회적 신뢰와 사회적 자본 문제에 대한 설정과 한국의 사회적 자본을 조명하고 있다. 제Ⅳ장은 정부의 신뢰, 즉 정치적 신뢰 획득을 위해서 정치지도자는 어떤 리더십의 특성을 지녀야 하며 발휘해야 하는가를 정리하고, 제Ⅴ장에서 결론을 맺으려 한다.

Ⅱ. 정치체계이론과 지지 및 정치적 신뢰

1. 정치체계의 구조기능주의 분석

이스턴(D. Easton)과 알몬드(G. A. Almond)는 정치체계를 유지하고 존속시키기 위해 정치사회화에 지대한 관심을 보였다. 이스턴은 그의 저서 『정치분석을 위한 기본 틀』에서 정치체계를 일반이론으로 발전시키기 위한 주요 개념들을 설명하고 있고, 같은 해 출간한 『정치생활에 대한 체계분석』에서는 경험지향적 일반이론을 구축하였다(Easton 1965). 알몬드는 이스턴의 정치체계론의 영향을 받아 구조와 기능에 초점을 두는 구조기능주의 이론을 체계화하였다. 알몬드가 구조기능주의를 체계화한 것이 1974년에 발간한 『현대비교정치학: 세계적 조망』이고, 그의 접근법은 생태학적 접근법이라고 불리게 되었다. 그의 연구는 정치체계와 환경, 구조, 기능의 관계를 설명하고 있다(Almond 2006, 52-53).

정치체계는 구조와 기능으로 구성되어 있다. 구조는 제도·기구·장치 등의 행위자 및 이러한 것들이 행해지는 절차와 관련되어 있고, 기능은 각 구조의 역할과 관련되어 있다. 정치체계의 기능 중 가장 중요한 것은 체계유지와 통합 기능이다. 정치체계가 유지·존속해 나가기 위한 중요한 환류 메커니즘으로서 지지의 근원을 탐구하는 것이 이스턴의 중요한 관심사였다. 모든 정치체계는 만일 그 체계가 존속하려면 어느 정도 그 체계구성원의 지지를 발전시켜야 한다는 것이다(Easton 1965, 4-5). 정치체계의 운용과정에서는 긴장이나 갈등이 발생하기 마련인데 이러한 긴장이나 갈등에 대처할 수 있는 중요한 메커니즘이 바로 정치사회화이다. 정치사회화에 대한 정의는 여러 학자들에 의하여 다양하게 내려지고 있으나, 공통적으로 제시하고 있는 것은 정치적 태도를 형성하는 학습과정으로 보는 것이다.[2)]

정치사회화는 확산적 지지를 확보함으로써 정치체계를 유지하는 기능이다. 여기에서 지지란 사람들이 대상에 대해 가지고 있는 신뢰감, 확신감, 애정 그리고 반감 등 모든 것을 포함한다(Easton & Dennis 1969, 57). 만일 지지가 긍정적이라면 그 대상에 대해 찬성하는 것이고 그것이 부정적이라면 그 대상을 찬성하지 않는 것이다. 지지는 절대반대에서 맹종에 이르기까지 매우 다양한 수준을 보인다. 지지의 대상은 정치적 공동체(political community), 정체(regime), 정부 혹은 당국자(authorities) 등 정치과정에서의 행위자들 모두가 해당된다. 정치적 공동체는 국가를, 정체는 헌정질서로서의 민주주의·권위주의 등의 정치체제를, 그리고 정부는 각 정권을 의미한다(Easton & Dennis 1969, 58-61). 이 연구에서는 특히 각 정부에 대한 정책에 대한 지지가 어떻게 이루어지고, 피드백을 통해 어떻게 변화되는가를 살펴보기 때문에 정부 및 정권적 차원을 다룬다.

정책이 형성되는 과정에서 정부는 가장 중요한 역할을 수행한다.

---

2) 그린슈타인(F. I. Greenstein)은 "정치사회화란 명시적인 정치학습 뿐만 아니라 정치와 관련 있는 사회적 행동의 비정치적 학습과 퍼스넬리티의 특성을 포함한 인생의 모든 단계에서의 형식적·비형식적 그리고 의도적·무의도적인 정치학습이다"라고 정의 내리고 있다(Greenstein 1968, 551).

정부는 개인과 집단들이 정부로부터 원하고 희망하는 것에 대한 결정을 내리는 주체이기 때문이다. 이 과정에서 개인과 집단들의 요구는 지속적으로 정치적 지지를 끌어들일 수 있는 정책적 대안으로 만들어져야 한다. 이렇게 형성된 정책은 사회 내에서 실제로 이행되는 과정에서 신뢰와 지지를 받으면 계속 지속될 수 있지만, 구성원의 이익과 배치될 경우에는 갈등이 발생하게 된다.

신뢰는 다른 사람들의 말, 행동 그리고 결정에 대해 믿음을 주는 것이고 이를 기초로 사람들은 기꺼이 서로 협력하는 결실을 얻게 된다. 따라서 사회의 상호의존성을 강화시킬 수 있는 것이 신뢰의 역할이므로 구성원들 간의 협력강화, 정보공유, 문제해결 등의 목표 달성이 쉽게 이루어질 수 있다. 하지만 좀 더 신뢰를 깊이 들여다보기 위해서 분석적 차원에서 정치영역과 사회영역으로 구분해봐야 한다. 정치제계이론에 기초한 구조기능주의 분석을 사용하는 것은 정치과정에서 정책적 산출 과정 및 그 성과를 살펴보는 것이다. 따라서 정치체제의 환경적 요소를 감안한다면 한 국가 내 형성될 수 있는 신뢰는 어떤 유형이 있는지를 생각해 보고, 각 신뢰는 정치과정에서 어떤 요인들에 의해 형성될 수 있는가를 살펴보아야 한다. [그림 1]은 우선 신뢰를 정치과정에서 인식되는 '정치적 신뢰'와 사회 영역에서 사회 구성원들 간에 형성되는 '사회적 신뢰'로 구분함으로써 두 유형의 신뢰가 지닌 특성과 이들 간의 관계가 어떻게 기능하는가를 보여주고 있다.

[그림 1] 정치적 신뢰와 사회적 신뢰의 형성 요인

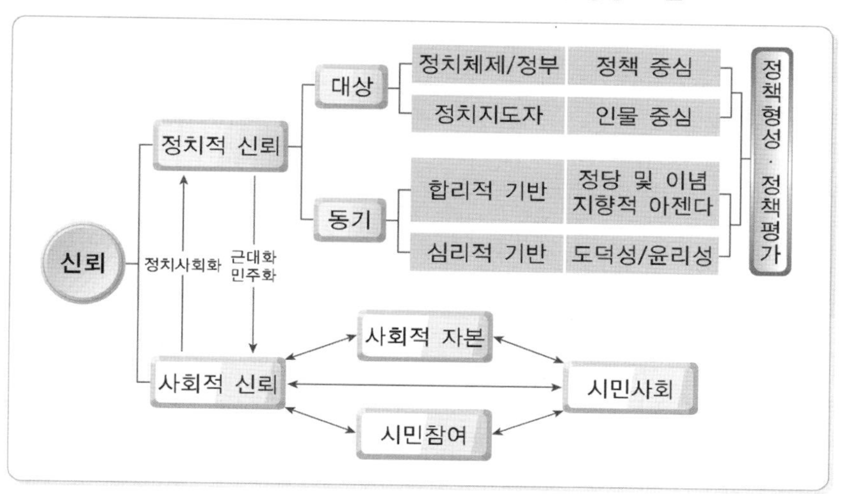

위의 그림에서 볼 수 있듯이 정치과정에서 존재하는 정치적 신뢰는 주로 대중들이 정치체제, 정부, 정부기관, 그리고 정치인들을 대상으로 형성되는 반면, 사회적 신뢰는 정치영역과는 별도로 사회 구성원들이 사회 내에서 인간적인 상호교류를 통해 형성된다. 이렇게 신뢰가 각기 구분된다 하더라도 사회적 자본 축적을 기초로 구축되는 사회적 신뢰는 정치과정에서 중요한 영향을 미치게 된다. 이는 사회의 전반적인 문화에서 핵심적 역할을 하게 되고 결국 정치문화로 투입됨으로써 정부의 업무수행 평가와는 별도로 정부와 정치지도자에 대한 신뢰에 영향을 주기 때문이다.

사회적 신뢰 수준이 높아지면 정치사회화를 통해 전반적으로 정치적 신뢰도 높아질 수 있다. 한편 정치적 신뢰가 높은 경우 사회는 정치적 발전과 정치적 안정이 가능해 지기 때문에 근대화나 민주화를 통해 사회 환경이 변화됨으로써 사회 구성원들의 사회참여와 사회적 자본 축적이 확대되는 순환되는 효과를 얻을 수도 있다. 결과적으로 사회는 보다 더 높은 수준의 시민사회로 발전됨으로써 사회적 신뢰 수준은 더욱 높아지게 된다. 이와 같이 사회적 신뢰와 정치적 신뢰는 순환적 구조를 이룸으로써 서로 상호 연계적으로 기능하고 있다.

정치적 신뢰는 정치적 차이를 관용하고 인정할 뿐 아니라 존중하는 바탕위에서 상호공존의 정치를 이끌어내는 원동력이다(임혁백 2004, 218). 정치적 신뢰 즉 공적인 신뢰는 사적인 신뢰를 넘어 전 사회적인 협력과 합의를 가능케 하는 제도적 기반이 되기에 그 중요성이 매우 크다. 선진민주주의 국가에서 나타나는 불신은 바로 정치과정과 관련되고 있다. 한국도 마찬가지로 정치적 신뢰인 공적인 신뢰가 허약하다고 할 수 있는데, 이는 바로 규칙의 생산과 적용을 담당하는 입법부, 사법부, 행정부에 대한 국민들의 불신이 매우 크다는 것을 보여주는 것이다(유종근 2013, 121).

임혁백은 관용의 경계를 확장하고 극단주의를 배격하는 제도적 장치를 마련해야 하는 것이 급선무라 하고 있다. 그는 또한 균형과 공존의 민주주의를 강화하려면 중도진보와 중도보수 사이에 이념적 관용의 경계를 확장해야 하고 진보와 보수 간의 경계를 넘나들고 경계를 침투를 할 수 있는 제도를 입법화하여 다원주의 정치문화를 장려하면서, 동시에 극단주의를 배격하고 추방하는 제도를 디자인해야 한다고 주장한다(임혁백 2014, 798).

국민의 불신을 신뢰로 전환하기 위해 정치과정 내 제도 수립이나 개선이 필요하더라도 그 논의과정에서 발생할 수 있는 정치적 분열과 대립이 오히려 신뢰구축에 역효과를 가져올 수 있다. 결국 정부의 최고 책임자인 지도자의 리더십에 의한 신뢰 향상이 보다 효율적일 수 있다. 왜냐하면 최고 정치지도자는 사회적 신뢰와 정치적 신뢰를 모두

관리할 수 있는 유일한 행위자이기 때문이다.

2. 정치리더십의 기능적 접근

구조기능주의 분석에서는 정책형성과정에서의 정부 역할이 가장 중요하게 간주되지만 실질적으로 행정부의 최종 결정권은 최고 정치지도자에게 있기 때문에 최고 정치지도자가 어떻게 리더십을 발휘하느냐에 따라 정책이 성공할 수도 있고 실패할 수도 있다. [그림 1]에서 볼 수 있듯이 정책형성과정과 관련해서는 정치적 신뢰가 논의되지만 정책형성과 정책평가와 관련하여 정치체제 및 정부가 받는 신뢰와 정치지도자가 얻는 신뢰의 구성은 다르다.

정책중심적인 활동에 초점을 두는 정치체제 및 정부는 합리성, 즉 정부의 업무수행이나 정책대안에 대한 국민의 만족수준에 따라 그 신뢰수준이 결정된다. 하지만 정치지도자에 대한 신뢰는 합리성은 물론 대중들의 심리적 요인에 의해 영향을 받는다. 대중들은 정치지도자에 대한 신뢰를 형성할 때 사회적 신뢰와 관련한 사회문화적 규범의 일부인 도덕성과 윤리성은 물론 정치지도자의 인물적 자질인 지도자로서의 능력과 특성까지도 감안한다.

터커(Robert C. Tucker)는 "리더십은 어떤 사람들이 타인에 대하여 결정적인 영향력을 행사하거나 또는 행사하는 과정에서 일어나는 인간상호관계의 한 과정"(Tucker 1981, 11)이라 정의내리고 있다. 그리고 정치지도자란 "정치공동체 구성원들의 행동에 일정한 방향을 제시하거나 그러한 방향 제시 과정에 효과적으로 참여하는 사람"(Tucker 1981, 15)이라고 규정하고 있다. 터커의 관점에서 정치리더십은 정치단위체를 둘러싼 환경이 구성원 전체나 일부에 의해 심각한 문제에 빠져 있다는 상황으로 인식될 때 그 역할이 활성화되기 시작한다. 그러므로 정치리더십이 직접적으로 영향력을 발휘될 수 있는 경우는 정부가 정책을 형성하고 이를 이행할 상황에 직면할 때이다.

따라서 터커의 정치리더십은 정치지도자가 정치적 환경을 진단하고, 그 진단에 적합한 처방을 내리고, 처방한 정책반응에 대해 구성원의 정치적 지지를 동원해내는 과정이라고 할 수 있다(Tucker 1981, 31). 이렇게 볼 때 정치리더십이 발휘되는 시점은 정치지도자가 자신이 접한 정보를 해석하고 행동지침의 목적과 관심사의 우선순위를 결정하면서부터이다.

정치지도자가 상황을 판단한 후 처방을 내리는 것은 진단적 기능, 정책형성 기능, 정책수행 기능 등의 세 가지 측면으로 구분할 수 있다(Tucker 1981, 18-19). 첫째, 진단적 기능은 문제가 발생한 상황에 대해 인지하고 분석하는 기능이다. 이는 지도자가 집단을 위해 상황을 권위적으로 진단하는 것으로 정확하게 상황을 규정하는 기능인 것이다. 지도자는 특정가치에 입각하여 문제를 제기하고 인식하고 해결하기 위해 상황을 진단하는 것이다. 진단이 다르면 이에 대한 대응도 다르기 때문에 어떤 비전이나 목적을 가지고 현상을 진단하느냐는 매우 중요하다. 이 경우 정치지도자는 국민과 진솔하게 의사소통을 해야 국민의 요구를 명확하게 인지할 수 있다.

둘째, 처방적 기능으로서의 정책형성기능은 문제해결을 위하여 구체적인 처방을 내리는 것이다. 지도자가 진단한 상황을 해결하기 위하여 집단으로 하여금 취해야 할 행동이나 행동경로를 고안해 내는 것이 처방의 역할이다. 여기에서 지도자는 집단의 목적에 이바지할 수 있는 정책을 제시해야 하는데, 자신의 목적을 집단 전체의 목적과 동일시하는 경우가 있다. 이는 대중들로부터 불신감을 고조시키는 잠재적 요인이 될 수 있다. 따라서 국민들은 합리성을 기초로 이익기반 계산을 시도함으로써 자신들에게 이득이 되는 정책이 형성되는 것을 선호하기 때문에 지도자 입장에서는 집단행동문제로 인한 갈등이 발생하지 않도록 해야 한다. 이렇게 공공성을 두고 발생하는 문제해결을 위해 필요한 것이 바로 사회적 자본으로서의 사회적 신뢰이다. 타인들의 행동에 대해 확립된 믿음체계로서의 사회적 신뢰는 한 사회의 비공식적 제도와 같은 역할을 할 수 있으므로 사회적 신뢰가 높은 사회에서는 공공성 제공에 있어서 문제를 수월하게 하므로 정치지도자의 신뢰 형성에 큰 도움이 된다.

셋째, 동원적 기능으로 정책수행기능이다. 정책수행기능은 국민들의 지지를 끌어내어 내는 것이다. 지도자들이 정의한 상황판단 및 이들이 처방하는 정책반응에 대하여 그 공동체 구성들의 정치적 지지를 동원해 내는 것이다. 여기에서 가장 중요한 것이 바로 신뢰의 문제이다. 이 기능에서 특정 정치지도자에 대한 지지와 반대가 이루어지기 때문에 지도자의 인물 중심적 요인들이 신뢰 형성에 큰 비중을 차지하게 된다. 이 경우에는 사회적 신뢰와 정치적 신뢰 모두가 정치적 리더십 기능에 중요한 변수가 된다. 사회적 자본이 많이 축적된 사회일수록 사회적 신뢰 수준이 매우 높기 때문에 정책이 집행되는 과정에서 대중들은 정부나 정치지도자에 자발적으로 협력하려는 태도를 보여주게 된다. 또한 정책에 대한 최고 책임자이기 때문에 정치지도자는 정치적 이념, 도덕성, 청렴성, 정치적 능력 등 개인적 특성과 역량에 따라 국민들로부터 신뢰를 얻을 수 있다.

터커는 이와 같은 세 가지의 정치리더십의 기능들이 혼재되어 있기 때문에 진단과 처방의 기능을 구분하는 것이 애매모호할 때가 있다고 하면서도, 모든 기능에 필수적으로 중요한 것은 비전과 신뢰라고 강조하고 있다. 그러나 정치리더십의 기능에서 좀 더 주의 깊게 살펴보아야 할 부분이 있다. 지도자들이 집단이 처한 상황을 분석할 때 올바른 판단력과 정치적 분별력을 갖지 못하고 오진하는 경우가 있다는 점이다. 물론 여기에는 의도적인 오진도 포함되어 있다. 상황을 해결하기 위한 처방에 있어서도 정치지도자가 집단의 목적에 기여할 수 있는 방식으로 행동계획을 고안해야 하는데, 정치지도자가 자신의 목적에 정치공동체의 목적을 맞추는 경우가 있다. 정치공동체의 지지를 얻는 데 있어서도 집단이 처한 상황을 공공연히 극대화시켜 규정하면 설득하기 쉽기 때문에, 정치지도자에 따라서는 자기가 원하는 방향으로 국민을 끌어들이기 위하여 현실을 왜곡하는 경우도 존재한다(김창희 2013, 287).

국가나 정부는 구성원으로부터 다양한 지지를 확보하고자 하는데, 이는 정부가 정책방향을 제시하고 이를 정당화시키는 일련의 공통적 가치를 내면화시킴으로써 체제를 유지하고 통합시키려는 것이다. 특히 한국의 상황에서는 정부를 신뢰하는 자양분이 마련되어 있지 않기 때문에 국민통합이 쉽지 않은 상황에 놓여 있다. 이런 점에서 국민들의 지지와 신뢰를 확보함으로써 지도자로서의 권위의 정통성을 유지하기 위해서라도 정치지도자는 본연의 리더십 기능을 제대로 수행할 필요가 있다.

3. 정치체계의 과정기능과 정치리더십과의 연계

정치체계이론에서 정책형성과 정책평가를 통해 정부에 대한 신뢰가 결정되고 이를 기초로 국민의 지지 문제로 이어지는데, 지지의 철회 및 변화가 있을 경우 갈등이 발생한다. 정부에 대한 신뢰가 높을 때 정부는 그 신뢰를 바탕으로 새로운 정책을 형성하여 이행할 수 있고, 이를 기초로 더 많은 지지를 획득할 수 있다. 정부의 정책에 낮은 신뢰를 보이거나 갈등 상황이 발생될 경우에는 효과적으로 정책을 수행하기 어렵고, 정치적 리더십의 기능을 발휘할 수도 없다. 정부가 국민들의 이익에 일치하지 않는 행위를 한다고 생각할 때 국민들은 신뢰를 철회한다. 이런 점에서 정치체계가 작동되는 과정적 기능을 정치리더십의 기능적 접근과 결부시켜 설명될 수 있으며, 그 중심에는 행정부의 책임자인 최고지도자에 대한 신뢰와도 연결 지어 생각해 볼 수 있다. [그림 2]는 정치체계의 과정기능과 정치리더십의 세부적 기능과의 연계를 제시하고 있다.

정부의 기능은 문제 제기에만 한정되어 리더십과 구분되는 기능만 수행하는 것은 아니다. 정부의 여러 기관은 정치리더십의 하부구조 집단을 형성하여, 정치지도자를 도와 이들이 상황을 정의하고 정책대안을 마련해 이를 실행하는 역할을 보좌한다. 정치지도자의 마음이 특정 상황에 고착되어 있다면, 그는 현재 일어나고 있는 상황을 개선하기 위해 창의적인 대안을 제시할 수 없으며 이렇게 나온 정책은 국민들

[그림 2] 정치체계의 과정기능과 정치리더십

피드백
정치체계 과정 기능
환경·투입
요구·지지
정책 형성
정책 적용
신뢰·불신
진단
처방
지지
기능적 정치 리더십
피드백

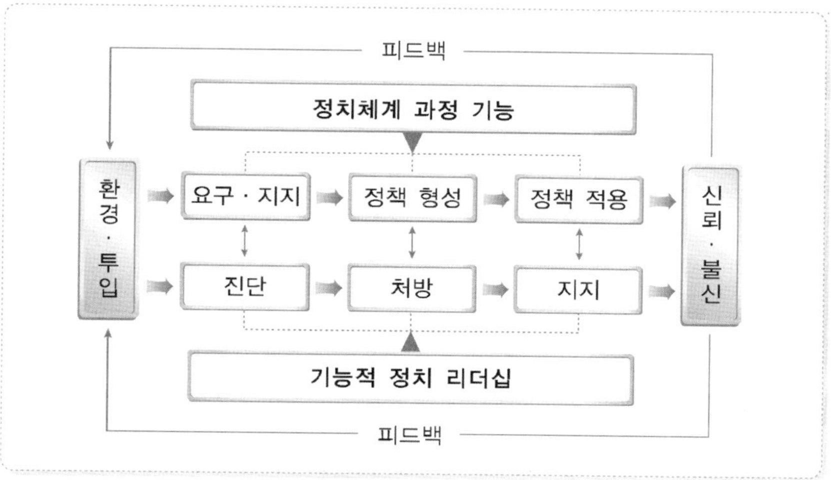

로부터 신뢰를 얻을 수 없다.

정부나 정치지도자의 신뢰가 하락하면 할수록 신뢰의 위기를 극복하기 위하여 정치적 개입을 더욱 강화하는 경향이 있다. 정부 및 정치지도자가 받는 진정한 위협은 법과 제도의 미비에 있기보다는 이들의 위기관리 능력에 대한 국민의 신뢰 상실에 있다. 신뢰는 계몽에 의하여 이루어지는 것이 아니고, 신뢰는 합리적인 정책결정과 소통에 의하여 이루어진다.

국민들은 상황을 심각하게 인식하고 있는데 정치지도자가 상황인식이 부족하거나 편협한 생각에 빠져 있을 때, 국민들의 정부와 정치지도자에 대한 신뢰는 일정 이하로 떨어지고 사회적 혼란으로 이어질 수 있다. 국민들과의 토론과 소통은 신뢰의 저장고를 채울 수 있는데, 이것이 없으면 정책이 표류할 수 있다. 터커는 "창조적인 지도자는 역사를 의식하되 역사에 사로잡혀 있지 않다"(Tucker 1981, 49)고 하면서 정치지도자가 어떻게 리더십을 발휘해야 할지를 말해주고 있다.

Ⅲ. 사회적 신뢰와 사회적 자본

1. 시민공동체 내 신뢰형성

정부에 대한 신뢰는 시기에 따라 신뢰가 지속적으로 높아지는 때가 있는가 하면 낮아지는 때도 있다. 분명한 점은 사람들이 어떤 대상을 불신한다는 것은 아직 미래의 행위와 관련해 상대방에 대한 기대가 남아있다는 것을 의미한다. 따라서 정부에 대한 신뢰와 불신은 일정한 수준에서 변화하는 조합으로 파악할 수 있으나, 정부에 대한 신뢰 하락이 장기간 지속된다면 정부는 통치의 정당성과 정치권력의 지속가능성에 한계를 가질 수밖에 없다(노진철 2014, 315-316). 따라서 정치과정이 아닌 사회 내 구성원들 간 상호 신뢰, 즉 사회적 신뢰를 위한 환경조성이 우선되어야 한다.

그러면 사회적 신뢰를 활성화하기 위해서는 어떻게 해야 할 것인가? 시민사회에서 '사회적 자본(social capital)'의 영향력이 점차로 부각되고 있다는 퍼트남(Robert D. Putnam)의 주장이 주목을 받고 있다.[3] 그는 정치사회 현상을 '사회적 자본'으로 설명하면서 주요 요소로 사회적 연결망과 신뢰를 제시하고 있다. 여기에서 신뢰는 사회의 안정과 질서에 기여하는 협력을 촉진시키고 정치·사회적 효율성을 창출한다고 한다(Putnam 1993, 170). 사회 구성원 간의 끈끈한 신뢰관계가 사회전체로 확산되면 비효율성은 감소하고 구성원들의 이익을 증대시켜 행복한 사회로 발전한다고 하여 신뢰를 사회적 자본의 맥락에서 설명하고 있다.

퍼트남은 "전통적인 자본과 마찬가지로, 사회적 자본을 가진 사람 역시 보다 더 많이 사회적 자본을 축적하는 경향이 있다. … 신뢰와 같은 사회적 자본의 형태는 허쉬만(Albert Hirschman)이 도덕적 자원이라 명명한 속성을 가지고 있다. 도덕적 자원은 사용하면 할수록 더 공급이 많아지고 사용하지 않으면 고갈되는 속성을 지닌 자원이다"고 설명한다(Putnam 1993, 169). 사회적 자본은 축적할수록 더 쉽게 축적되는 경향이 있다. 어떤 조직의 구성원들이 서로 믿음을 보이면 보일수록 배신의 경험이 줄어들기 때문에 상호간 신뢰가 두터워지는 것이다. 다시 말해 신뢰, 규범, 네트워크 등은 사회적 자기 강화적인 선순

3) 사회적 자본이라는 용어는 1916년 미국의 사회개혁가 해니펀(Lyda J. Hanifan)이 최초로 사용한 것으로 알려졌다(Putnam 2000, 19).

환적 특징을 보인다.4) 이러한 선순환은 보다 높은 수준의 신뢰, 호혜성, 협력, 시민적 참여와 집단적 복지라는 사회적 균형을 가져온다(유종근 2013, 115). 사람들이 대부분의 다른 사람들을 신뢰할 수 있다고 생각할 경우 이를 자신이 속한 사회의 도덕적 기준으로 평가하고 있음을 의미한다(Delhey and Newton 2004).

신뢰관계가 형성되기 위해서는 사회적 규범이 형성되어야 하며, 서로 간에 신뢰가 있다는 것을 인지하고 신뢰를 존중하는 의무감과 능력이 있어야만 된다. 신뢰는 더 높은 신뢰를 가능케 하는 선순환을 일으키는 반면에 불신은 불신을 더욱 가중 시키는 악순환을 재생산한다. 신뢰가 무너지기 시작하면 자기 강화적 불신의 악순환에 빠져들기 쉽다. 결론적으로 신뢰는 구축하기는 어려우나 파괴되기 쉽고, 불신은 형성되기는 쉬우나 신뢰로 돌려놓기는 매우 어렵다는 비대칭성이 존재한다(유홍준 2004, 241).

유종근은 퍼트남의 시민공동체의 의미를 공화주의 이론을 바탕으로 한 토크빌 등의 철학적 논쟁에서 다음과 같은 네 가지의 중요점을 제시하고 있다(유종근 2013, 103-104).

첫째, 시민공동체의 시민은 공적인 일에 적극적으로 참여하는 특징이 있다. 공공의 쟁점에 지속적인 관심을 기울이고 공공의 대의를 위해 헌신하는 것이 시민덕목의 핵심이라는 것이다. 시민공동체의 시민들은 이기심이 전혀 없는 이타주의자들이라는 말이 아니라 자기 이익을 주장할 때에도 토크빌이 주장하는 올바르게 이해된 자기 이익을 추구한다. 근시안적인 자기 이익만이 아니라 보다 넓은 공공의 필요성

4) 선순환(virtous cycle) 구조란 신뢰가 사용함에 따라 줄어드는 것이 아니라 오히려 늘어나는 자원이며 사용하지 않으면 고갈되는 자원임을 의미한다. 즉 사람들이 서로에 대해 신뢰를 표시하면 할수록 서로간의 상호확신이 더욱 증대된다. 사회적 규범과 네트워크 등의 사회자본 역시 신뢰와 동일한 특성을 지닌다.

이라는 맥락에서 정의된 개화된 자기 이익, 다시 말해 다른 사람들의 이익에도 충실한 자기 이익을 추구한다는 것이다.

둘째, 시민공동체의 시민들 간에는 호혜주의자와 협동의 수평적 관계가 발달되어 있다. 시민들은 서로 서로 동등하게 대하며 후견인과 하수인, 또는 통치자와 청원자의 관계로 대하지 않는다는 것이다. 따라서 어떤 사회에서 시민들 사이의 정치적 평등이라는 이상에 접근해 호혜주의의 규범을 준수하면서 자치를 실시하면 그 공동체는 그만큼 시민적이다.

셋째, 시민공동체의 시민들은 어떤 문제에 대해 의견이 다를 때에도 서로에게 도움이 되려고 하며 서로 존경하고 신뢰한다. 이러한 시민들은 공공의 쟁점에 대한 소신이 강하기 때문에 의견 대립은 분명히 있지만 상대방에 대해 관용을 베풀 줄 안다. 이런 환경에서는 자신과 다르다고 해서 반대 의견을 어떻게 해서든 제압하고 자신들의 의견만을 관철시키려고 함으로써 사회적 갈등을 일으키는 일은 발생하지 않을 것이다. 시민공동체는 신뢰가 두텁게 형성되어 있기 때문에 집단행동에서 나타나는 기회주의적 행태를 보다 쉽게 극복할 수 있다.

넷째, 시민공동체의 규범과 가치는 시민들의 결사체라는 사회적 구조와 시민들의 협동이라는 개인적 습관에 구현되어 있고 이런 것들에 의해 강화된다. 시민결사체들은 대내적으로는 개별 회원들 간에 협동의 습관과 연대성 및 공공정신을 함양하고 대외적으로는 결사체 간의 2차적인 네트워크를 통해 효과적인 사회적 협동을 구현한다.

사회적 신뢰는 정치·제도와 시민사회 측면 모두에서 논의될 수 있다. 정치·제도적인 측면에서 접근할 때는 주로 정부의 정책결정과 그 이행에 대한 국민들의 신뢰와 불신 문제와 관련된다. 이는 최고 정책결정자인 정치지도자의 리더십과 연결되는데, 국민들이 정치지도자에 대해 얼마나 신뢰를 보내느냐와 관련되기 때문이다. 한편 시민사회의 측면에서는 결사체의 중요성이 강조된다. 사회적 관계의 집단적 특성과 신뢰관계에 초점을 맞추어 보면 결사체의 증가는 사회적 신뢰의 확대에 긍정적 측면이 있다. 그러나 사적이익을 추구하는 폐쇄적 결사체의 형성은 오히려 집단에 참여하지 않은 외부인에 대한 불신으로 사회적 신뢰형성에 방해가 될 수 있다. 그러므로 다양한 결사체를 포괄하는 시민적 참여의 네트워크를 강화함으로써 신뢰를 지협적인 차원을 넘어 사회전체로 확대시켜 나가야 한다. 상호신뢰로 형성된 사회네트워크와 관계가 부족할 경우 사람들은 다양한 도전을 감당할 수 없는 상황에 빠지게 되기 때문이다.

2. 한국사회에서의 사회적 자본

한국의 사회적 자본은 한국문화에서 배태되어 나름대로의 특징을 지니고 있다. 한국사회는 1960년 이래 꾸준히 진행된 산업화 1980년 후반의 민주화 과정을 거치면서 사람들의 가치관과 정체성에 대한 혼돈을 겪고 있다. 산업화는 전통적인 농촌 마을을 쇠퇴시키고 수많은 사람들을 도시로 이주하게 만들었다. 전통적인 공동사회의 파괴는 공동사회가 점차적으로 2차 사회로 전환되는 과정에서 나타난 현상이다. 압축성장과 급격한 정치변혁은 사회구성원 모두에게 가치관의 혼란을 가져왔으며 사회적 자본의 고갈, 혹은 기존 사회적 자본의 모순성이 심각하게 인식되는 관계로 개인들이 심각한 가치관의 혼란과 공백을 경험하고 있다(박희봉 2009, 461-462). 일반적으로 서구사회에서 이러한 경우 개인주의 성립을 기초로 전통적인 규범이나 행동양식에 큰 변화를 가져왔다.

그러나 한국사회의 경우 산업화와 도시화라는 흐름에 맞추어 인간

관계가 변화하기 보다는 여전히 혈연, 지연, 학연 중심의 1차적 소집단 관계가 지배하고 있다. 사회가 변화하면서 이를 수용할 수 있는 법과 제도가 정착되어야 함에도 불구하고 개인이 가지고 있는 규범과 도덕성 그리고 행동양식이 과거에 천착됨에 따라 사회갈등이 증폭되고 있다(박희봉 2009, 462). 이러한 이유 때문에 한국에서는 공적영역에 대한 낮은 신뢰와 사적영역에 대한 높은 신뢰가 나타난다.

한국은 민주화 과정 속에서 시민사회가 발전되어 왔기 때문에 타인에 대한 신뢰나 공동체 이익의 중요성에 대한 인식이 점차 증가되었고, 시민단체 참여와 정치참여도 개선된 것도 사실이다. 그러나 정부에 대한 불신감은 다른 국가와의 비교에서 볼 때 상당히 높게 나타나고 있다. 이는 한국사회에서는 연고주의를 기초로 한 단체 활동이 많아서 그 단체 내 이익은 증가하지만 그런 단체의 대외적 폐쇄성으로 인해 사회 전체로 보면 오히려 불이익이 증가하기 때문이다. 결국 시민사회의 공동체 의식보다는 시민들의 이기적인 행위가 증가하면서 시민사회의 신뢰는 저하된다. 실제로 영국의 싱크탱크인 레카툼(Legatum) 연구소가 세계 142개국을 대상으로 조사한 '2015 레카툼 번영지수(Prosperity Index)'[5] 보고서를 보면 한국은 전체적으로는 28위이나 사회 공동체 구성원 간의 협조와 네트워크를 측정한 사회적 자본 분야에서는 85위라는 순위를 차지할 정도로 다른 분야에 비해 매우 낮은 수준이다. 심각한 문제는 2009년 사회자본 분야 순위가 31위였으나 해를 거듭해가며 지속적으로 크게 하락하고 있다는 점이다.

사회 구성원들이 적극적으로 사회단체에 가입, 활동하게 되면 사회

5) 이 지수는 경제, 기업가정신, 기회, 교육, 보건, 안전・안보, 국가경영, 개인의 자유, 사회적 자본 등 9개 부문을 측정해 종합한 것이다. Legatum Institute, The Legatum Prosperity Index 2015(http://www.legatum.com/news/the-2015-legatum-prosperity-index/).

의 보편적 가치가 대부분의 사회단체에 전파되어 사회 전체적인 신뢰와 규범, 협력능력이 향상될 수 있을 것이다. 그러므로 전체사회의 통합에 필요한 사회적 자본을 축적하기 위해서는 다양한 사회단체 간의 횡적 연결이 존재해야 한다. 개인들이 다양한 성격과 모임과 단체에 참여하고 있으면 사회 전체 차원에서 신뢰나 네트워크가 형성된다고 볼 수 있다(박희봉 2009, 88). 그러나 우리 사회와 같이 횡적 연결이 부족할 경우 내부적 동질성과 경계선을 가진 1차적 소집단만이 더욱 강화될 수 있다. 즉, 혈연, 학연, 지연을 중심으로 한 집단의식의 발달은 내부 구성원 간의 신뢰와 협력을 강화시키지만 외부인에 대해서는 배타성을 띠게 된다. 그렇기 때문에 보편적인 사회적 가치를 지닌 다양한 사람들이 네트워크를 구성하는 횡적인 연결이 가능해야만 사회적 자본을 확충할 수 있다.

사회 전체의 불특정 다수에 대한 신뢰를 추구하기 보다는 사회단체 간의 네트워크를 확대하여 포괄적 상호주의를 지향하는 것이 현실적이다. 반복적 상호작용을 통해 협력을 고취하고 기회주의적 행위에 대해 지불해야 할 비용을 증대시킴으로써 신뢰에 대한 기만행위를 억제할 수 있다. 사회적 신뢰를 통해 네트워크에 보다 많은 사람들이 참여하게 되면 신뢰에 필요한 감시와 제재를 더욱 강화시킬 수 있다(안승국 2013, 33).

한국에서 정부나 정치지도자에 대한 불신이 큰 이유는 신뢰형성의 출발점이 되어야 하는 사회적 신뢰가 형성되지 못했기 때문이다. 이렇게 사회적 자본이 부족한 상황에서 정치적 신뢰가 향상될 가능성은 거의 없다. 최근처럼 소득의 불균형 및 계층의 양극화가 심화되고 있는 상황은 사회적 신뢰를 더욱 약화시키고 더 나아서 사회적 자본 형성에도 부정적인 영향을 미칠 수밖에 없다. 사회적 신뢰가 확립되지 못하면 정치적 신뢰가 형성될 수 없으므로 정치지도자는 무엇보다도 사회적 신뢰를 약화시키는 사회적 요인을 처방할 수 있는 정책들을 우선순위에 두어야 한다.

Ⅳ. 정치리더십과 신뢰 문제

1. 정치지도자의 리더십

한국을 비롯해 세계 많은 국가에서 민주주의와 경제적 발전과 함께 오히려 갈등과 대립현상이 더욱 복잡해지고 이를 조정하고 타협하는 일 또한 어려워지고 있다. 정치에 대한 신뢰 회복은 사회적 신뢰의 증진에 기여한다. 정치 신뢰의 회복을 위해서는 정치권 내 상대 진영을 존중해주는 문화가 정착되도록 정치지도자들이 노력할 필요가 있다. 무엇보다도 정치체제의 최고 지도자의 정치적 리더십의 역할이 중요하다.

한 국가의 최고 정치지도자는 정치가 혐오스럽다 해도 이를 중요시하지 않으면 안 된다. 자신의 입장이 아무리 정당하다 해도 국민이 납득하지 않으면 성공하기 어렵다. 정치를 무시하고 밀어붙이면 갈등만 발생한다. 국민과 정치권을 설득하고 반대세력이 후퇴할 명분과 계기를 만들어 주거나 불가피할 경우에는 차선에서 타협하는 정치력을 발휘해야 한다(유종근 2013, 302).

그러면 정부정책이 지지를 얻고 신뢰의 피드백으로 이어가기 위해서 정치지도자는 어떠한 리더십을 발휘해야 할 것인가? 오늘날 행정부의 수장들은 정치적 지도자로서 입법부나 사법부 지도자들보다 훨씬 강력한 리더십을 보여주고 있다. 바람직한 정치리더십을 위하여 정치지도자는 어떠한 능력을 가져야 하고 행태를 보여야 할 것인가를 살펴보면 다음과 같다(김창희 2013, 292-294).

첫째, 판단력을 갖추어야 한다. 판단력은 경험, 직관, 그리고 지능을 결합하는 의사결정과 심의에 접근하는 방식으로서의 특별한 정신적 능력 또는 기술이다. 판단력은 주어진 상황에서 무엇이 새로운 것인지를 식별하고 그에 따라 자신의 대응을 적응시키는 능력으로, 자신이 내린 정책결정이 어떤 결과가 초래될지를 이해하고 앞에 놓인 노선들에서 제기될 수 있는 장애들을 인지하는 능력이다(심양섭 · 변영우 2012, 115-156).

둘째, 비전의 리더십이다. 터커는 정치리더십의 기능적 접근을 하면서 모든 것을 비전과 연결시키고 있다. 정치지도자에게 있어 정확한 상황에 대한 판단은 리더십을 발휘하기 위한 가장 중요한 요인이다. 국민들은 정치지도자가 전략적 계획 또는 새로운 방향 설정의 차원에서 국가를 위한 비전을 밝혀주기를 원한다. 그 상황에 가장 적합한 구체적인 비전 제시는 국민에게 희망을 주고 국민의 행복과 직결된다. 창조적 리더십을 주장하고 있는 번즈(James MacGregor Burns)는 정치 리더십의 최종 가치는 국민의 행복을 추구하는 기회를 확장시키는데 있다고 한다(Burns 2003, 213).

셋째, 국제적이고 미래지향적 안목은 정치리더십의 필요한 조건이다. 현대의 정치지도자에서 중요한 덕목의 하나는 국제적인 혜안을 가지는 것이다. 변화하는 국제사회에 적절히 대응하고 주도할 수 능력을 갖추어야 한다. 변화를 주도하기 위해서는 활력이 넘치는 적극적인 자세도 필요하다. 급변하는 시대에 머뭇거리고 과거에 연연하면 국제사회에서 낙오되기 쉽다. 정치지도자가 지나치게 국내문제에 매몰되어 변화하는 세계추세에 대처하지 못하면 국민은 불행해 질 수 있다. 미래지향적 안목으로 대외정책을 추진할 수 있어야 한다.

넷째, 혁신적이고 창조적인 리더십이 필요하다. 자기혁신과 사회혁신을 이끌어갈 열정이 있어야 한다. 끊임없이 노력하고 노력하는 자세야말로 지도자가 지녀야 할 가장 중요한 자질이라 할 수 있다. 정확하게 민심을 읽고 국민의 동의를 끌어 낼 수 있어야 한다. 변혁적 지도자와 국민들 간의 상호작용은 그 자체가 변화의 강력한 원동력이 된다. 그러나 다분히 감성적이고 즉흥적인 변화는 위험하므로 경계해야 한다. 국민적 신뢰를 바탕으로 추진하는 합리적 변화여야 성공할 수 있다.

다섯째, 타협의 리더십이 필요하다. 정치지도자들이 자주 겪는 활동은 그들의 목표를 달성하기 위하여 타협하는 것이다. 타협은 서로 긴장관계나 갈등관계에 있는 잠재적 결과물들 사이에서 결정해야 하는 것이다. 타협은 화합을 의미하는 것으로 여기에서 가장 리더십의 가장 중요한 것이 바로 신뢰다.

여섯째, 소통의 리더십이다. 위너(Robert Paul Weiner)는 힘을 실어주는 리더십을 창조적 리더십이라고 했다. 지도자는 상이한 배경의 사람들에게 다가가서 다양한 형태의 소통을 할 준비가 되어 있어야 한다. 지도자와 국민사이에 서로 힘을 실어주는 상호작용이 있어야 그 관계에서 중대한 변화가 발생한다. 서로 힘을 실어주는 상호작용 중 가장 중요한 것은 대화다. 마음과 마음이 통하는 대화는 상하의 수직관계가 아니라 수평적 대화이다.

이와 같이 제시한 정치리더십의 조건들 대부분은 정치지도자로서 효율적인 업무수행을 위해 필요한 것들로서 지도자가 갖추고 있어야 할 능력 및 기술들이다. 이는 직접적으로 사회적 불신이나 정치적 불신을 해소하고 신뢰를 고취할 수 있는 전략적 차원의 정치리더십의 조건으로 보기에는 일정 수준 당위적인 성향이 있다. 따라서 사회적 신뢰와 정치적 신뢰를 향상시킬 수 있는 실천적이고 전략적인 측면에서의 리더십 조건을 제시하려 한다. 정치지도자의 특성(character)과 일부 능력(competence)은 지도자 스스로 조차 노력을 통해 쉽게 개선하기 어렵기 때문에 신뢰를 위한 전략을 모색하는 차원에서 논의될 수 있다.

2. 정치리더십의 신뢰 확충 전략

앞에서 제시한 정치과정에서 정치지도자가 갖추어야 할 리더십과 터커의 기능적 리더십을 통해 신뢰를 얻거나 향상시키는 데 필요한 전략은 다음과 같다.

첫째, 진단적 기능에서의 전략으로서 정치지도자는 국민들의 요구를 수용하기 위해서 공정하고 객관적인 태도를 보여야 한다. 지도자 스스로가 자신의 결정과 판단을 위해서는 반드시 믿을만한 여과되지 않은 정보를 이용해야 하며, 사건이나 문제를 객관적으로 관찰하기 위해서 자신만의 신념이나 편견을 버려야 한다. 특정 종교나 자신의 정치적 견해를 초월한 태도를 대중들에게 보여주어야 하며, 특정 아젠다에 지나치게 집착해서도 안 된다. 정치지도자가 지나치게 자신의 신념에 집착할 경우 대중들의 요구와는 다른 사적 이익 추구가 될 위험이 있다. 리더십의 진단적 기능을 제대로 잘 하기 위해서 정치지도자는 언제, 어떤 단계에서든 정확하게 사안을 이해하도록 노력하고 편견 없는 판단을 해야 한다.

신뢰를 얻기 위한 리더십을 위해서는 국가와 국민을 위한 봉사자로서 공익 실현에 초점을 맞추어야 한다. 결국 정치지도자는 권력추구를 위해 자신의 명성을 추구하거나 대중들로부터 관심을 받는 데 주목하지 말고 자신이 해결해야 할 아젠다를 수립하고 공공선을 위한 업무에 매진해야 한다.

둘째, 신뢰를 위한 리더십의 처방적 기능을 위해 정치지도자는 명확한 달성 가능한 목표와 국민들의 요구를 수렴한 결과물을 얻는 데 초점을 맞추어야 한다. 이를 위해서는 지도자는 목표에 대한 강한 집중력과 방향성을 보여주어야 하는데 무엇보다도 실현가능하고 성취할 수 있는 목표설정이 우선되어야 한다. 이와 더불어 장기적으로 국민들이 원하는 결과를 얻을 수 있는 방향을 제시하는 것도 중요하다. 문제해결이 단기적이고 일시적인 결과를 얻는 데 만족한다면 오히려 대중들로부터 불신을 받는 역효과가 발생할 수 있다. 이는 다시 말하면 대중들에게 이상적인 약속이 아닌 현실적인 약속을 제시해야 함을 의미한다. 지속가능하게 지켜질 수 있는 약속을 하고, 그것을 지키는 지도자이어야 대중들은 계속 신뢰할 수 있기 때문이다.

또한 처방적 기능에서, 즉 정책형성 시 정치지도자는 다른 사람들을 공격함으로써 자신을 내세우려는 태도를 보여서는 안 된다. 남을 딛고 올라서려는 태도를 보인다면 국민들로부터 신뢰받기 어려워진다. 지도자는 경쟁하는 사람이라기보다는 협력자(collaborator)로서 그리고 갈등, 긴장, 분파를 조성하는 사람이라기보다는 중재자(mediator)로서의 면모를 보이는 것도 신뢰를 얻는 데 매우 효과적인 전략이 될 수 있다.

셋째, 신뢰를 위한 리더십의 동원적 기능을 위해서 정치지도자는 무엇보다도 투명한 업무수행이 필요하다. 정치지도자는 정책의 성과든 자신의 업무성과를 국민들에게 잘 보이기 위해 진실을 왜곡해서는 안 된다. 많은 국민들이 듣기 불편하다고 느낄 수 있는 사안이라도 그대로 전달해야 한다. 정치지도자가 대중들을 즐겁게 만들어 주는 것이 그의 본분은 아니다. 대중들에게 조작된 정보나 잘못된 방향을 제시하는 것은 오히려 국민을 기만하고 속이는 일이기 때문에 진실이 밝혀질 경우 국민들은 크게 실망하게 되어 정치에 대해 불신하게 된다. 같은 맥락에서 정치지도자는 국민들로부터 지지를 얻지 못하더라도 정직해야 한다. 국민들은 진실한 지도자를 원하기 때문에 국민들이 듣고 싶지 않거나 알고 싶지 않은 나쁜 뉴스를 감추어서는 안 된다.

이와 더불어 국민의 지지를 기초로 한 신뢰를 얻기 위해서 정치지도자는 '생각은 세계적으로 행동은 지역적으로(think globally and act locally)'를 실천해야 한다. 국내적으로 국민들로 신뢰를 얻지 못하면, 국제사회에서 국가의 위상이 높아지기 어렵다. 지도자는 정책에 대해 동의하지 않는 사람들도 국가 목표를 이루는 데 합의하도록 국민들을 설득시키는 등의 합리적인 조치를 취해야 한다. 다른 어떤 시기보다도 과학기술이 빠르게 발전하고 있기 때문에 국내는 물론 국제적으로도 국민들 간의 관계가 더 긴밀하게 이루어지고 있다는 것을 명심해야 한다.

이와 같이 리더십 기능에 따른 신뢰구축 전략을 살펴보았지만, 정치적 신뢰 이외에도 사회적 신뢰와 관련해 정치지도자가 고려해야 할 점도 있다. 무엇보다도 지도자는 자신의 행동에 책임지는 대중들로 교화시켜야 한다. 대중들이 사회와 사회적 결과에 책임을 지는, 즉 다른 사람들과 타협하고, 책임지는 선택을 하도록 교육해야 한다. 게다가 지도자는 '정치적으로 정당한(politically correct)'에만 관심 갖지 말고 오히려 도덕적, 윤리적인 것에도 관심을 보여야 한다. 전체 사회의 순기능과 건전성을 이루기 위해 일부의 개선이 필요할 경우 대중들은 혜택을 받기 위해서는 자신들이 어느 정도 대가를 지불해야 한다는 것을 알게 해야 한다.

정치지도자는 정치적 불신을 해소하기 위해서는 신뢰를 구축하여 점차적으로 국민통합을 이루겠다는 장기적인 안목으로 접근하지 않으면 안 된다. 불신의 문제를 해결하지 않은 상태에서 대타협만 주문하면 공염불에 그치고 만다. 타협은 양극단을 배제한 중용의 리더십이다. 한국처럼 지역갈등, 세대대립, 그리고 정파충돌의 현상이 심각한 나라에서는 너그러운 포용력이 절실하다. 한국사회에 필요한 것은 '증오의 종식'이라는 말이 많이 등장한다. 화합의 리더십에 가장 핵심이 되는 것은 신뢰이다. 인위적인 화합이 아닌 신뢰가 바탕이 되는 지도자의 진실성이 국민의 마음에 전달될 때 정치리더십은 발휘될 수 있다. 성공적 소통이란 서로에게 신뢰를 주고 용기를 주는 마음과 마음이 통하는 대화일 것이다. 소통은 기술이나 기교가 아니라 지도자가 자신의 생각을 밝히되 강요하지 않으면서 국민의 이야기를 귀 기울여 듣고 이해하려는 진심을 조이는 것이다.

사회적 자본이론의 핵심은 사회적 시너지 효과를 얻을 수 있다는 점이다. 사회 구성원들이 서로 신뢰하고 규범을 잘 지키게 되고 그 결과 국민통합을 이루어 그 사회는 개인적 능력의 총합이상의 성과를 올릴 수 있고 더 나아가 정치과정에 투입되어서도 긍정적인 영향을 주게 된다.

국민통합을 위해서는 대통령이 진정성 있는 국민의 교육자가 되고 훌륭한 역할 모델이 되어야 한다. 미국의 레이건 대통령은 중요 정책을 추진할 때마다 그 당위성을 설명하고 지지를 이끌어 낼 수 있었기 때문에 성공할 수 있었고, 그 결과 '위대한 소통인'이란 별명을 얻었다(유종근 2013, 318). 정치지도자의 리더십은 지도자 본인이 지닌 특성, 기술 및 능력, 정치·사회·경제적 환경, 국민 등이 모두 상호작용하는 종합적 개념이다.

정치지도자가 훌륭한 지도자가 지녀야 할 특성을 지녔더라도 국정 운영 성과가 좋지 못할 경우 국민으로부터 신뢰를 받지 못할 수도 있고, 반대로 매우 성공적인 국정운영을 하더라도 지도자의 특성적 결함으로 신뢰받지 못할 수도 있다. 두 요소 모두 분명히 국민의 신뢰를 얻기 위해서 중요하지만, 지도자의 선천적 특성을 개조하기는 어려운 반면, 지도자로서의 능력은 스스로 노력하면 충분히 리더십 향상이 가능하다. 결국 정치적 신뢰 회복이나 향상을 위해서는 정치지도자가 리더십 기능을 효율적으로 수행할 수 있는 전략적 차원의 행동을 보여주어야 한다.

Ⅴ. 결 론

우슬러너(Eric M. Uslaner)는 신뢰의 유형을 전략적 신뢰와 도덕적 신뢰로 분류하고 있는데, 기존 통념인 지인에 대한 믿음으로서의 신뢰를 '전략적 신뢰', 자신에게 낯선 타인에 대한 믿음을 전략적 신뢰를 뛰어넘는 '도덕적 신뢰'라고 정의한다. 타인을 믿으려는 결정은 본질적으로 전략적 행동이고, 전략적 신뢰는 타인의 행동에 관한 예측으로 위험을 전제로 한다. 전략적 신뢰의 바탕을 이루는 것은 불확실성이다. 도덕적 신뢰는 남과 내가 근본적인 도덕적 가치를 공유하고 있으므로, 내가 그들에게 대우받고 싶은 대로 그들을 대우해야 한다는 신념이다(박수철 역 2013, 42-51). 그러므로 전략적 신뢰에는 사람들이 어떻게 행동할지에 대한 기대가 반영되어 있고, 도덕적 신뢰는 사람들이 어떻게 행동해야 하는지에 관한 진술이라고 그는 설명하고 있다(박수철 역 2013, 52). 국내정치의 경우 사회적 신뢰와 정치적 신뢰로 구분해서 신뢰형성 과정을 보면 사회적 신뢰의 경우 도덕적 신뢰의 성향을, 정치적 신뢰는 전략적 신뢰의 성향을 더 많이 띠고 있다. 국제관계에서의 신뢰 역시 전략적 신뢰라 할 수 있다.

일반적 신뢰의 혜택은 그것의 도덕적 뿌리에 있다. 서로를 신뢰하는 사회일수록 서로에게 호의적이다. 사람들이 서로 믿는 사회에서는 집단적인 결정에 도달하기 쉽다. 토크빌은 평등한 권한을 가진 개인들 간의 사적인 신뢰가 풍부히 형성되어 있으며, 공적인 측면에서도 신뢰가 제도화되어 시민적 규범이 자리 잡고 있는 사회를 가장 성공적인 민주주의 사회라고 규정했다. 즉, 시민공동체의 형성이 민주주의 발전에 매우 중요한 역할을 제공한다.

이렇듯 민주주의와 신뢰와의 관계가 매우 중요하다는 주장에도 불구하고 최근 많은 민주주의 국가에서도 정부에 대한 불신현상이 만연한 이유는 과연 무엇일까? 민주주의 국가에서 정부에 대한 불신이 높아지면 정부의 정책수행에 대한 추진력이 약화되고 결국 최고 정치지도자들은 무능해질 수밖에 없기 때문에 정치적 영역에서 해결해야 할 주요 아젠다가 되고 있다. 선진민주주의 국가에서 정부의 불신이 점차 높아지는 이유는 사회적 불신보다는 주로 정치적 불신 때문이라고 생각할 수도 있지만 실제로는 그렇지 않다. 사회적 자본 구축이 쉽지는 않지만 민주주의가 제대로 운영되기 위해서는 사회적 자본이 핵심 역할을 한다(Putnam 1993, 185). 사회적 자본이 큰 민주주의 사회의 구성원들은 자신들의 집단적 이익과 의무에 충실하고, 더 나은 정부의 업무성과를 요구하며, 시민들 간의 신뢰를 도모하는 성향이 높은 성향을 보인다. 이는 민주주의가 발전할수록 사회적 신뢰는 강해지지만, 정치적 신뢰는 오히려 낮아질 수 있음을 의미한다. 국민의 공공성 추구에 대한 요구를 정부가 충족시키지 못할 경우 정치에 대한 실망 때문에 정치적 신뢰가 무너지게 된다. 이렇듯 사회적 신뢰가 정치적 신뢰를 위한 필요조건이긴 하지만 충분조건은 되지 못한다.

그럼에도 불구하고 정부정책을 통해 신뢰를 구축하기는 쉽지 않다. 국민의 신뢰수준이 낮은 국가들은 불평등이 심화되면 사회에 대한 공동 책임이 있다는 것에 대한 인식이 낮아지고, 소득을 재분배할 가능성은 더욱 낮다. 불확실성이 있더라도 미래를 감수하면서 믿고 기대하는 것이 신뢰라고 할 때, 정치지도자의 리더십 운영이 신뢰 회복 및 구축을 위한 최상의 수단이 될 수 있다. 이 연구에서 정치체계이론을 기초로 구조기능주의적 시각에서 신뢰의 역할과 신뢰구축을 살펴본 결과 정치리더십 기능을 통해 충분히 문제를 해결할 수 있음을 알 수 있었다. 우선 사회적 신뢰의 기초가 될 수 있는 사회적 자본을 확충할 수 있다면, 정치체제 내 정치적 신뢰가 향상될 가능성이 높아진다. 이런 모든 과정에서 국정 업무수행의 최고 지도자의 리더십은 중요할 수밖에 없다. 국민의 통합을 이끌어내고 국민들에게 행복과 복지를 제공해 줄 수 있는 정책제공이 바로 정치지도자의 임무이다. 따라서 지도자로서 국민들로부터 인정받을 수 있는 덕목과 능력을 지니는 것도 중요하지만, 정치지도자는 무엇보다도 국민들로부터 신뢰를 얻기 위해서는 정치과정 내 정치리더십 기능을 제대로 수행하기 위한 전략적 접근을 시도할 필요가 있다.

참고문헌

구승회 역. 1996. 『트러스트: 사회도덕과 번영의 창조』. Fukuyama Francis. 1995. *TRUST: Social virtues and the creation prosperity*. 서울: 한국경제신문사.

김인영 외. 2008. 『동북아의 신뢰와 민주정치. 신뢰와 평화』. 서울: 도서출판 소화.

김창희. 2013. 『비교정치론』 2판. 파주: 삼우사.

노진철. 2014. 『불확실성 시대의 신뢰와 불신』. 파주: 한울아카데미.

박수철 역. 2013. 『신뢰의 힘: 신뢰의 도덕적 토대』. Eric M. Uslaner. 2010. *The Power of TRUST: The moral Foundations of Trust*. 서울: 오늘의 책.

박종희. 2015. "진보와 보수. 그리고 통일: 통일의식조사를 통해 나타난 통일에 대한 인식과 국내정치의 이념적 대립구도의 관계." 윤영관 편저. 『한반도 통일』. 서울: 늘품플러스.

박희봉. 2009. 『사회자본: 불신에서 신뢰로, 갈등에서 협력으로』. 서울: 조명문화사.

심양섭・변영우 역. 2012. 『성공하는 리더십의 조건』. Nannerl O. Keohane. 2010. *Thinking about Leadership*. 서울: 명인문화사.

안승국. 2013. "신뢰에 대한 이론적 고찰." 민족화해협력범국민협의회 정책위원회 기획. 『한반도 신뢰의 길을 찾는다』. 서울: 도서출판 선인.

유종근. 2013. 『신뢰와 사회적 자본 어떻게 축적할 것인가』. 서울: 도서출판 청어.

유홍준. 2004. "한국의 노사관계: 배태된 불신의 극복." 이온죽 편. 『신뢰: 지구촌 시대의 사회적 자본』. 서울: 집문당.

임혁백. 2004. “한국에서의 정치적 신뢰의 회복.” 이온죽 편. 『신뢰: 지구촌 시대의 사회적 자본』. 서울: 집문당.

———. 2014. 『비동시성의 동시성: 한국근대정치의 다중적 시간』. 고려대학교출판부.

Almond, G. A. et al. 2006. *Comparative Politics Today: A World View*(8th ed.). New York: Pearson Longman.

Burns, James MacGregor. 2003. *Transforming Leadership: A New Pursuit of Happiness*. New York: Grove/Atlantic. Inc.

Dawson, Richard E. et al. 1977. *Political Socialization*(2nd.). Boston & Toronto: Little Brown and Company.

Delhey, Jan. and Kenneth Newton. 2004. “Social trust: Global pattern or nordic exceptionalism?” *Discussion Papers. Research Unit: Inequality and Social Integration SPI 2004~202*. Social Science Research Center Berlin.

Easton, David. 1965. A Framework for Political Analysis. Englewood Cliffs, NJ.: Prentice-Hall.

Easton, David and Jack Dennis. 1969. *Children in the Political System: Origins of Political Legitimacy*. Chicago and London: The University of Chicago Press.

Greenstein, Fred I. 1968. “Political Socialization.” *International Encyclopedia of Social Science*. Vol. 14. New York: The Macmillan Company & The Free Press.

Newton, K. and P. Norris. 2000. “Confidence in Public Institutions: Faith. Culture. or Performance?” in S. J. Pharr.

and R. D. Putnam (eds.). *Disaffected Democracies: What's Troubling the Trilateral Countries?* Princeton, NJ.: Princeton University Press.

Putnam, Robert D. 2000. *Bowling Alone: The Collapse and Revival of American Community*. New York: Simon & Schuster.

________________. 1993. *Making Democracy Work: Civic Traditions in Modern Italy*. Princeton University Press.

Tucker, Robert C. 1981. *Politics as Leadership*. Columbia & London: University of Missouri Press.

제 2 부

국가안보와 신뢰외교

제 4 장

사이버안보에서 갈등구조와 신뢰구축*

장노순 한라대학교 경찰행정학과 교수

Ⅰ. 서 론

사이버 공간은 전통적으로 국가의 주권이 명확하게 인정되었던 영토, 영공, 영해와 다르다. 하지만 사이버 공간은 한 국가의 군사적, 경제적, 문화적 다방면에서 중요한 가치가 보호되어야 하는 영역으로 인정받고 있다. 경제 활동과 사회 시스템이 인터넷 기반시설에 의존하여 유지되고 있고, 군사력의 확장은 컴퓨터와 인터넷의 연계망에 의해 제 기능이 확보되는 수준이다. 사이버 공간은 이제 일상적인 정보를 교환하거나 정보를 검색하는 단순한 활동 영역이 아니라, 국가의 안보와 존립 혹은 중대한 국익을 보호해야 하는 안보정책의 최우선 순위에 속한다. 사이버안보는 지난 20여 년간 학계의 연구자들과 안보정책을 담당하는 전문가들 사이에서 연구 주제가 되어왔고, 최근에 더욱 강조되고 있는 경향이다(Nye 2011a; Libicki 2011; Clarke and Knake 2009).

* 이 글은 『정치정보연구』 제17권 2호(2014)에 게재된 것이다.

사이버안보가 재래식 안보와 다른 특징은 일방적인 세력우위의 안보구조가 형성되지 않는다는 것이다. 전통적인 안보 영역은 국가 간 세력분포가 비교적 명확하게 구분하는 것이 가능하고, 세력 우위 국가는 열세 국가에 비해 국제사회의 가치를 배분하는 데 영향력을 더 크게 행사할 수 있다. 특히 강대국과 약소국의 관계는 강대국의 일방적인 안보전략으로 약소국의 안보가 심각하게 위협을 받는 무정부 상태의 특징을 반영하기 쉽다. 그러나 국제사회는 크게 두 가지 중요한 변화를 경험하였다. 하나는 국제안보와 관련하여 지난 세기에 많은 국제규범이 구축되었고, 그에 기초하여 강대국의 일방적인 군사 위협이나 공격이 그 이전에 비해 훨씬 제약을 받는 상황이다. 또 다른 변화는 세계화로 인한 인적 교류와 활동이 크게 신장하였고, 정보통신기술의 발전과 인터넷 시스템은 정보교류를 자유롭게 했을 뿐만 아니라 모든 영역에서 활동을 연계시켜 놓았다.[1)]

본 연구의 목적은 이런 사이버안보의 특이한 구조 속에서 나타난 갈등의 특징을 설명하고, 이를 해소하기 위해 국가 간 신뢰구축을 마련하려는 국제사회의 노력을 분석하는 데 있다. 국제규범에 관한 연구들은 국가의 행위 정당성과 국가이익의 전략적 고려가 규범 구축의 핵심 요소라고 강조한다(Fitzsimmons 2009; Farrell 2005; Finnemore 2003; Raymond 1997). 사이버안보는 기존의 안보위협 수단과 비교해서 전혀 다른 위협 방식을 갖고 있고, 이 때문에 당위적인 기준으로 사이버안보의 국제규범이 변화할 것이라는 판단은 합리적인 근거가 없

1) 규범이란 "행위자들의 공동체가 적절한 행위에 대해 공유하고 있는 기대감"이라고 정의될 수 있다(Finnemore 1997, 22). 신뢰구축은 규범 창출을 위한 실질적인 선행 조치로 규정하여 규범과 개념적으로 구분되기도 하고(Clarke 2013), 신뢰구축과 규범이 유사한 개념으로 사용되기도 한다(Lewis 2011). 대체로 규범은 더 포괄적이고 추상적인 개념인 반면에 신뢰구축은 구체적이고 협의적인 내용으로 사용되는 경향이 있지만, 본 연구에서는 이런 구분 없이 상호 교환하여 사용한다.

다. 이런 상황에서 갈등 구조는 국제정치의 근본적인 특징처럼 국가가 주도하는 세력의 논리가 중심에 자리 잡고 있다. 하지만 어떤 행위자도 절대 우위를 확보하기 어려운 비대칭성의 안보는 서로가 다른 영역에서 상대적 우위를 차지하는 불안정한 상태이다. 사이버안보의 특성이 재래식 안보구조와 다르다고 한다면, 사이버 무기는 강대국의 우위가 모든 영역에서 절대적 우위를 확보하도록 하는 수단이 되기 어렵게 하는 제약 요소를 갖고 있다. 또한 냉전시기 핵무기 도래로 발전된 안보전략이 사이버안보에 적용될 수 있는지 여부는 국제안보구조의 안정성을 결정하는 요소이다. 기존 안보전략의 효용성은 사이버안보의 위협을 예방하는 신뢰구축의 합리적인 전략이 될 것인지에 따라 결정된다.

이러한 국제 안보 상황에서 사이버안보의 불안정성은 쉽게 갈등의 수위가 고조되고 분쟁의 심각성이 예상하지 못한 상황으로 확전될 수 있다. 강대국들은 사이버안보의 위험을 해소하고 자국에 유리한 국제규범을 구축하려는 태도를 보인다. 본 연구의 목표는 사이버안보에 대한 위협을 방지하려는 강대국들이 이를 규제할 방안의 전략적 특징과 전략적 의미를 분석하는 것이다. 사이버안보는 전통적인 안보구조의 성격과 다른 특징을 안고 있기 때문에 신뢰구축을 추진하는데 개념적으로 어떤 장애요소가 있는지 살펴보고, 현재 신뢰구축을 위한 추진 전략과 국제 규범화 과정은 강대국들 간의 입장과 전략을 통해 분석하였다. 강대국들의 입장 차이가 사이버안보의 신뢰구축에 미치는 영향은 규범의 발전 방향을 이해하는 데 실마리를 제공할 것이다.

Ⅱ. 사이버안보와 위협의 특징

1. 사이버안보의 특징과 국제 안정성

사이버안보는 사이버 공격이나 위협으로부터 사이버 공간에서 국가의 핵심적인 가치가 훼손될 위험이 없는 상태이다. 사이버 공간에 대한 위협과 공격은 사이버 무기의 파괴력이나 파급효과에 의해 전략적 의미를 갖는다. 사이버 무기는 재래식 무기와 다른 특징을 안고 있고, 이 때문에 사이버안보와 전통적 군사안보가 근본적으로 안보구조와 안보전략에 미치는 영향의 차이를 만드는 요인이다. 사이버 무기는 공격자의 신원 파악, 공격 행위와 방어 행위의 애매한 구분, 공격 행위자의 다양화, 공격무기 획득의 저비용, 안보수단의 국가 독점 한계, 국제규범의 미비 등의 특징을 안고 있다. 우선, 사이버 무기의 공격은 공격자의 신분을 숨기기에 매우 유리한 환경에서 이루어진다(Lin 2012). 사이버 공격은 인터넷을 통해 전 세계가 연결된 네트워크를 이용한다. 공격 지점을 숨기기 위해 다양한 사이버 공간을 경유할 수 있다. 그것은 공격 지점을 불분명하게 함으로써 실질적으로 공격의 책임 소재와 그에 따른 응징을 어렵게 한다.

두 번째 요인은 공격수단을 개발하고 획득하는 비용이 저렴하다는 것이다. 이것은 공격 수단의 확산을 의미하는 것인 동시에 공격 수단을 보유하는 잠재적 행위자가 전통적인 안보 환경에서는 상상할 수 없을 정도로 증가할 수 있다는 것을 의미한다. 핵무기 혹은 공격형 무기들은 첨단 기술, 막대한 재원 그리고 이를 운용하는 전문 인력이 뒷받침되어야 한다. 그러나 사이버 무기는 그와 같은 제약 요인이 거의

무의미하다. 물론 사이버 무기의 공격 수준과 대상에 따라 고도의 사이버 무기가 필요하지만, 폭넓은 공격 대상이 존재하기 때문에 사이버 무기의 공격 방식은 어느 환경에서도 가능하다.

세 번째 요인은 사이버 무기의 국가 독점이 현실적으로 불가능하다는 점이다(Nye 2011b). 재래식 소형의 개인 무기는 국가가 완벽하게 통제하기가 어렵지만, 이들 무기의 파괴력은 일반적으로 국가안보를 위협하는 수준으로 발전하기 힘들다. 국가안보를 위협할 정도의 무력수단은 국가의 통제가 이루어지고 있고, 그런 무기의 활용은 해당 국가에게 책임 소재가 분명하게 제기될 수 있다. 하지만 사이버 무기와 위협의 방식은 국가가 아닌 행위자들이 획득 가능하고, 이런 안보수단을 국가가 충분히 통제하는 안보 환경이 되지 못한 까닭에 안보구조의 불안정성은 높아질 가능성이 크다.

네 번째 요인은 사이버안보를 확보하려는 국제규범이 제대로 갖추어져 있지 않다(Stevens 2012). 국제안보를 위협하는 요인을 감시하고 억제하기 위해 다양한 방식의 국제규범이 발전해왔다. 국제사회는 핵무기, 화학무기, 미사일, 대인지뢰 등 무고한 시민의 희생을 불러일으키는 안보 수단의 개발, 생산, 비축, 거래를 철저히 차단하기 위해 국제협약을 통해 노력하고 있다. 이것은 국제협약, 안보전략, 정책적 경험으로 특히 강대국들이 규범적 가치와 전략적 의미를 인식한 결과이다. 그러나 사이버안보의 국제규범이 지지부진하게 발전하고 있는 원인은 강대국의 태도와 시각이 자국의 사이버안보를 위협하는 심각한 요소를 전혀 다르게 인식하고 있다는 점에서 비롯된다.

사이버안보의 특징 때문에 사이버 무기는 국제안보의 안정성에 부정적인 영향을 미친다. 사이버 무기는 근본적으로 공격이 방어보다 훨씬 유리하고 용이하다. 공격형 우위는 동일한 비용으로 위협을 방어하기 어렵다는 것이다(Van Evera 1998). 사이버 무기는 저비용으로 획득 가능하고, 국가가 아닌 개인이나 집단이 쉽게 사용할 수 있기 때문에, 이런 위협을 막아내는 방어체계를 충분히 갖추기란 어렵다. 사이버 공격의 대상은 군사시설에 국한되는 것이 아니라 민간 영역의 광범위한 시설이 포함된다. 현실적으로 공격 대상이 되는 시설은 정부가 완벽하게 통제하기 어렵고, 이런 시설의 시스템이 마비되거나 중요한 정보가 훼손되고 절취되는 것을 정부가 관리하기 힘들다. 역설적으로 정보통신기술이 발전한 강대국은 외부의 사이버 위협에 노출될 가능성도 그 만큼 증가한다.

그러나 사이버 위협은 재래식 안보위협과 달리 시설 파괴와 인명 살상의 피해를 불러일으킨 사례가 거의 없다(Rid 2012). 재래식 안보위협은 대규모 물리적 피해를 통해 상대방을 자국의 의도에 순응하도록 하려는 정치적 목적을 갖고 있다. 사이버 공격은 논리적으로는 인명 살상이 가능하다고는 하지만, 아직 구체화된 경우가 드물기 때문에 사이버안보 전략의 기조와 구체적인 내용이 공개적으로 논의되거나 자국의 입장을 명확하게 밝힌 국가가 없다. 이같은 안보 여건에서 기존의 무력충돌을 전제로 마련된 국제사회의 합의나 협력 체제가 사이버 공간에서도 그대로 재현될 것으로 기대하기 어렵다.

2. 사이버 공격과 사이버 첩보활동

사이버안보를 위협하는 유형은 한 가지의 안보 위협으로 총칭하기에 전혀 다른 특징을 지니고 있다. 그 이유는 무력 공격이 상대방의 존립을 위태롭게 하는 치명적인 파괴력을 동반하고 있다는 점과 비교하면 확실하고 명확하지 못하기 때문이다. 반면에 사이버 공격은 그런 심각성과 파장을 일으킬 잠재력을 갖고 있지만, 신 안보 영역의 심각한 영역이기도 하다. 이런 상이한 방식의 사이버 위협은 사이버안보의 중요한 특징으로 연구자들의 연구 대상이다(Kello 2013; Gartzke 2013; Nye 2011b; Walt 2010). 사이버안보 혹은 사이버 위협은 분류 기준에 따라 전혀 성격 다른 유형으로 구분이 된다. 사이버안보의 구분 기준은 공격의 주체가 국가 행위자 혹은 비국가 행위자로 나누고, 사이버 공격의 목적에 따라 정치적 목적 혹은 비정치적 목적으로 구별이 가능하다.

나이(Nye)는 사이버전은 사이버 영역 밖에서 물리적 폭력을 확장하거나 그에 동등한 영향을 미치는 사이버 행위의 일종이라고 정의하였다(Nye 2011a, 21). 물리적 분쟁의 세계에서 정부는 대규모 물리력의 사용을 거의 독점하고 있고, 방어 국가는 영토의 명확한 정보를 갖고 있으며, 물리적 공격 행위는 자원의 소모와 소진으로 종결되는 특징을 갖고 있다. 하지만 사이버 공간에서 안보 위협은 그런 특징을 전혀 공유하지 않는 경우가 훨씬 일반적이다. 이같은 특징을 더욱 세분화한다면, 국가안보를 위협하는 사이버 위협은 크게 4가지 유형으로 구분된다. 사이버전, 사이버 첩보활동, 사이버 범죄, 그리고 사이버 테러이다.[2] 이들 사이버 위협은 시간적 관점이나 해결책 관점에서 보면 상이한 특징을 갖고 있다. 예컨대, 시간적으로 미국의 입장에서 사이버 첩보활동과 사이버 범죄가 가장 위협적인 요소이지만, 향후 장기적으로는 사이버전과 사이버 테러가 훨씬 위협이 될 수 있다. 다른 시각에서 보면, 사이버전과 사이버 첩보활동은 대체로 국가 행위자가 주도하고 있는 반면에 사이버 범죄와 사이버 테러는 비국가 행위자가 위협

2) 사이버전은 시설파괴 등 심각한 물리적(kinetic) 피해를 주지만, 사이버 테러는 심리적 패닉과 사회적 혼란을 조성하는 비물리적(non-kinetic) 피해를 입히는 경우로 구분될 수 있다.

의 주체이다.

또 다른 구분의 기준은 공격자 혹은 공격의 목적이 아니라 공격 방식에 의한 것이다. 사이버 위협은 자료 혹은 시설을 파괴하려는 활동이거나, 시설과 자료를 파괴하려는 어떤 행위도 없이 자료 혹은 정보를 절취하려는 행위로 나뉜다(Kello 2013). 전자는 사이버 공격(cyber attack)이고, 후자는 사이버 첩보활동(cyber spying)이다. 사이버 공격은 사이버전(cyber warfare) 혹은 사이버 테러(cyber terrorism) 등 정치적 목적에 따라 컴퓨터 시스템과 네트워크를 위협하는 행위이다.[3] 사이버 공격의 결과는 가시적으로 나타나고, 공격을 받은 국가는 그에 따른 피해를 직접적으로 경험하게 된다. 반면에 사이버 첩보활동은 물리적 혹은 인적 살상의 가능성을 전제로 하지 않고, 사이버 공간을 통해 기밀을 절취하는 행위이다. 기밀이 누출되었다는 사실을 당장 파악하기 어렵고, 향후 어떻게 부정적인 영향을 미치게 될 것인지 당장 구체적으로 분석하기도 어렵다.

사이버 공격은 가시적인 결과를 초래하여, 정보 혹은 정보 시스템을 손상시키는 것이 목적이다. 사이버 공격은 공격의 규모와 공격 행위자에 따라 사이버전, 사이버 테러, 사이버 파괴(cyber sabotage) 등으로 구분된다(Libicki 2011). 재래식 무력 위협과 비교해서 사이버전에 대한 관심은 국가안보의 심각성이 가장 높다는 전제를 그대로 반

3) 사이버전(cyber warfare)의 개념은 학자마다 다른 의미로 사용되고 있고, netwar, cyber war, electronic warfare, information warfare 등 유사한 용어들이 있다. 사이버전의 요건으로 (1) non-kinetic 수단을 이용한 컴퓨터네트워크 공격(CNA)과 방어(CND), (2) 심리전의 목적에서 사이버 공간(cyberspace)을 이용하는 활동 배제, (3) 직접적인 정치 및 군사적 목적을 위한 컴퓨터네트워크 공격과 방어 등으로 한정하는 주장이 있다(Liff 2012, 404). 이 정의는 개인이나 집단의 사이버 범죄와 심리전 목적의 컴퓨터네트워크 활동(CNO)을 배제시킴으로써 국가가 주도하는 국가안보와 분쟁에 초점을 맞추는 데 유리하지만, 사이버안보의 신뢰구축을 위한 국제사회의 노력과 갈등을 이해하는 데 한계가 있다.

영하고 있다. 하지만 사이버전에 대한 개념 규정이나 특징, 그리고 현실적으로 적용될만한 사례 등을 살펴보았을 때, 무력 전쟁의 논리를 그대로 적용할 수 있는지에 대한 의문이 많다(Rid 2012). 사이버전의 주요 사례로 2007년 러시아발 에스토니아 사이버 공격, 2008년 러시아발 조지아 사이버 공격, 2011년 이란의 핵시설에 대한 미국의 사이버 공격 등이 대표적이다.

주요 강대국들은 첨단 기술과 인적 재원을 확보하고 있으며 군사뿐만 아니라 민간 공격 목표물에 대해 사이버 공격을 통해 물리적 파괴와 대규모 서비스 중단을 초래할 수 있는 역량을 갖추고 있다. 반면에 사이버전의 대응 전략은 억지전략, 공격력 강화, 네트워크 혹은 기간시설의 대처 역량 구비 등 군사 영역과 민간 영역에서 가능하다. 무력분쟁의 전통적인 규범은 차별성과 비례성의 원칙을 적용받는다. 차별성은 군 시설과 민간시설을 구분하여 공격 목표물을 설정하고, 비례성은 상대방의 공격 수준에 비례에서 대응하는 것을 의미한다. 하지만 사이버 공격에서는 이런 차별성과 비례성을 적용하기 매우 어렵다. 사이버 억지전략은 냉전시기 핵억지전략을 그대로 적용하는데 전략의 특성상 근본적인 한계가 있다(Lewis 2013, 35-36). 핵무기의 엄청난 파괴력이 핵심적 요소이지만, 이를 지원하는 전략적 요소들이 있었다. 상대방의 국경선 가까이에 배치되어 있던 재래식 군사력, 안보전략적 목적에서 실시하는 군사 훈련, 수십 년에 걸쳐 이루어진 학습 과정, 이 과정에서 비확산 혹은 해양 사고 등에 관한 합의들은 미국과 소련이 상호 군사적 균형과 핵 공포의 억지 위협이 효과적으로 영향을 미쳤다.

사이버 첩보활동은 사이버전보다 훨씬 광범위하게 이루어지고 있다. 개인, 집단 혹은 국가 차원에서 조직적이고 체계적으로 추진되고 있지만, 사이버전과는 다르게 국제규범이나 안보전략의 대상으로 공개적으로 발전된 적이 없다. 사이버 첩보활동은 일반적으로 가장 널리 일어나는 사이버 위협이고, 새로운 전략적 대응책을 마련하지 못한다면 이런 경향은 결코 바뀌지 않을 것이다. 첩보활동은 인류 역사만큼이나 오래된 현상이고, 국제법을 명백히 위반하는 것으로 간주되고 있지 않다. 그러나 각 국 정부는 국내법으로 첩보활동을 규제하려는 노력을 계속해 왔고, 상대국가의 협력을 유인하기 위해 '조건부 협력(tit-for-tat)' 전략을 사용하곤 한다(Nye 2011b, 18). 더욱이 냉전적 갈등 구조에서는 죄수딜레마의 게임 구조에서처럼 반복되는 전략의 선택을 통해 국가 간 협력을 유인하는 논리적 설명이 가능했다. 자국의 이익을 극대화하기 위해 경쟁하는 두 국가는 합리적이고 전략적인 선택을 상호 교환함으로써 어떤 당사자도 상대방의 협력 없이는 이익을 높일 수 없는 국제 협력의 결과를 얻었다. 하지만 사이버 억지전략은 상대방이 기습공격을 하더라도 엄청난 보복 의지와 역량을 보여줌으로써 잠재적 공격자의 의도를 사전에 단념토록 하는 조건을 만족시킬 수 없다.

사이버 첩보활동의 핵심적 특징은 물리적 피해를 동반하지 않는다는 점이다. 더욱이 첩보활동을 규제하려는 국제협약을 체결하려는 시도된 적이 없을 정도로 은밀하고 모든 국가가 관여할 만큼 오랜 역사를 지니고 있다. 군사안보의 위협이 상대적으로 약화되면서 국가이익이나 안보의 영역이 확대되었고, 경제의 경쟁력이나 첨단기술의 보호 등은 국가안보의 최우선 순위로 자리매김 될 만큼 비중이 커졌다. 물론 사이버 첩보활동은 군사 활동과 정부의 극비사항을 찾아내려는 시도에서 추진되지만, 이외에도 상대 국가의 기업과 민간연구소의 경영전략, 기술 정보, 연구 성과는 경쟁력 우위를 확보하고 경제적 이득뿐만 아니라 국력의 확장에 기여할 것이다(Nakashima 2013). 이중 용도의 첨단 기술은 민간용으로 개발되었다고 하더라도, 군사용으로 전용되어 응용됨으로써 군사력을 강화할 수 있다.

사이버 첩보활동은 해킹을 기본 기술로 정보를 훼손하고 차단하는 적극적인 활동과 구분되는 경계선이 모호하다. 정보 차단과 방해가 효과를 발휘하는 최적의 시점까지 상대방의 컴퓨터 시스템에 은밀하게 숨겨져 있다면, 그것은 첩보활동과 구분이 되기 어렵다. 또 다른 문제점은 해킹이나 사이버 첩보활동은 범죄로 처벌하는 문제이다. 첩보활동이 상대 국가의 영토에서 이루어질 경우 해당 국가의 형법에 의해 처벌을 받게 된다. 그러나 사이버 첩보활동은 첩보 대상의 지리적 공간에 직접 방문할 필요가 전혀 없다. 여러 지리적 공간을 경유하면서 이루어진 실제로 공격 지점을 파악하는 과정은 많은 시간을 요한다. 또한 확증적인 증거를 찾아내기도 어렵다.

사이버 첩보활동이나 해킹은 해당 국가의 정부가 통제와 처벌을 적극하지 않을 경우에 피해 국가의 예방 정책은 효과가 불충분할 수밖에 없다. 사이버 첩보활동은 설령 해당 국가가 처벌하고 싶다고 하더라도 민주적 가치가 실현되는 사이버 공간에서 제어가 충분하게 이루어지기에 한계가 있다. 해커와 해커 집단이 무수히 존재하고 있는 인터넷의 환경에서 감시와 통제의 한계는 자명하다. 더욱이 정부가 직접 나서기 어려운 장애를 극복하기 위해 이들 해커를 활용한다면, 피해 국가의 대응은 더욱 복잡해진다. 즉, 피해 국가는 사이버 첩보활동에 대한 보복 전략이 효과적으로 실행될 수 있는가이다. 국가가 배후에서 조종하지 않았다고 하더라도 사이버 첩보활동의 행위자를 처벌하지 않았을 경우, 해당 국가에 대해 제재할 수 있는 정당성이 자동 확보되는 것인지 의문이다. 기존의 국제법에서 특정 국가로부터 제기된 손해에 대해 비례한 대응책을 강구할 수 있도록 했다. 그러나 보복의 수단, 방법, 수준 그리고 범위에 대해서 간단히 확정하기에 애매하고 복잡한 문제가 얽혀있기에 보복의 정당성을 인정받기란 결코 용이하지 않다.

Ⅲ. 사이버안보의 갈등구조와 양면성

1. 사이버 공격의 비대칭성[4)]

사이버안보의 세 가지 핵심적인 사항은 사이버 무기의 잠재적 파괴력, 사이버 방어의 복잡함, 그리고 전략적 불안정의 문제이다(Kello 2011). 이는 사이버 공격과 방어의 가능성에 관한 것이고, 그런 공격력과 방어력의 균형에 따라 초래되는 국제안보의 상태이다. 사이버안보에서 공격력과 방어력의 균형은 사이버 공격이나 사이버 첩보활동의 위협에 따라 역량이 미치는 영향력에 의해 결정된다. 사이버 공격은 군사 공격과 마찬가지로 상대방의 핵심적 이익에 손상을 주는 행위이다. 사이버 공격은 재래식 군사공격에 비해 물리적이고 가시적인 결과를 가져오는 것은 아니지만, 사이버 첩보활동과 비교하면 훨씬 외부로 표출되는 결과를 초래한다. 또한 사이버 공격력은 군사력을 확장하고 월등히 강화시키는 효과를 가진다. 공격력 우위는 공격용 안보수단이 방어체계를 극복할 수 있음을 의미한다. 과연 사이버 무기의 공격력 강화는 재래식 무기와 유사한 특징을 보일까 하는 문제를 안고 있다.

---

4) 사이버 위협의 유형으로 '사이버 공격'은 사이버 첩보활동과 대비되는 개념이고, '사이버 공격력'은 사이버 방어와 대비되는 개념으로 사용된다. '사이버 방어'는 사이버 공격을 막아낸다는 의미에서도 사용되기도 하고, 사이버 공격력과 대비하여 '사이버 방어력'이라고 표기하기도 했다.

사이버 공격과 사이버 첩보활동은 기존의 공수균형이론이 제시하는 논리를 그대로 보여주지는 않는다.

사이버전에서 사이버 공격을 방어하는 역량은 재래식 세력분포와 어떤 상관관계를 갖고 있는가하는 점에서 논의될 수 있다. 사이버 방어력과 재래식 군사 방어력은 일정한 상관성을 보이지 않는다. 사이버 역량이 높은 국가는 사이버 방어력을 증강시키기 위한 기술력을 동시에 향상시키는 결과를 가져올 수 있다. 그러나 사이버 공격력은 압도적으로 우세하다고 하더라도 대량살상무기처럼 완벽한 억지력을 갖추지 못한다(Stevens 2012, 148-149). 아직 사이버 공격력이 보복의 수단으로 기술적인 효과를 보증하지 못하고, 국제적인 정당성을 인정받는데 한계가 있다. 또한 재래식 무기처럼 선제적으로 사이버 공격 무기와 시스템을 타격하거나 미사일 공격을 요격하는 시스템과 유사한 사이버 방어망을 구축할 정도로 기술력이 발전했는지 의문이다. 결국 사이버 공격의 비대칭성이란 사이버 공격력의 우위가 자국의 안보 수준을 확고히 하는 데 중요한 요소임에 분명하지만 방어의 우위를 확보하는 데 한계가 있음을 의미한다. 다시 말해, 사이버 공격력이 열세인 국가 혹은 세력이더라도 상대방을 공격하여 피해를 입히기에 충분한 위력을 갖출 수 있다.

사이버전이 재래식 전쟁과 다른 차이점은 공격의 대상, 공격의 행위자, 보복 전략의 한계 등으로 나타난다(Maurer 2011). 이러한 사이버 공격의 특징은 방어를 어렵게 하고, 재래식 세력분포와 전혀 다른 안보구조를 만들 수 있다. 사이버전에서 사이버 방어의 비대칭성을 만들어내는 요인은 다음과 같은 특징에 기인한다. 이는 안보구조와 안보전략 차원에서 공격을 용이하게 하지만 방어를 제약하는 요인이다. 첫째, 사이버전에서 공격의 대상은 단순히 군사시설과 군사 활동을 지원하는 시설이 가장 커다란 비중을 차지하겠지만, 광범위한 민간시설과 국가기반시설 역시 파괴하여 정부의 통제 기능을 무력화하려는 목표도 중요하다. 특히 사이버전은 그와 같은 민간시설을 공격하더라도 파괴나 인명 살상을 동반하지 않을 경우에 상대 국가가 보복과 응징의 명분으로 삼기 어렵고, 이는 사이버 공격을 부추기는 유인 동기가 된다.

둘째, 재래식 전쟁에서 전투를 직접 수행하는 요원은 군인이다. 하지만 사이버전에서 사이버 공격을 감행할 수 있는 행위자는 개인과 집단 등 국가의 지휘와 통제 없이 자발적으로 참여할 수 있다(Manjkian 2010, 392-394). 대규모 군대가 동원된 전쟁은 감시와 통제가 상대적으로 용이하지만, 국가의 통제가 전혀 이루어질 수 없는 개인이나 집단들의 활동은 상대방이 사전에 차단하고 억제하려는 전략을 적용하기 어렵다. 개인과 해커조직은 국가가 육성하는 사이버 전사가 아님에도 유사시에 자발적인 비정규군처럼 사이버 분쟁에 참여할 수 있다.

셋째, 사이버 공격을 받은 국가는 응징과 보복 차원에서 반격을 가할 수 있는 범위와 수단에 관한 국제법이 아직 미비한 상태이다. 재래식 군사 분쟁은 국제규범과 국제법에서 일정 보복과 수단 혹은 수준에 정당성을 부여하고 있다. 그러나 사이버전에서 물리적 피해의 결과가 발생한 사례가 아직 드물고 재래식 군사공격에 적용되는 원칙을 그대로 채택하기에 한계가 분명하다. 국제 전쟁에 적용되는 대표적인 원칙으로 비례성과 차별성은 사이버 공간에서 그대로 도입하기에 사실상 불가능하다. 비례성은 상대방의 공격 수준에 비례하여 반격 혹은 보복을 하는 것이 허용되는 것이다. 차별성은 군사 관련 시설과 민간시설을 구분하여 공격의 대상이 적용되어야 한다는 원칙이다. 그러나 사이버 반격의 수단으로 상대방의 유사 목표를 선정하기 어려울 뿐만 아니라 민간 영역과 군사 영역의 구분도 애매하여 분리하는 것도 과제이다.

사이버안보에서 공격력의 비대칭성이 있음에도 사이버 공격력의 우위는 안보 역량을 강화하는 데 절대적인 요소이다. 사이버 공격력의 절대적 우위가 실제로 증명된 사례가 많지 않지만, 미국은 가장 막강한 사이버 역량을 보유하고 있는 것으로 알려져 있다(Sanger and Markoff 2009). 미국의 사이버 역량은 최첨단 군사력의 기반을 이루고 있고, 세계 최고의 전투력을 유지하는 데 결정적인 요소이다. 따라서 사이버 공격력은 재래식 군사력의 불균형을 더욱 확대 및 강화시키는 요인이 된다. 만약 군사 강대국이 사이버 역량을 발전시킬 수 있다면, 강력한 군사력 구축이 그 만큼 용이해진다. 사이버 역량을 강화하여 압도적인 세력 우위를 차지하려는 국가들의 전략 선택은 당연하다. 사이버 공격은 재래식 군사력을 강화하는 기능과 상대방의 사이버 공간을 침투하여 인터넷 시스템을 마비시켜 정상적인 운용을 어렵게 한다. 사이버 공격력이 상대방의 인터넷 시스템과 자료를 해킹하는 기술을 통해 가시화되었을 때, 사이버 공격력은 안보를 증강시키기도 하지만 심각하게 손상을 줄 수 있는 양면성을 지닌다.

2. 사이버 첩보활동의 비대칭성

사이버 방어는 사이버 위협에 대응하는 역량이다. 사이버 공격에 관한 논의에서처럼 사이버 방어력은 사이버 공격과 사이버 첩보활동으로 구분하여 평가된다면, 그 공격의 특징, 피해 정도, 응징의 가능성 등에서 다르다. 사이버 공격에 대해 사이버 방어의 비대칭성은 일관성을 갖지 못함을 이미 지적하였다. 사이버 첩보활동은 사이버 공격과 달리 사이버 방어의 비대칭성을 보여주는 적절한 사례이다. 사이버 역량의 세력 분포에 영향을 받지 않고, 비대칭적 열세에 있는 행위자가 우위의 상대방을 공격할 수 있는 여지가 여전히 높다(Liff 2012, 409-412). 다시 말하면, 세력 우위의 국가는 사이버 방어의 확실한 보증을 확보하기 쉽지 않다. 사이버 첩보활동은 상대방의 기밀 절취를 목적으로 추진되는 것이기 때문에 기밀이 처리될 것으로 여겨지는 모든 네트워크와 컴퓨터가 잠재적인 목표가 된다. 비록 사이버 강대국은 군사시설이나 일부 기밀 시설의 네트워크는 외부와 차단되어 침투가 어렵고, 사이버 보안도 높은 수준을 유지하고 있다. 그럼에도 모든 시설과 정보 보호가 충분히 이루어지는 것이 현실적으로 불가능하다. 그런 대상은 적대 세력의 사이버 첩보활동에 의해 정보 유출을 충분하게 예방하지 못한다.

사이버 방어는 기술, 인력, 재원 등을 바탕으로 비대칭성의 특징을 보여준다. 사이버 공격력은 재래식 군사력의 강대국이 사이버 역량의 우위를 차지하는 비대칭적 안보구조를 구축하는데 동일한 결과를 얻을 수 있다고 하더라도, 방어력에는 그런 전제가 성립하지 않는다. 사이버안보의 특이성은 이런 비대칭성이 일방적인 절대 우위로 일관되기 어렵다는 것이다. 사이버 첩보활동은 사이버 역량이 열세인 국가라 하더라도 유리한 위치에서 전개가 가능한 비대칭성의 안보구조를 만든다. 사이버 위협의 대상과 잠재적인 공격자가 다양하게 분포하는 사이버안보 환경에서 절대 우위의 사이버 공격력을 갖추고 있다고 하더라도 상대방 사이버 첩보활동의 심각한 취약성을 안고 있다. 특히 사이버 첩보활동은 사이버 역량의 열세인 국가가 공격력 우위의 국가에 있는 다양한 표적을 대상으로 성과를 거둘 수 있다.

사이버 강대국의 네트워크와 컴퓨터 시스템은 누구나 쉽게 침투하여 정상적인 운영을 방해할 수 있을 정도로 취약하지 않다. 상대방이 심각한 피해를 입을 수준이 되도록 하려면 단순히 사이버 공격력만이 필요한 것이 아니라 공격 목표와 관련한 정확한 정보 수집이 필요하고, 외부의 인터넷이 차단된 상황(air-gap)을 극복하기 위해서는 비밀공작의 성공적인 결과가 동반되어야 한다. 이는 사이버 방어는 단순히 사이버 공격력에 의해서만 결정되는 것이 아니라, 정보수집 능력과 비밀공작 그리고 국제협력의 가능성 등에 의해 영향을 받는다.[5] 따라서 사이버 공격력에 대한 사이버 방어는 강대국의 입장에서 유리한 측면이 있지만, 이것은 시설 파괴와 같은 심각한 공격력을 방어하는 역량에 국한된다. 자료를 훼손, 차단, 오염시키는 사이버 공격에 대한 방어는 사이버전과 비교하면 훨씬 어렵다. 민간시설이나 국가기간시설은 외부의 네트워크와 차단되어 있지 않기 때문에 외부의 사이버 공격이 용이하다. 이런 심각성이 낮은 사이버 공격보다 결과의 가시성이 떨어진 사이버 첩보활동은 방어가 더욱 어렵다. 사이버 첩보활동은 사이버 공격과 경계가 애매하지만 가시적인 문제와 피해가 당장에 표출되는 것이 아니기에 대응의 필요성을 인식하지 못한다.

결국 사이버 첩보활동은 사이버 공격력 혹은 재래식 군사력 우위가 반드시 도움이 되는 것이 아니다. 사이버 첩보활동은 자국의 인터넷 시스템이 막강해야만 하는 조건을 요구하지 않는다. 비록 군사력이 열세이고 경제와 사회가 상대적으로 뒤처져 있는 국가라 하더라도, 사이버 첩보활동은 효과적으로 수행될 수 있다. 북한은 정보통신기술과 인터넷 기반 시설이 남한에 비해 상대적으로 매우 열악한 수준에 있다. 그렇다고 북한의 사이버 첩보활동은 남한을 상대로 열세에 있다고 보기 어렵다. 사이버 공격과 첩보활동의 대상이 많다면, 그 만큼 보호하

5) 이란의 핵시설을 대상으로 공격했던 미국과 이스라엘의 사이버 공격(Stuxnet)은 단지 사이버 무기의 정교함이나 파괴력에 국한되는 것이 아니라 이란 핵시설에 대한 정확한 정보와 웜(worm)을 시설 내부에 유입하는 비밀공작의 비중이 절대적인 요소로 작용한다(Sanger 2012, 141-242).

기 위한 대응 수단과 시스템을 갖추고 있어야 방어의 우위를 점한다. 물론 정보통신 기술인력, 재원, 관련 첨단기술과 설비를 갖춘 국가가 사이버 첩보활동에서 우위를 갖는 것은 가능하다. 사이버 위협의 수준과 파급여파는 여전히 사이버 역량을 갖춘 국가가 우세한 위치에 있다. 그러나 저차원의 공격이나 사이버 첩보활동은 사이버 역량이 열세인 국가도 상대국가에 위협을 가할 수 있다. 미국은 이런 외부의 사이버 첩보활동으로 군사적, 경제적 막대한 피해를 입고 있음을 밝히고 있다(Nakashima 2013).

Ⅳ. 사이버안보에서 신뢰구축

1. 사이버안보와 신뢰구축의 접근 방식

사이버 공간의 안보 중요성이 크게 증대하였고, 기존의 국제안보구조는 근본적인 위협을 받는 상황으로 발전하고 있다. 사이버안보의 불안은 국가들이 이를 해소하려는 행위가 올바르고 유익하다는 조건을 만들려고 시도하도록 하고 있다. 국제규범의 필요성이 강조되는 것이다(Stevens 2012, 156). '규제적 규범'은 행위자들의 행위에 지시하고 억제하는 의무, 허용, 금지 등의 규칙과 같은 기능을 한다. 국제규범은 국가 간 신뢰구축조치로 더욱 강화된다. 갈등과 무정부적인 국제안보구조에서 신뢰구축조치는 국가의 행위에 대한 애매함, 의구심 혹은 의문점을 줄여주고, 국제협력을 증진시켜주는 역할을 한다. 국제안보규범은 국가의 행위를 조정하고, 분쟁의 규모를 제한한다. 또한 규범은 국가의 행위에 대한 국가들 사이에 서로 공유되는 기대감과 이해를 높이는 효과를 가져다준다. 결국 사이버안보 관련 국가의 상호 작용에서 일정한 틀을 제공하고, 일정 수준의 예측성을 부여할 것이다.

규범 구축의 동인은 정당한 행위를 규제해야 하는 당위적 요소와 행위자의 이익을 극대화하려는 합리적인 선택이 작용한다. 규범의 구축과 확장은 규제하고자 하는 행위와 목표가 명료하고, 유용하며, 실현 가능해야 한다(Finnemore 2011, 90-91). 다양한 가치와 목표를 가진 관련 행위자들이 협력하기란 쉽지 않다. 그러나 안보 이슈에 따라 다른 특징을 지니고 있겠지만, 현재 사이버 공간에 대한 안보는 당위적인 목적보다는 국가의 이익을 극대화하려는 전략적 고려에 의해 추진되는 경향이 강하다. 사이버안보의 국제규범은 이들 강대국이 협력과 신뢰구축의 가능성에 의해 심각하게 영향을 받는다.

일반적으로 국제안보구조의 안정성은 강대국의 입장과 전략에 의해 가장 크게 영향을 받는다. 군사안보 영역에서 강대국의 지도력을 행사하는 국가는 미국과 중국 그리고 러시아이다. 이 때문에 사이버안보에 관한 규범 창출하려는 노력은 미국과 중국 그리고 러시아의 입장과 태도에 따라 상이한 접근 방식이 채택되고 있다. 사이버 공간은 새로운 안보 영역이고, 이미 지적했듯이 기존의 안보구조와 판이하게 다른 방식으로 위협받는다. 그리고 미국, 중국 혹은 러시아는 사이버안보의 특성 때문에 각자 서로 다른 취약점에 직면한 상태이다. 사이버안보의 비대칭성에서 논의되었듯이, 사이버 공격의 비대칭성은 이들 강대국 사이의 세력 분포에서 불균형으로 나타나고 있다. 반면에 사이버 방어의 비대칭성은 사이버 공격과 다른 세력 분포의 불균형이 존재한다.

사이버안보와 관련해서 국제사회에서 지금까지 전개된 논의의 주된 내용을 살펴보면, 사이버안보의 국제규범은 크게 두 가지 다른 시각이 대립하고 있다.[6] 하나는 미국을 중심으로 서유럽 국가들이 공유하고 있는 접근방식이다. 미국의 시각은 사이버 공간의 심각한 위협요소는 사이버 범죄의 성격으로 규정하고 이를 통제하자는 시각이다. 사이버 범죄는 해당 국가의 정부가 자국 내에서 일어나는 범죄를 사법체계를 동원하여 단속하고 억제해야 한다는 것이고, 국제사회가 이를 위해 협력하여 대처해야 한다는 점을 강조하고 있다. 다른 하나는 중국과 러시아를 포함해서 미국 및 서방국가와 대립하는 국가들이 보여주고 있는 태도이다. 이들은 사이버안보의 위협을 강조한다. 이들 국가는 사이버 공간을 군사화하여 마치 재래식 군사력처럼 사이버 공간을 군사영역과 연계하여 군사력의 압도적 우위를 확보하려는 태도를 억제해야 한다는 주장이다. 이들은 사이버 공격력이 상대적으로 열세에 있고, 사이버 역량과 재래식 군사력의 결합에 의한 군사력의 확장은 세력분포의 불균형을 더욱 심화시킬 것을 우려하고 있는 것이다. 미국은 사이버 공격력과 재래식 군사력의 결합을 통해 월등히 우위의 군사력을 확보하고 있고, 사이버 공간을 군사력 강화의 기반으로 삼고자 한다.

미국은 중국 혹은 비국가 행위자들에 의한 사이버 첩보활동의 위협을 심각하게 인식하고 있다. 많은 민간 기업 혹은 연구소, 언론 기관 등은 외부의 사이버 첩보활동으로 기밀이 유출되는 피해를 입고 있고, 이는 미국의 국방력 약화를 심각하게 초래할 수 있을 정도이다(Blair and Huntsman 2013). 이를 제어하기 위해서는 상대 국가의 정부가 자국 내에서 범죄 혐의가 있는 사이버 활동을 철저히 단속하고 통제함으로써 효과적인 대처가 가능하다고 본다. 더욱이 비국가 행위자들의 배후에 정부가 있을 수 있다는 의혹은 사이버 첩보활동이 의도적으로

6) 이런 논리와 유사하게 사이버전은 새로운 국제분쟁의 유형으로 국내 혹은 국제규범이 구축되어야 한다는 주장이 있다(Geers 2011, 115-116). 규범 구축의 방향은 두 가지 시각으로 '사이버범죄에 대한 유럽위원회의 협정' 방식이 있고, 다른 방식은 화학무기금지 협정처럼 사이버무기 개발을 금지시켜야 한다는 것이다.

조장되고 있다는 신호로 해석된다. 그러나 중국이나 여타 행위자는 미국과의 기술 혹은 군사력 차이를 단시일 내에 효과적으로 따라잡기 위해서는 사이버 첩보활동만큼 유용한 전략이 없다고 판단한다.

사이버안보의 국제규범은 강대국의 신뢰구축이 요구되는 과정이 필요하지만, 규범의 일반적인 동인은 당위적 행위의 기준을 만들려는 목적보다는 자국의 안보 이익을 극대화하려는 전략적 고려에 의해 더 영향을 받고 있다. 전략적 입장 차이는 사이버안보 규범의 구축을 더디게 하고 있다. 미국은 사이버 공간에서 정보 교환과 표출을 자유롭게 하는 기준을 제시하고, 유엔인권선언의 다섯 가지 원칙을 사이버 공간에 그대로 적용하였다(Clinton 2010).[7] 정보의 자유로운 유통은 인간의 보편적 가치이고 권리에 해당하고, 이를 보장하는 것이 기존의 국제규범과 부합하다는 것이다. 그러나 중국은 관영매체를 통해 미국의 의도가 반미 혹은 반서구적인 국가를 대상으로 미국의 가치를 주입하려는 데 있다고 비판하였다(Global Times 2010).

2. 사이버안보의 규범화 시도

국제사회에서 사이버 분쟁에 대한 우려는 각 국가들이 분쟁의 위험을 줄이려는 국가마다의 계획과 조직을 설치하려는 움직임으로 표출되고 있다. 사이버 분쟁이 통제하기 어려운 상황으로 발전하지 않도록 하려는 70여개 이상의 국가가 이런 조치들을 취하고 있다. 1990년대 들어서서 러시아는 사이버 공간의 안정성을 확보하려는 국제조약을 추

7) 프랭클린 루스벨트 대통령은 1941년 네 가지 자유의 중요성을 역설하였고, 그것은 표현의 자유, 종교의 자유, 결핍으로부터의 자유, 공포로부터의 자유였다. 여기에 집회의 자유가 추가되었고, 유엔인권선언의 기초가 되었다. 사이버 공간에서 집회의 자유에 해당하는 요소가 '연결의 자유(freedom to connect)'이다. 연결의 자유는 정부가 사람들의 인터넷 접속을 방해해서는 안 된다는 생각에 기초하였다(http://www.state.gov/secretary/20092013clinton/rm/2010/01/135519.htm).

진하였다(Sofaer, Clark and Diffie 2009). 그러나 미국을 비롯한 서 국가들이 반대함으로써 러시아의 노력은 거의 진전을 보지 못했다. 조약의 준수와 사이버 역량을 검증하는 문제 등의 중요한 이슈들을 해결할 방법이 없고, 사이버 공격이나 적대적 행위를 피하기 위한 구속력 있는 약속은 실행될 수 없었다. 예컨대, '정보 무기(information weapons)' 금지 항목은 정보 무기의 개념 규정이 용이하지 않기 때문에 실제 유용성이 낮았다. 사이버안보의 안정성을 도모하려는 국제 협력은 지지부진하고 진척이 거의 이루어지지 못한 상황에서 1990년대 말 새로운 대안이 시도되었다. 사이버안보에 적용 가능한 일반화된 모델을 개발하기 위해 사이버 무기의 확산을 통제하려는 전 지구적인 노력이 구체적으로 나타났다. 이런 시도의 핵심은 국제법적으로 구속력이 있는 협약을 만들기 이전에 사이버 공간에서 국가의 책임 있는 행위를 위한 규범을 발전시켜 나가자는 것이었다.

2010년 유엔 사무총장이 주관한 정부전문가그룹(GGE)은 '국제안보 영역에서 정보와 텔레커뮤니케이션의 발전' 보고서를 작성하였다. 하지만 GGE은 제한된 합의점마저도 도출해 내는 것이 어려웠다(Lewis 2011). 비록 전문가들은 사이버 위협이 점증하고 있다는 점에 대해 동의하였지만, 구체적인 대응 방안에 대해서는 공감대가 형상될 만한 부분이 거의 없었다. 일부 국가들은 기존의 국제 규범과 법이 사이버 분쟁에 적합하지 않다고 생각하였다. 하지만 다른 일부 국가들은 무력분쟁에 관한 기존의 법이 사이버 분쟁에 충분하고, 언론의 자유(사이버 공간에서 자유롭게 의사를 표현하는 행위)를 규제하려는 조치들에 대해 깊이 우려하였다. 결국 다자간 논의에서 핵심 사항은 국가들이 안보를 높이려는 대가로 국가의 주권을 일정 부분을 양보할 수 있는가에 있었다. 이것은 국제 합의에 대한 접근 방식을 둘러싸고 강대국들 간 혹은 약소국들 사이에 심각한 입장의 차이를 보여주었고, 물리력 사용, 국가 행위에 적용하는 규범, 사이버 공간에서 위험의 원천 등에 관해 상이한 태도로 드러났다.

결국 국가 간 신뢰구축에 관한 논의가 별로 진척을 이루지 못했다. 우선, 국가들은 사이버 활동을 비밀리에 추진하였기 때문에, 다른 국가에게 정보를 공개하거나 정보를 교환하기 어렵게 했다. 마찬가지로 사이버 분쟁의 특성에 대한 잘못된 이해는 논의를 가로막는 걸림돌이었다. 일부 국가는 사이버안보의 개념이 잘못되었다고 주장하였다. 핵심은 '정보 안보(information security)'이다. 이들의 시각에서 정보는 무기이고, 무력 분쟁에 관한 국제법은 사이버안보의 위협에 적용하기에 부적절하다고 보았다(Stevens 2012, 161-163). 이런 입장을 취한 국가들은 "상하이협력기구(Shanghai Cooperation Organization)" 하에서 '정보 안보를 위한 행동강령'를 제시하였다. 이것은 법집행 기관의 협력과 같은 목표를 정보 접근 문제와 연계하였다. 이들은 국제안보의 안정성과 안보가 주권 국가에 '정보 공간'에 대한 주권의 통제 권한을 부여하고 사이버 공간에서 물리력 사용이나 군사적 목적의 위협이 단념될 수 있다면 가장 잘 달성될 수 있다고 보았다.

사이버안보와 관련 다자간 합의를 추진하는데 심각한 도전은 우선 사이버 분쟁의 기준에 관해 합의점이 전혀 없다는 점이다. 즉, 사이버 공간에서 물리력 사용으로 평가되는 요소가 무엇인가 하는 것이고, 그에 대응 방식으로 물리력 사용이 정당화되는 기준은 무엇인가에 대해 합의점이 없다. 이점은 사이버 공간에서 위협 행위에 관해 국가의 책임으로 규정되는 기준에 관한 공유되는 견해가 없다는 것을 의미한다. 사이버 위협이 물리력 사용의 수준으로 인식되는 기준을 합의하지 못한 이유는 부분적으로 위험의 근원에 대한 평가가 다르기 때문이다.

정보를 무기로 간주하는 시각은 이를 사이버전의 중요한 요소로 본다. 이런 입장은 정보의 자유로운 접근이 정권의 안정성과 생존을 위협하는 것이라고 생각한다. 따라서 러시아와 중국 등 일부 국가들은 사이버 공간에서 주권을 확대하려고 시도한다. 사이버 공간에 대한 국가의 주권적 통제는 자국 내에서의 정보 접근을 규제함으로써 국가와 사회의 안정성을 확보할 수 있다. 하지만 그와 반대의 주장으로 국익을 보호하기 위해 사이버 공간에 주권을 확장하는 경우, 사이버안보를 위한 규범에 합의하기 어렵게 한다(Lewis 2012, 56).

Ⅴ. 결　　론

사이버 공간은 이제 국제안보의 핵심 영역이 되었다. 사이버안보는 재래식 군사안보와 상당히 다른 특징을 안고 있다. 재래식 군사안보는 안보 수단을 국가가 독점하였지만, 사이버 공간에서는 국가와 비국가 행위자들이 사이버 무기를 보유하고 국가를 상대로 사이버 공격이나 사이버 첩보활동을 독자적으로 수행할 수 있다. 잠재적 공격자의 엄청난 확장과 무기의 저비용 획득은 사이버안보의 비대칭성을 만들어 낸다. 사이버안보의 비대칭성은 사이버 위협의 두 가지 다른 유형, 사이버 공격과 사이버 첩보활동에 의해 이중구조를 형성하고 있다. 사이버 공격은 재래식 군사력과 유사하게 물리적 피해와 파괴를 동반하는 위협인 반면에, 사이버 첩보활동은 비물리적 결과를 불러일으킨다. 사이버 역량이 높은 국가가 사이버 공격과 사이버 첩보활동에서 항상 우위를 점하기 어렵다. 예컨대, 미국은 사이버 공격의 측면에서 다른 국가를 압도할 수 있지만, 사이버 첩보활동에서는 비국가 행위자 혹은 약소국의 위협에 충분히 안전하지 않다.

사이버안보의 불안정성과 위협을 해소하기 위해서 국가 간 신뢰구축을 바탕으로 국제규범이 만들어진다면 국제안보의 혼란과 불필요한 국제분쟁을 방지할 수 있다. 사이버안보의 국제규범은 강대국을 중심으로 활발하게 논의되고 있다. 각 국가의 행위를 규제하려는 국제규범은 일반적으로 올바른 행위의 기준을 통해 상호 신뢰가 구축된다는 주장이 제시되지만, 사이버안보에서는 강대국들이 자국의 이익을 극대화하려는 전략적 판단으로 협력의 장애물을 극복하지 못하고 있다. 자국의 안보 이익을 극대화하려는 국가는 사이버 방어의 취약점을 방지하는 국제규범을 도출하고자 한다. 이런 점에서 미국은 사이버 첩보활동 혹은 해킹을 차단하는 사이버 범죄를 통제하는 국제규범을 강조하고 있다. 중국이나 러시아는 사이버 공간의 군사화를 방지하기 위해 사이버 공격력을 제어하는 국제 협력을 요구하고 있다.

사이버안보는 재래식 무기와 같은 방식으로 국제조약을 통해 사이버 무기 혹은 위협 요소를 억제하려는 시도가 성공할 것이라는 보장이 없다. 그것은 여전히 사이버 공간과 사이버 위협의 구체적인 이슈들에 관해 국가 간 합의점을 찾지 못하고 있기 때문이다. 이는 핵무기와 재래식 군사력을 바탕으로 발전한 안보전략을 사이버 공간에 적용했을 때 효과를 보증하기 어렵다는 것을 의미한다. 그럼에도 미국은 억지전략을 마련하려는 방향을 모색하고 있고, 국제규범을 통해 중국과 적대 국가들의 행위를 규제하려고 시도하고 있다. 중국은 전혀 다른 방식으로 사이버 공간을 최대한 활용하고 있다. 따라서 사이버안보의 국제규범은 적절한 행위에 대한 기대감이 아니라 전략적 선택이 균형점을 찾는 과정에서 촉진될 가능성이 높다.

참고 문헌

Blair, Dennis and Jon Huntsman Jr. 2013. "Protecting U.S. Intellectual Property Rights." *The Washington Post*. May 22.

Clarke, Richard A. and Robert Knake. 2009. *Cyber War*. HaperCollins.

Clarke, Richard A. 2013. "Securing Cyberspace Through International Norms." http://www.goodharbor.net/media/pdfs/SecuringCyberspace_web.pdf.

Clinton, Hillary. 2010/01/21. "Remarks on Internet Freedom." Washington DC.

Finnemore, Martha. 2003. *The Purpose of Intervention: Changing Beliefs about the Use of Force*. Cornell University Press.

―――――――――. 2011. "Cultivating International Cyber Norms." in Kristin M. Lord, et. al., eds. *America's Cyber Future. Center for a New American Security*. June.

Fitzsimmons, Scott. 2009. "A Rational-constructivist Explanation for the Evolution and Decline of the Norm against Mercenarism." *Journal of Military and Strategic Studies*. Vol. 11, No. 4 (Spring).

Gartzke, Erik. 2013. "The Myth of Cyberwar: Bringing War in Cyberspace Back Down to Earth." *International Security*. Vol. 38, No. 2 (Fall).

Geers, Kenneth. 2011. *Strategic Cyber Security*. NATO Cooperative Cyber Defence Centre of Excellence.

Hansen, Lene and Helen Nissenbaum. 2009. "Digital Disaster, Cyber Security, and the Copenhagen School." *International Studies Quarterly*. Vol. 53.

Kello, Lucas. 2013. "The Meaning of the Cyber Revolution: Perils to Theory and Statecraft." *International Security*. Vol. 38, No. 2 (Fall).

Lewis, James L. 2011. "Confidence-Building and International Agreement in Cybersecurity." https://citizenlab.org/cybernorms 2012/Lewis2011.pdf.

_______________. 2013. *Conflict and Negotiations in Cyberspace*. Center for Strategic and International Studies.

Libicki, Martin C. 2009. *Cyberdeterrence and Cyberwar*. RAND.

_______________. 2011. "The Strategic Uses of Ambiguity in Cyberspace." *Military and Strategic Affairs*. Vol. 3, No. 3 (December).

Liff, Adam P. 2012. "Cyberwar: A New Absolute Weapon?" *Journal of Strategic Studies*. Vol. 35, No. 3.

Lin, Herbert. 2012. "Escalation Dynamics and Conflict Termination in Cyberspace." *Strategic Studies Quarterly* (Fall).

Manjikian, Mary M. 2010. "From Global Village to Virtual Battlespace." *International Studies Quarterly*. Vol. 54.

Maurer, Tim. 2011. "The Case for Cyberwarfare." *Foreign Policy* (October).

Nakashima, Ellen. 2013. "Confidential Report Lists U.S. Weapons System Designs Compromised by Chinese Cyberspies." *The*

Washington Post (May 28).

Nye, Joseph S. Jr. 2011a. "Nuclear Lessons for Cyber Security?" *Strategic Studies Quarterly*. Vol. 5, No. 5 (Winter).

———————. 2011b. "Power and National Security in Cyberspace." in Kristin M. Lord, et. al. eds. *America's Cyber Future: Security and Prosperity in the Information Age*. Center for a New American Security (June).

Rid, Thomas. 2012. "Cyber War Will Not Take Place." *Journal of Strategic Studies*. Vol. 35, No. 1 (February).

Sanger, David E. 2012. *Confront and Conceal: Obama's Secret Wars and Surprising Use of American Power*. Crown.

Sanger, David E. and John Markoff. 2009. "Obama Outlines Coordinated Cyber-Security Plan." *The New York Times*. May 30.

Sofaer, Abraham D., David Clark and Whitfield Diffie. 2009. "Cyber Security and International Agreements." *Proceedings of a Workshop on Deterring Cyberattacks*.

Stevens, Tim. 2012. "A Cyberwar of Ideas? Deterrence and Norms in Cyberspace." *Contemporary Security Policy*. Vol. 33, No. 1.

"The Real Stake in 'Free Flow of Information'." *Global Times*. January 22, 2010.

Van Evera, Stephen. 1998. "Offense, Defense and the Causes of War." *International Security*. Vol. 22, No. 4 (Spring).

Walt, Stephen M. 2010. "Is the Cyber Threat Overblown?" *Foreign Policy*. March 30.

제 5 장

사이버안보와 국제규범의 발전: 정부전문가그룹(GGE)의 활동을 중심으로*

장노순 한라대학교 경찰행정학과 교수

Ⅰ. 문제제기

다양한 유형의 사이버 사건으로 국제사회는 사이버안보를 위한 협력이 절실히 필요한 시점에 있다. 이를 반영하듯, 최근 사이버공간에서 국가의 활동을 규제하고 통제하려는 국제규범의 구축이 상당한 진척을 이루고 가시적인 성과로 나타난다. 사이버공간은 정보 교류의 편의성만을 제공하는 상황을 이미 벗어났다. 범죄 혹은 국가안보의 심각한 위협으로 간주될 만큼 사이버공간은 불안정하고, 재래식 안보의 위협과는 다른 특징으로 강대국을 비롯한 국제 사회는 다자적인 대응의 필요성을 오래 전부터 인식하고 있다. 사이버공간에서는 국경선이 명확하지 않고, 정보 흐름을 차단하거나 통제하는 것이 다른 안보 이슈보다 훨씬 어렵다. 사이버안보의 위협을 개념 정의하기도 어렵고, 재래식 안보처럼 강대국의 절대적인 군사력 우위로 확보되는 것이 불가

* 이 글은 『정치정보연구』 제19권 1호(2016)에 게재된 것이다.

능하다(Kello 2013, 22-27). 특히 사이버안보의 특징은 기존의 군사적 안보 위협과는 위협의 범위, 위협의 수단, 기존 규범의 적용성 등에서 확연히 다르다.

국제사회는 사이버안보의 국제규범을 구축하여 국제안보질서의 불안정 요인과 위협 요소를 최소화하려고 노력해왔다. 하지만 이런 시도의 결실은 아직 초기 단계에 머무르고 있고, 향후 지속적인 발전의 긴 여정을 남겨놓고 있다. 사이버안보의 국제규범을 도입하려는 노력은 강대국들의 외교전략이 상호작용을 통해 조금씩 합의점을 만들어가고 있다. 대표적인 사례로 '정부전문가그룹'(Group of Governmental Experts, GGE)은 사이버안보를 다루기 위해 서로 입장이 상반된 강대국들이 대부분 참여하는 회담이다. 사이버안보에 관한 국제규범은 미국 및 서유럽 국가들의 입장과 중국 및 러시아를 비롯한 중앙아시아 국가들의 입장이 대립함으로써 그 필요성에 비해 전 지구적인 차원에서 발전이 느렸다(Prakash and Baruah 2014). 하지만 오바마 행정부가 출범한 이후, 미국의 정책적 변화는 사이버안보에 관한 정부전문가그룹의 논의가 평행선을 이어가다가 합의를 찾아가는 계기를 마련했다. 3차 정부전문가그룹 회의에서 사이버안보, 즉 군사 및 정치적 위협의 시각에서 국제규범을 찾자는 데 미국이 동의한 것이다(Maurer 2011, 6).

특히 2012~2013년 사이 1년 정도 3차 정부전문가그룹이 활동했던 시점에 미국과 이스라엘은 사이버 무기인 스턱스넷(Stuxnet)를 이용하여 이란의 핵 활동 시설을 비밀리에 공격했고, 이 악성코드가 의도와 달리 전 세계로 확산되어 피해를 불러일으켜 세상에 알려졌다. 이 사건은 국가가 중심이 되어 산업 활동에 널리 활용되는 중앙통제시스템(SCADA)을 공격했다는 점에서 심각한 안보전략적 의미를 갖는다. 인터넷 시스템을 교란하거나 혼란에 빠뜨리는 정도의 목적이 아니라 시설을 파괴하려는 사이버 공격의 목적이었다(Farewell and Rohozinski 2011). 미국의 사이버 전략은 공세적 활동의 선례를 만든 것이며, 여타의 경쟁 관계에 있는 러시아와 중국 혹은 다른 국가들이 이를 따를 가능성이 높아졌다. 이런 요인으로 정부전문가그룹을 주도하고 있는 러시아, 중국 그리고 미국은 국제규범을 구축해야 할 필요성을 더욱 절실히 느꼈을 수 있다.

본 연구는 사이버안보와 관련한 국제규범을 논의하고 있는 정부전문가그룹에서 주도적인 역할을 담당하는 강대국들의 외교 목표를 설명하고, 최근 합의한 보고서는 어떤 안보전략적 의미가 있는지를 분석하고자 한다.[1] 유엔 산하의 정부전문가그룹은 1차와 2차의 활동을 통해 국제규범의 필요성을 확산시켰고, 2015년 3차 다자간 협상이 마무리되어 유엔 총회에 제출된 보고서가 결의안으로 채택되었다. 정부전문가그룹은 사이버안보의 국제규범을 마련함에 있어 강대국들의 전략적 목표를 상호 절충하고 있으나, 본 연구는 향후 규범의 확장 단계로 나아가기 위해서 국가 간 협력과 공조를 가로막는 이슈들을 분석했다. 이를 위해 사이버안보 관련 국제규범화에 접근하는 두 시각을 정리하고, 이를 바탕으로 쟁점 사안들이 대립하는 강대국들에 어떤 안보전략적 의미를 갖는지 살펴보았다.

---

1) 국내 학계에서 사이버안보의 국제규범에 관한 연구는 아직 전혀 주목받지 못한 주제이다. 기존 연구 성과물은 다음과 같다. 장규현·임종인, "국제 사이버보안 협력 현황과 함의," 「정보통신방송정책」 제26권 5호(2014); 권헌영 외, "사이버공간에서 신뢰구축조치 적용가능성 연구," 「외교통상부 연구개발 결과보고서」(2012); 김소정, "사이버안보 국제협력과 국가전략," 「JPI 정책포럼」 2013-17(2013); 장노순, "사이버안보에서 갈등구조와 신뢰구축," 「정치정보연구」 제17권 2호(2014).

Ⅱ. 사이버안보와 국제사회의 규범화 시도

1. 사이버안보와 국제규범

규범이란 "특정한 정체성을 지닌 행위자들을 위한 적절한 행위의 기준"으로 정의된다(Finnemore and Sikkink 1998, 891). 국제안보규범은 국제안보질서의 안정성과 평화를 위협하거나 유해한 결과를 초래하는 행위를 통제하려는 기준이라 할 수 있다. 국제법에서 규범은 국가들이 반드시 준수해야 하는 의무를 부과한다. 따라서 국제안보 관련 규범은 국제안보질서의 안정성을 유지하기 위해 주요 행위자에게 요구되는 행위를 규정하고 있다. 물론 국제안보질서의 구조에서 국가는 핵심적인 행위자이지만, 비국가 행위자들도 중요한 역할을 할 수 있다. 사이버안보에서 비국가 행위자의 위상은 군사안보 영역에 비해 월등히 높고 국제규범의 집중적인 논의 대상이다.

국제규범의 구축은 규범의 시발점, 형태 그리고 주요 초점에 관한 이슈들의 해결이 요구된다. 어떤 국가가 규범을 만들 것이고, 규범이 적용되는 대상이 무엇이고, 규범이 어떻게 작동할 것이며, 규범이 어떻게 관리되는가, 집단적인 기대 이면에 이상적인 규칙성(ideational pattern)과 가치가 무엇인지 등에 관한 질문이 해결되어야 한다. 이런 논의가 효과적인 합의를 만들기 위해서는 안보 협력을 통해 얻게 되는 이득이 그렇지 못한 경우에 비해 높아야 한다. 규범으로 국가의 자율성이 제약받게 되고, 그에 따른 반대급부가 분명하게 확보돼야 한다. 그러나 안보 위협의 대상과 범위가 불분명하고 위협에 대한 인식이 국가마다 차이가 크다면, 국제사회가 국제규범이 통제하려는 위협 행위를 합의하기 어렵다.

국제규범은 순환을 통해 발전 혹은 쇠퇴의 변화를 경험한다. 흔히 규범의 생성과 발전은 규범 등장(norm emergence), 규범 확산(norm cascade), 그리고 규범의 내재화(norm internalization)의 단계로 구분된다(Finnemore and Sikkink 1998). 안보 협력이 필요하다는 환경은 국가들이 국제규범을 조성하려고 시도함으로써 국제규범의 등장 단계에 들어서게 하는 기본 조건이다. 하지만 기존의 강력한 규범도 더 이상 이득을 제공하기 어렵다면 소멸의 단계로 접어든다. 전 지구 차원에서 사이버안보의 국제규범은 이런 순환의 단계에서 보면 규제 성격의 규범이 형성되는 초기이다. 사이버안보의 국제규범이 구축되는 단계에서 핵심적인 요소는 규제의 대상과 범위를 설정하는 문제이다. 무력 공격에 관한 국제법은 이런 이슈들에 관해 오랜 기간 논의와 합의를 통해 비교적 분명하게 인식되어 수용됐다. 하지만 사이버안보의 위협은 재래식 군사 위협과는 다르다. 이런 이유로 인해, 사이버안보 관련 국제규범의 발전 과정도 다른 양태를 보인다.

조셉 나이는 사이버안보를 크게 네 가지로 구분했다. 사이버 정보활동, 사이버 범죄, 사이버 전쟁 그리고 사이버 테러이다(Nye 2011). 사이버안보의 규정에 가장 분명하게 부합하는 범주는 사이버 전쟁이다. 그러나 사이버 전쟁마저도 물리적 군사 충돌과 달리, 물리적 파괴력 인명 살상을 반드시 동반하는 것이 아니다. 사이버 전쟁은 클라우제비츠 식의 전쟁과 거리가 멀기 때문에 사이버 전쟁이 현실화된 사례가 없다고 주장되기도 한다(Rid 2012). 또한 다른 측면에서 사이버 정보활동은 국제법이나 규범으로 통제한 경우가 거의 없다. 경계가 모호하지만 미국은 이를 국제규범으로 규제하려는 국가 전략의 목표로 삼았다. 왜냐하면 안보의 개념 확장으로 인터넷과 정보통신기술은 군사력을 결정하는 중요한 요인이 되었고, 이것들에 대한 경제활동의 의존성은 안보차원에서 보호되어야 한다고 여긴다.

사이버 공격에 따른 구체적인 피해의 유무는 사이버안보의 유형을 구분하는 기준이 되기도 한다. 골드스미스(Goldsmith)는 사이버안보를 두 가지로 구분하여, 사이버 공격(cyber attacks)과 사이버 악용(cyber exploitation)으로 나누었다(Goldsmith 2011). 이런 구분은 사이버 공격의 범위를 비교적 넓게 규정하고 있지만, 사이버 정보활동을 별도의 위협으로 분리함으로써 사이버안보의 논의가 이견을 좁히는 데 효율적일 것이다. 그러나 사이버 공격의 유형을 더 구체적으로 구분한다면, 지금까지 ITU, CUC, SCO, GGE 등 다자적인 논의에서 강대국들은 개념이 불완전하지만 범죄와 테러에 공동으로 대응할 필요성을 분명하게 인식하고 있다. 하지만 사이버 전쟁은 상대적으로 국가 행위를 통제하는 수단이 충분치 않다. 전쟁의 위협은 세력의 균형과 연관되어 있고, 국가의 존립에 직접적으로 영향을 주기 때문에 훨씬 민감한 이슈이다. 사이버 전력이 우위에 있는 국가와 반대로 열세에 있는 국가는 이미 형성된 현상을 변경하려는 세력과 이를 고수하려는 세력으로 양분이 되는 것은 자연스럽다. 이점은 재래식 군비감축을 위한 협상에서도 동일하게 적용되는 것이다. 세력 우위에 있는 국가가 자국의 전력을 통제하는 규범을 수용하여 안보전략의 효과를 제한시키는 양보를 하지 않을 것이다. 그래서 사이버 전력의 세력분포가 균형을 이루는 국제 관계에서 군비통제 혹은 군비경쟁을 억제하려는 국제규범이 상대적으로 용이하게 형성될 수 있다. 사이버안보의 역량은 미국의 압도적 우위에 중국 정도가 추적하고 있는 상황이다.

2. 안보와 인터넷 개방성의 상호교환성

(1) 유럽위원회 사이버범죄협약

사이버공간의 안정과 유해한 행위를 차단할 필요성이 대두되었고, 여러 형태의 국제적인 논의가 있었다. 하지만 전 지구 차원의 합의는 유럽위원회 사이버범죄협약(Council of Europe Convention on Cybercrime)이 처음이었다. 인터넷과 컴퓨터 네트워크를 이용하여 이루어지는 여러 유형의 범죄를 다루기 위해 마련된 최초의 국제 조약이다. 유럽연합 내의 국가들 사이에서 논의가 시작 된 이후, 국제적으로 해킹 사건, 파괴적인 컴퓨터 바이러스의 확산, 사이버 사건에 대한 개별 국가의 처벌 미약 등은 유럽위원회의 활동을 자극했다. 또한 9·11 테러를 계기로 컴퓨터를 활용하여 정보 교환, 자금 모금, 테러리스트 모집, 선전 활동하는 방식은 주목받았고 기간시설과 금융기관에 대한 사이버 공격의 가능성이 진지하게 받아들여졌다(Archick 2002, 1). 유럽위원회에서 2001년 11월 합의안이 마련되었다. 유럽위원회 소속 29개국과 미국, 캐나다, 일본 그리고 남아프리카공화국이 합류하여 모두 33개국이 서명하였다. 그러나 초기에 서명국에 비하여 실제로 국내에서 인준을 받은 국가는 훨씬 적었다.

이 협약은 크게 3가지의 핵심적인 내용을 담고 있다. 우선, 4가지 유형의 컴퓨터 관련 범죄에 대해서 비준국들이 국내법으로 범죄를 규정하고 제재를 가하는 것이다. 4가지 유형의 범죄는 사기와 위조, 아동 포르노, 지적재산권 침해, 그리고 해킹과 불법 자료 절취 등의 보안 침해로 구분했다. 둘째는 어떤 범죄의 전자상 증거를 수집하고 컴퓨터 범죄를 탐지, 수사, 기소하는 국내 절차를 마련하는 것이다. 비준국은 인권 보호와 비례성의 원칙을 확보하기 위해 필요한 조건과 지침을 반드시 보장해야 한다. 셋째, 국제 협력을 위한 신속하고 효과적인 시스템을 구축한다. 이 협약은 사이버 범죄를 범죄인 인도에 해당하는 위법한 행동으로 간주하고 한 국가의 사법기관은 다른 국가의 컴퓨터 관련 범죄 증거를 수집하도록 허용해야 한다.

이 협약으로 사이버 범죄로부터 사회를 보호하려고 국제사회는 공동으로 범죄 정책을 마련하고자 했다. 따라서 이를 비준한 회원국들은 다양한 사이버 범죄를 금지하는 법률을 제정해야 하고, 다른 국가들과 공동으로 컴퓨터 관련 범죄를 조사하고 기소하는 데 협력하도록 규정했다. 하지만 이 협약은 사이버 범죄에만 국한시켜 국가 간 협력을 강제화 하고 있지 않다. '전자 형식'의 증거 수집이 필요한 유형의 범죄를 모두 포함하고 있다. 컴퓨터 혹은 컴퓨터 자료를 압수 수색하고, 감청하며, 수사하는 대상이 사이버 범죄 여부를 떠나 실시간으로 통신자료를 입수하여 보관하도록 의무로 규정했다. 이런 점에서 '사이버 범죄에 대한 협약'이라는 명칭은 잘못된 것이라는 주장이 가능하다 (Vatis 2010, 2).

인터넷은 지리적 국경선처럼 명확한 국가의 사법적 혹은 안보 관할을 확정하기 어렵다. 유럽위원회 참여국들은 따라서 유해한 인터넷 정보 유통뿐만 아니라 특정 정부의 과도한 인터넷 통제를 모두 문제로 받아들였다. 그러나 사이버 범죄를 통제하기 위한 국제협력은 국가의 주권과 안보를 확보하려는 개별 국가들의 요구 때문에 가입 국가의 수가 크게 확대되지 못했다. 컴퓨터 범죄에 관해 합의가 이루어졌지만, 이에 대한 범죄의 대상이 비교적 폭넓게 다루어졌을 뿐만 아니라 애매하여 국가마다 다른 해석을 내렸다. 사이버 범죄를 수사하고 처벌하는 과정에서 상대국의 요구에 반드시 협조해야 하는 규정은 사이버 국력이 우위에 있는 국가들이 자국의 주권이 심각하게 훼손될 것을 우려하는 요소였다. 이 같은 모호한 규정 때문에 서명한 여러 국가들은 비준을 유보하거나 조건부 동의하는 입장으로 선회했다. 미국은 사이버 범죄의 범위를 느슨하게 확대하거나 협약의 의무사항을 덜 강압적인 방식으로 약화시키는 조건을 제시했다. 협약에 서명이 시작되고 10년의 세월이 흘렀지만 비준까지 마친 국가는 29개국이고 서명만을 한 국가는 17개국이다.

결국, 유럽위원회 사이버범죄협약은 사이버 범죄를 통제하기 위한 국제사회의 협력을 충분히 이끌지 못했고 국제규범을 확장하는 데도 한계가 따랐다. 그 요인을 세 가지로 요약할 수 있다(Goldsmith 2011, 3). 우선, 유럽위원회의 협약은 주권과 국가안보에 대해 지나치게 약한 관심을 보여주었다. 정보통신기술과 인터넷 시스템은 강대국의 절대 우위 영역으로 이를 보호하려는 입장 역시 강대국에 치우쳐 있다. 또 다른 요소는 국제 협력을 강제하는 제도적 장치가 마련되지 않았다. 사이버 범죄를 수사하여 단죄하고자 하여 국가의 협조를 의무화하는 규정을 만들었다고는 하지만, 이를 준수하지 않았을 경우에 제재하는 방법이 명확하지 않다. 그리고 지적재산권 등의 사이버 범죄에 대한 범주를 과도하게 확대하고 애매한 규정으로 다수의 국가들이 국익의 손실을 우려했다.

(2) 상하이협력기구

2001년 중국, 러시아, 카자크스탄, 키르키스탄, 타지키스탄, 우즈베키스탄 등 6개국은 상하이협력기구(Shanghai Cooperation Organization)를 만들었다. 이들 국가는 상하이협력기구를 출범하기 이전에 상호 군사적 신뢰를 구축하기 위한 경험을 축척하고 있었다. 우즈베키스탄을 제외한 4개국은 중국과 국경선을 접하고 있고, 1996년 국경선 지역에서 군사활동에 관한 신뢰구축의 상하이 합의서에 서명하였고 이듬해에는 국경선 부근에 군사력 감축 합의서를 마련했다. 상하이협력기구가 출범한 이후 2004년 몽골, 2005년에는 이란, 인도, 파키스탄이 옵저버 국가 자격으로 참가한다. 이들 국가는 인종, 언어, 문화 등의 차이점에도 불구하고, 안보전략적 공동의 이익을 갖고 있다. 권위주의 정치체제하에 있던 5개국은 분리주의자 혹은 극단주의자들을 억압하고 외부의 간섭을 배격하는 데 전략적인 공동보조를 취했다.

상하이협력기구는 지속적으로 정책적 합의서를 만들어 냈다. 1972년 ABM 협정을 지지하는 군비통제 정책, 중앙아시아의 비핵화 선언, 내정 불간섭의 유엔 헌장 지지 다짐, ASEAN 등 다른 지역기구와의 소통 강화 등을 추진했다(McClellan 2013, 5-9). 이 기구는 미국과는 외교적으로 우호적인 관계를 형성하지 못했지만 테러와의 전쟁으로 엄청난 전쟁 비용을 해결하고자 했던 오바마 행정부가 사이버안보의 국제규범 문제를 논의하겠다는 태도의 전향으로 전 지구 차원의 본격적인 논의를 진행했다. 원래 상하이협력기구는 정보통신기술과 정보 위협에 대해 국가의 통제가 필요하다고 강조했고, 사이버 영역에서 국가안보의 중요성을 비중 있게 다루었다. 중국과 러시아는 정보 공간에서 서구 국가들의 절대적 우위를 국제안보의 주요 위협 요인으로 간주했다. 이 때문에 이 두 강대국은 미국과 서방 국가들이 제시한 사이버범죄에 대한 통제 시스템을 거부하고, 상하이협력기구를 독자적으로 발전시켜 왔다(Lewis 2010, 18).

국제정보안보의 협력에 관한 상하이협력기구의 회원국들 합의서는 2009년 모스코바에서 체결됐고 국제정보안보의 주요 위협 중에 사회, 정치, 경제 시스템 그리고 정신적, 도덕적, 문화적 영역에서 해로운 정보 배포가 포함되어 있다(SCO 2009). 또한 SCO는 이 협정에 서명한 국가들이 정보의 내용에 대해 주권적 통제의 관할권을 부여받는다고 규정하고, 정보의 자유로운 흐름은 국가 주권과 안보가 확보되고 나서 보장을 받아야 한다고 지적했다. 각 국가는 자국의 국내법에 따라 자국의 사이버공간을 관리함으로써 국외의 행위자가 인터넷을 이용할 경우에 해당 국가의 형사 사법에 따라야 한다. 상하이협력기구의 활동이 강화되고 있는 상황에서 오바마 행정부가 새로이 출범하여 사이버안보를 과거 정부에 비해 비중 있게 다루었다. 오바마 행정부는 사이버안보를 안보정책의 핵심으로 삼았고, 2011년 인터넷의 개방성이 지닌 정치적 이념을 미국의 전략적 이익과 가치에 결합시키는 내용을 담은 '사이버공간을 위한 국제전략'을 공식 선언했다(White House 2011).

오바마 행정부의 선언이 있고 불과 몇 개월 뒤에 중국, 러시아, 타지키스탄, 우즈베키스탄은 유엔 사무총장에게 "정보안보를 위한 국제행동강령(International Code of Conduct for Information Security)"을 제출하여 맞섰다. 중국과 러시아는 이 행동강령을 통해 사이버안보에 대한 규범과 통치의 방향을 제시했다. 이들 국가의 행동강령은 정치, 군사, 경제, 사회, 문화, 기술 혹은 여타 측면에서 정보와 네트워크 안보의 기본 원칙들을 담고 있다. 즉, 정보와 정보통신 기술은 국제 평화와 안보를 위협하거나 적대 행위를 하는 네트워크로 이용되어서는 안된다고 분명하게 밝혔다. 이들 국가의 안보전략 의도는 정보 자체를 무기로 활용하거나 특정한 국가가 사이버공간을 적대적으로 활용하지 못하게 하는 것이다(Prakash and Baruah 2014, 4). 또한 이 행동강령은 테러, 분리주의, 극단주의를 부추기거나 다른 국가의 정치, 경제, 사회 안정성을 저해하는 정보의 배포를 규제하기 위해 인터넷을 관리하는 국제적인 틀을 갖추고자 했다. 이런 시각은 미국과 서방 국가들의 입장과 너무도 달라서 폭넓은 국제적인 지지를 받지 못했지만 하나의 세력으로는 인정받았다. 미국은 사이버공간에서 활동하는 다양한 주요 행위자들의 목소리가 반영되어야 하는 '다자당사자주의(multistakeholderism)'를 주장했지만, 중국과 러시아는 국가가 인터넷을 통제하고 규제하는 '다자주의 방식(multilateralism)'을 선호했다(Prakash and Baruah 2014, 5).

Ⅲ. 정부전문가그룹의 활동과 사이버안보의 규범화

1. 1차와 2차 정부전문가그룹의 활동과 의미

2003년 러시아는 유엔 사무총장에게 "정보안보에 관한 정부전문가그룹(GGE)의 설치"를 제안했다. 러시아는 정부전문가그룹을 통해 국제적이고 다자적인 논의를 질적으로 새로운 장에서 실시하는 것이라고 주장했다. 1차 정부전문가그룹은 2004년 15개 유엔회원국이 참여하여 출범했지만, 의견 불일치로 어떤 합의점도 도달하지 못했다.[2] 논의의 진전을 가로막은 쟁점은 크게 두 가지이다(Prakash and Baruah 2014, 2). 이들 참여국 사이의 핵심 쟁점은 국가안보와 군사활동에 정보통신기술의 발전이 미치는 영향에 관한 것이다. 다시 말해서, 정부전문가그룹의 참여국들은 정보통신기술이 군사 및 국가안보 목적을 위해 국가가 이용하여 제기되는 위협을 논의에 포함시킬 것인가를 둘러싸고 대립했다. 정보통신기술과 사이버공간이 군사 목적을 달성하기 위해

2) 한국은 1차와 2차 정부전문가그룹에 회원국으로 참여했지만, 3차 그룹에는 참여하지 않았다. 정부전문가그룹 설치와 논의를 촉구하는 결의안에도 2008년과 2011년에만 지지하는 후원국으로 참여하였다.

추구되고 있다면, 이런 상황을 통제하고 억제하려는 시도는 강력한 사이버 군사력을 갖춘 국가에게 불리하게 작용한다. 또한 재래식 군사력과 달리, 미국에게 불리한 점은 공격적 사이버 전략과 수단을 적극적으로 강화하기 어렵고, 잠재적인 적대 세력의 위협을 예방하려는 억지전략의 효과는 제한적이다. 반면에 후발 국가는 강대국의 활동을 다자간 합의로 감시할 수 있다면 자국의 세력 열세를 보완하는 전략적인 이점을 갖게 된다.

참여국들 간의 또 다른 쟁점 사안은 규제 대상으로 정보 자체에 초점을 맞출 것인지, 아니면 정보를 처리하는 기간시설에 대해 집중 논의할 것인가이다. 이것 역시 국가의 안보전략적 목적이 내재해 있는 민감한 이슈이다. 정보의 자유로운 흐름을 보장하는 것은 표현의 자유처럼 인간의 보편적인 권리에 해당하기 때문에 국가가 통제해서는 안 된다는 논리가 바탕에 깔려 있다. 이는 미국과 서방 국가들의 입장이다. 하지만 중국과 러시아 등 반대 시각에서는 국경선을 넘나드는 정보의 유통은 국가안보의 문제라고 본다. 외국에서 유입된 정보는 한 국가의 정치 및 사회를 불안정하게 만들 수 있다. 정치적 목적으로 정보를 유포하는 안보외교 전략은 상대국의 안보와 직결된 문제가 된다. 특정 국가 내에서 자국의 정책과 정치 체제에 반대하는 정보가 확산된다면 정권의 정통성이 취약해지고 나아가서는 정치체제의 붕괴로 이어질 수 있다. 따라서 국가안보의 전략적 이유 때문에 사이버공간에서 인터넷을 통제하여 정보의 유통을 통제해야 한다는 국가들이 있다. 권위주의 정치체제의 성격이 강한 상하이협력기구 회원국들은 정보를 사이버 무기로 간주하여 통제하려는 강력한 태도를 보인다. 미국과 서방 국가들은 이런 정보의 통제를 반대했다.

1차 정부전문가그룹의 보고서 채택이 실패했지만, 러시아는 이에 중단하지 않고 계속해서 정보 안보에 대해 논의를 이끌어갔다.[3] 2005년 1차 정부전문가그룹은 2차 결의안을 유엔 총회에 제출했고, 163대 1로 통과되었다. 유일한 반대 국가는 미국이었고, 미국의 반대 입장은 2009년까지 지속됐다. 이 시기까지 30개 국가가 미국의 입장을 지지했다(Tikk-Ringas 2012, 7). 상하이협력기구 회원국 그리고 미얀마, 아르메니아, 벨라루스가 러시아와 공동 제안국으로 유엔 총회 사무총장에게 '정보 안보에 현존하는 혹은 잠재적인 위협을 계속 연구하기 위해' 2차 정부전문가그룹 설치를 요구했다. 한 가지 중요한 환경 변화는 2005년 1차 정부전문가그룹이 합의에 실패하고 난 이후 2009년 2차 정부전문가그룹이 출범하는 사이에 국제적으로 획기적인 사건들이 일어난 점이다. 2007년 에스토니아(Estonia)가 외부의 사이버 공격으로 정부 및 금융기관 등 주요 기관의 인터넷이 완전 마비됐다. 그리고 이듬해 러시아는 인접한 조지아(Georgia)에 군대를 진입시키기 직전 마치 사전 작전처럼 사이버 공격을 가했다. 군사 작전을 지원하는 전략적 목적으로 사이버 공격이 활용될 수 있다는 선례가 만들어졌다. 러시아 정부는 두 사건 모두에 대해 정부 개입을 부인했다. 에스토니아와 조지아에 대한 사이버 공격은 정보통신기술이 군사활동의 지휘통제를 지원하는 범위를 넘어서 비물리적 방식으로 상대 국가의 사회시스템을 마비시킬 수 있다는 본보기가 됐다.

2차 정부전문가그룹은 2009년 출범하여 2010년까지 활동했다. 정보안보에 대해 상반된 입장으로 참여국들이 분열했지만, 미국의 반대가 없었고 총회에서의 투표 없이 결의안이 채택됐다. 미국의 정책 변화는

3) 러시아와 중국은 '정보 안보(information security)'라는 용어를 선호했고, 미국과 서방국가들은 '사이버안보(cyber security)'를 사용함. 정보를 강조하는 이면에는 정보 자체의 중요성과 안보 위협의 심각성을 부각하려는 의도가 있다. 반면에 사이버를 강조하는 시각은 사이버공간에서의 불법 행위를 제어하고 보편적인 이용을 확대하려는 목적이 있다.

오바마 행정부의 출범으로 나타났고, 이전 행정부에 비해 사이버공간에 대한 국제규범을 구축하려는 노력에 적극적이었다(Tikk-Ringas 2012, 8). 2차 정부전문가그룹의 보고서는 4가지의 핵심 내용을 권고안으로 담고 있다.4) 우선, 국가기간시설의 위험을 줄이고 보호하기 위해 정보통신기술의 국가 차원 활용에 관한 규범 구축, 둘째, 분쟁 상황에서 정보통신기술을 포함하여 신뢰구축과 위험감축 대책, 셋째, 국가 입법, 국가 정보통신 안보전략, 정책 그리고 기술에 대한 정보 교환, 넷째, 저개발국의 역량 구축, 정보 안보의 공유 개념 확보와 개념 규정의 정교화 등을 논의하기로 했다. 미국은 사이버공간의 국제규범에 대한 정부전문가그룹의 논의를 수용하는 입장으로 선회하여 2차 정부전문가그룹의 보고서가 1차에 비해 순조롭게 마무리될 수 있었다. 비록 구체적이고 실천 가능한 합의안이 아니었지만 주요 강대국들이 유엔의 결의안을 합의로 지지했다는 데 의의가 크다.

2. 3차 정부전문가그룹의 보고서5)

3차 정부전문가그룹은 2012년 8월 시작하여 2013년 6월까지 세 번

4) UN General Assembly. Report of the Group of Governmental Experts on Developments in the Field of Information and Telecommunications in the Context of International Security. (A/68/98) (24 June 2013), (http://www.un.org/ga/search/view_doc.asp?symbol=A/68/98). United States Submission to the UN Group of Governmental Experts on Developments in the Field of Information and Telecommunications in the Context of International Security (2012-2013) (http://www.un.org/disarmament/HomePage/factsheet/iob/Information_Security_Fact_Sheet.pdf)을 참조.

5) Report of the Group of Governmental Experts on Developments in the Field of Information and Telecommunications in the Context of International Security, submitted to the UN General Assembly 70th Session, 22 July, 2015 (http://www.un.org/ga/search/ view_doc.asp?symbol=A/70/174). 이외에 각국 정부의 입장은 협상 과정에서 배포된 자료들에 기초했다. 하지만 최종 보고서는 각국 정부의 구체적인 내용이 배제된 합의 내용만을 포함하였다.

의 회의를 통해 보고서 합의를 이루었다. 이번 논의에서는 핵심적인 쟁점의 일부가 타협점을 찾음으로써 괄목할만한 진전이 있었다. 3차 정부전문가그룹이 도출한 권고안의 전략적 의미는 두 가지이다(Kerttunen and Kiisel 2015, 9-10). 하나는 사이버공간에 기존의 국제법을 적용할 수 있다고 한 점이다. 무력 분쟁과 갈등을 통제하기 위한 국제법은 국제 평화를 증진시키고 안보질서의 안정성을 저해하는 위험을 줄이려는 데 국제사회가 동의한 결과이고, 이런 영역되는 있는 많은 국제규범적 요소를 제시하고 있다. 또 다른 하나는 실행 가능한 투명성과 신뢰구축 방안에 합의했다는 것이다. 여기에서는 3차 정부전문가그룹의 보고서가 국제규범을 구축하는 데 강대국들의 외교 전략이 갖는 의미를 비교하며 합의된 내용을 세 가지 측면에서 분석했다.

(1) 사이버공간의 주권 인정과 의미

사이버공간은 기본적으로 국가 주권이 인정된다는 전제를 적극적으로 인정하고 있다. 사이버공간에서 유해한 행위는 다른 국가의 주권, 영토 불가침, 정치적 독립을 침해하는 것으로 간주될 수 있음을 미국, 러시아, 중국이 모두 수용한 내용이다. 자국의 사이버공간에 관한 국가의 정책은 개별 국가의 독자성을 인정받고, 영토상 사법권과 마찬가지로 국가 통제가 보장된다. 이는 영토적인 위치, 정보통신시설 혹은 국가기간시설에 대해 주권적 권한이 부여됨을 분명히 하고 있다(Kerttunen and Kiisel 2015, 9-10). 예컨대, 유엔총회 결의안에서 이미 확인되었듯이, 사이버 공격이 국가기간시설을 표적으로 삼지 못하게 했고, 국가기시설의 범위는 각국의 입장에 따라 확정된다고 지적했다. 사이버공간이 영토와 동일하게 주권의 영역으로 인정받는다면, 그것은 기존의 국제법이 적용될 수 있는 최소한의 근거가 마련되었다는 의미이다. 사이버공간의 주권 인정은 외부의 공격을 적극적으로 사전에 예방하거나 방지하는 조치를 취하고 외부의 간섭을 배제하는 정당성이 부여된 것이다.[6]

미국의 입장은 국가주권의 기본 원칙을 인정하지만, 사이버공간에서 국가의 책임을 강조한다. 미국은 국가주권의 제약 요소가 되는 인권 혹은 인도주의적 국제 규칙이나 협정에 각 국가가 준수해야 한다는 입장이다. 하지만 중국은 인터넷 활용과 정책에서 주권을 강조하고 외부의 내정 간섭을 차단하려는 의지가 강하다. 강대국들의 입장에서 사이버공간의 주권은 각국이 자국의 사이버공간 활용과 정책의 독립성을 강조하려는 목적이 있지만, 외부의 사이버 공격에 대한 대응의 정당성을 부여하려는 의도도 분명한 듯하다. 주권 침해 혹은 영토 불가침 위반과 같은 성격의 사건이 사이버공간에서 발생하고 있고 이를 방어할 필요성이 있지만, 러시아와 중국은 미국이 주권, 즉 국가안보의 보호를 내세워 다른 국가의 책임을 지나치게 확대 강조하지 않을까 우려했다. 유엔 보고서는 미국의 입장이 적절하게 반영되어 사이버 공격의 수단, 국가의 의무, 자위권의 정당성을 다루는 조항을 포함하고 있다.

(2) 사이버 공격에 대한 자위권 차원의 무력 사용

사이버 공격이 무력 공격과 유사한 수준의 위협으로 간주된다면, 정당성을 인정받을 수 있는 대응 수준과 범위가 문제이다. 사이버 위협에 물리적 대응은 강대국과 국제사회가 가장 첨예하게 대립하는 이슈이다(Kilovaty 2014). 이와 관련, 세 가지가 쟁점 사안이다. 첫째, 무력 공격으로 인정되는 사이버 공격에 대해 자위권을 허용할 것인지

---

6) 국제정치 현실주의에서 주권은 국가의 생존(survival)의 필요조건으로 간주되기 때문에, 주권을 인정했다면 생존을 위한 어떤 조치도 정당화될 수 있다(Donnelly 2000, 54-55).

여부 이다. 사이버공간에서 자위권 행사의 정당성이 인정받는 조건이 있지만 여전히 해결되어야 하는 과제가 많다. 미국과 러시아 및 중국의 입장은 무력 대응의 정당성을 인정하지만 허용 범위와 조건에서 현격하게 다르다. 미국과 러시아는 기본적으로 사이버 공격이 유엔이 규정하는 물리력 이용 혹은 무력공격의 범주에 포함될 수 있음을 명확하게 하고 있다. 사이버 공격이 무력공격으로 인정되는 기준은 사이버 공격의 결과가 인명 살상, 시설 파괴와 같은 물리적 공격과 유사한 경우이다. 그러나 러시아는 사이버 공격이 무력공격으로 여겨지는 조건을 제한하여 군대가 사이버 무기로 다른 국가의 매우 중요한 시설을 겨냥하여 사용한 경우로 한정했다. 이는 미국 사이버사령부가 최근 일련에 보여주고 있는 공세적인 사이버안보전략을 겨냥하고 있는 것으로 보인다(US PPD-20, 2012).

유엔 정부전문가그룹 보고서 역시 이런 '결과중심의 접근방식'을 수용함으로써 미국과 러시아 간 합의점을 도출할 수 있었던 것으로 판단된다.[7] 러시아가 강력하게 주장하고 있고 여타 강대국들도 유엔 헌장을 준용하는 데 거부할 명분이 없는 상황에서 유엔 헌장(2조 4항과 51조)을 수용했다는 의미이다. 하지만 미국은 유엔을 통해 사이버 공격의 자위권을 해결하려는 의지를 보여주고 있지는 않다. 러시아는 무력공격에 해당하는 사이버 공격의 사례로 이란의 핵시설에 대한 Stuxnet 공격을 제시했다. 미국이 무력공격 수준의 사이버 공격을 이란 핵시설에 가했다는 인식을 보여줌으로써 사이버공간을 군사화하고 있는 책임이 미국에 있음을 부각하고자 하는 의도가 엿보인다. 어쩌면

7) 사이버 공격의 심각성을 안보 위협의 기준으로 평가하는 모델은 어떤 경우의 사이버 공격도 무력 공격의 범주에 들지 않는다는 입장과 모두가 무력 공격의 유형에 속한다는 입장으로 구분 된다. 미국은 절충적이지만 후자 쪽으로 치우치고, 러시아와 중국의 입장은 전자에 가까운 것으로 비교될 수 있다.

미국이 강력하게 내세우고 있는 사이버 공격의 자위권 행사에 부정적인 의미를 전달하려는 것일 수도 있다. 하지만 사이버 공격에 대응 권한과 수단은 상당히 폭넓게 확대하려는 것이 미국의 입장이다(Koh 2012).

둘째, 사이버 공격에 대해 군사 수단의 교전권에 관한 것이다. 군사 대응이 허용된다면, 허용의 기준이나 범위에서 교전권의 한계를 결정해야 한다. 자위권 혹은 보복 공격의 수단에 관한 미국의 태도는 과거에 비해 크게 확장됐다 미국은 사이버 공격에 대한 대응으로 사이버 수단뿐만 아니라 물리적 수단을 포함시켜야 한다고 주장했다(McConnell 2010). 그러나 물리력 사용의 대응은 두 가지 요건을 충족시켜야 할 것 같다. 한 가지 조건은 자위권 차원의 물리력 사용이 필요성과 비례성의 원칙에 따라 반드시 제한받아야 한다는 점이다. 이는 기존의 안보관련 국제법이 강조하는 내용이기도 하다. 또 다른 조건은 사이버 공격의 주체와 책임 소재에 따라 무력 대응의 가능성에 관한 것이다. 러시아는 테러리스트, 극단주의자, 이기적 동기의 행위자가 자행한 사이버 공격을 무력공격의 근거로 삼을 수 없다고 주장한다. 이런 문제가 해소되기 이전에는 사이버 공격이 발원하는 국가를 대상으로 보복적 군사행동을 실행할 근거가 불명확하다. 이 문제를 해결하기 위한 법률적 방식은 유엔이 관련된 국제법을 제정하는 것이지만, 현재 그런 법은 존재하지 않는다. 따라서 유엔 안보리는 사이버 공격을 평화의 위협이나 침공으로 판단하고, 유엔 헌장에 명기된 구체적인 조치를 밟도록 요구할 수 있다. 물론 특정한 사이버 공격이 무력공격으로 유엔 안보리가 규정한다면, 피해를 입은 국가는 자위권의 합법적 권한을 부여받게 될 것이다.

셋째, 상대방의 사이버 공격에 대해 자위권이나 방어 목적에서 상대방의 국가기간시설을 사이버 무기로 공격하는 것이 허용되는가 하는 문제이다. 사이버 공격에 대한 교전 방식(jus in bello)은 비례성의 원칙과 차별성의 원칙에 따라야 한다는 점에 대해 미국과 러시아의 입장이 일치하고 있는 듯하다. 자위권 차원이나 사이버 공격의 대상으로 민간이 운영하는 정보통신시설이 포함될 수 있는가 하는 문제는 국제규범상 예민한 문제이다. 유엔 보고서에서는 민간이 운용하는 국가기간시설에 대한 사이버 공격은 심각한 위협이라고 강조했고 이를 보호하려는 국제사회의 노력을 주문하고 있을 뿐, 교전의 수칙으로 공격대상이 될 수 있는지 여부에 대해서는 아직 구체적인 합의나 논의 진전이 있지는 않는 것처럼 보인다. 일반적으로 민간 기간시설에 대한 공격의 정당성이 사이버 공격의 규모와 공격 결과의 심각성으로 판단될 여지가 크다. 따라서 금융시스템, 사람에 의한 재해(인재), 공포감 조성은 대규모 민간인 사상자가 발생할 수 있는 사이버 공격은 인도주의 관련 국제법과 비례성의 원칙에 의해 금지되어야 한다는 원칙적 합의가 있다. 러시아의 입장이 민간 시설에 대한 사이버 공격을 제한하려고 한다면, 미국은 원론적으로 기간시설 공격에 부정적이지만 상대방의 잠재적 공격을 억지할 수 있는 수단과 방법이 없는 상황에서는 배제될 수 없는 공격의 목표물이다(Clarke and Knake 2010, 245-246). 이 문제는 향후 사이버 공격의 반격 혹은 선제공격의 자위권을 허용하는 범위, 수단, 정당성 입증, 그리고 그에 따른 국제안보질서와 각국의 안보전략에 막대한 영향을 미칠 것으로 보인다.

(3) 비국가 행위자의 사이버 위협에 대한 국가의 책임 소재

사이버공간의 국제규범을 구축하는데 기존의 안보 이슈와 확연히 다른 특징은 비국가 행위자 혹은 대리행위자(proxies)의 사이버 공격에 어떻게 대응할 것인가이다(Schmitt and Vihul 2014). 이들 행위자에 의한 사이버 악용은 미국이 심각하게 우려하는 위협이고, 러시아는 비국가 행위자의 유해한 사이버공간 이용을 원칙적으로 반대하지만 미국에 비해 국가 책임의 범위를 좀 더 제한된 상황에 국한하고자 한다. 중국은 사이버테러를 심각한 국가안보 위협으로 간주하고 있다. 유엔 보고서는 사이버 공격이 특정 국가의 영토에서 시작되거나 해당 국가의 정보통신기간시설을 이용하였을 경우에 그 국가가 책임을 져야 한다고 지적했다. 다만 다른 국가의 인명과 시설에 피해를 입혀 해당 국가의 권리와 주권에 심각한 영향을 미친 경우로 한정했다. 지금까지 미국과 러시아는 비국가 행위자의 사이버 공격에 대한 국가 책임을 이번 합의된 내용에 비해 훨씬 신중하게 접근해왔다. 국가 차원의 지시, 통제, 지도가 있을 경우에만 직접적으로 국가의 책임을 제기하는 정도이다. 즉, 해당 국가의 지리적 공간에서 비롯되거나 정보통신시설이 이용되었다고 해서, 사이버 공격의 책임을 해당 국가에 묻기에 장애 요소가 많다고 보았다.

유엔 보고서는 각국이 사이버공간이 악용되지 않도록 관리하고, 자국의 정보통신시설이 이용되었다면 사이버 공격의 피해국에 협조할 의무가 있다고 명시했다. 비국가 행위자의 사이버 공격 행위는 특정한 상황에서만 국가 책임이 발생하지만, 미국의 전략적 역점은 이런 유해한 활동을 방지하고 공격자의 신원을 파악하는 것이 국가의 의무라고 본다. 이를 반영하여 유엔 보고서는 사이버공간이 악용되지 않도록 하기 위해 세 가지의 국가 의무를 규정했다. 첫째, 다른 국가의 권리에 반하는 행위가 자국의 영토를 알면서도 이용하는 것을 허용하지 않아야 할 의무이다. 둘째, 사이버공간에서 어떤 침해 행위도 최소화하고 예방하기 위한 적절한 대책을 강구해야 할 국제적 의무이다. 셋째, 자국 영토에서 명백하게 비롯된 정보통신기술의 악용으로 피해를 입은 해당 국가의 요구에 부응해야 할 의무이다. '책임 계통(chain of responsibility)'을 명확하게 적시함으로써 설령 특정 국가가 사이버 공격과 무관하더라도 그 공격자를 찾기 위한 조사 요구에 협조해야 하는 의무가 부과된다. 이런 조사의 책임을 분명히 규정함으로써 사이버 공격을 사전에 예방하지 못했다고 하더라도, 사후에 이를 밝히는 과정에서 자국의 시설이 이용된 국가는 협조할 의무를 갖게 하여 진상 규명의 실효성을 담보하려는 것이다. 나아가서 장기적으로 전략적인 억지효과도 기대할 수 있다.

이런 의무 사항은 사이버 공격의 배후를 명백하게 밝히거나 확인하는 방법이 부족한 현재의 여건에서 국제안보환경과 양자 관계에 의해 영향을 받을 것으로 판단된다. 갈등관계에 있는 국가 사이에서는 설령 사이버 공격의 주체가 아니더라도 이를 빌미로 외교적 마찰과 긴장을 조성할 수 있는 이슈가 될 수 있다. 또 다른 함의는 적절한 대책을 강구해야 하는 의무는 국제 레짐이나 협약을 통해 각 국가의 국내 정책을 유도할 수 있는 근거가 된다. 실제로 2015년 유엔 보고서에서 폭넓게 다루고 있는 신뢰구축방안들은 의무 조항의 가능성을 구체화하고 있는 것이다. 강제성을 지닌 협약으로 발전할 가능성이 충분하다.

Ⅳ. 사이버안보의 국제규범 구축을 위한 외교전략적 이슈들

1. 정부전문가그룹의 시각 차이와 규범 적용의 범위

사이버안보의 국제규범 구축과 관련해서 정부전문가그룹 내에는 크게 두 가지의 다른 시각이 존재함을 3차 정부전문가그룹의 보고서에서 확인됐다. 정보 자체와 사이버공간의 군사화를 우려하는 시각이 있고, 다른 시각은 사이버공간의 범죄와 인터넷의 자유를 옹호하는 입장이다. 이 두 시각은 안보전략의 핵심적인 기준에서 달라진다.

우선, 국제규범의 중심 이슈를 사이버 공격(cyber attacks)과 사이버 악용(cyber exploitation)으로 구분하여 협상하는 외교전략이다. 사이버 공격은 사이버 전쟁, 사이버 테러, 사이버 범죄 등으로 구별되지만 기본 특징은 구체적이고 실질적인 피해가 발생한다는 점이다. 반면에 사이버 악용은 사이버 정보활동과 같이 당장에 가시적인 피해가 드러나지 않는다. 군사 위협은 살상의 심각성과 파괴력이 비교적 분명하게 드러나기 때문에, 무력 공격에 관한 국제규범은 다양한 이슈로 제도화의 발전이 이루어졌고 국제사회에 내재화된 단계이다. 그러나 사이버 안보의 위협은 공격 행위자의 정체, 파괴력의 미흡, 개념의 합의 부족, 위협의 실체 등에서 군사 위협과 전혀 다른 성격이다. 미국, 중국 그리고 러시아가 사이버공간의 군사화를 방지하려는 목적은 사이버 정보활동을 통제하려는 의도와 동일하지 않다. 사이버 공격과 사이버 악용은 전력의 비대칭 관계를 형성한다(Lindsay 2014/15, 19-29; Clarke and Knake 2010, 228-237). 그러나 사이버 위협의 비대칭이 서로 다르다.

사이버 공격은 사이버 전력 우위의 국가가 상대적으로 유리하고, 현재 미국이 가장 앞선 전력과 전략을 갖추고 있다. 이와 달리, 사이버 악용은 열세 국가나 비국가 행위자도 강대국을 대상으로 위협적인 활동이 가능하다. 비대칭 전력의 전형적인 수단이 된다. 그런데 국가간 정보활동은 역사적으로 국제안보 영역에서 국제규범으로 규제하려는 시도가 거의 없었다. 사이버 정보활동을 통제하려는 시각과 요구가 수용될 수 있을지는 불확실한 이유이다. 사이버 악용은 당장 실질적인 피해가 가시화가 되지 않는다는 점에서 다른 전략적 위협을 야기한다. 장기적으로 군사 전략이나 경제활동의 기밀 등을 입수하는 국가의 사이버 정보활동은 열세 상황을 만회하는 데 기여할 것이다. 정보의 내용을 일정 수준에서 통제하자는 주장은 사이버안보를 논의하는 대부분의 제안에 포함되어 있다(Sofaer 2010, 194). 유럽위원회 사이버범죄협약에서는 지적재산권, 증오 표현, 아동 포르노를 규제하자고 제안했다. 상하이협력기구는 정치 체제의 안정성을 저해하는 모든 내용을 국가가 통제해야 한다고 주장했다.

정부전문가그룹 내의 국제규범에 관한 논의는 인터넷 협치(governance)의 중심 행위자를 설정하는 문제를 두고 갈렸다. 이는 국제규범의 준수와 보호 받아야 할 가치와 연관되어 안보전략적으로 중요한 의미를 갖는다. 다자주의(multilateralism)는 국가만이 중심이 되어 국제규범 구축과 준수를 결정하자는 입장이고, 다자당사자주의(multistakeholderism)는 국가와 시민 사회 혹은 민간기업의 이익과 가치도 공동으로 사이버안보의 통치에 고려되어야 한다는 주장이다(Maurer 2011, 25). 다자주의 시각은 국제정치 현실주의를 바탕으로 두고 국가 중심의 접근방식으로 사이버안보 문제를 다루어야 한다는 것이다. 국가안보의 가치가 최우선의 고려 요소인 상황에서 사회와 민간 영역의 자유와 권리는 충분히 인정받기 어렵다. 국가가 사이버공간에서 허용 가능한 활동이나 정보 내용을 일방적인 기준으로 결정한다면 보편적인 가치보다는 국가의 특수성이 강조될 여지가 그 만큼 높아진다. 다자당사자주의는 사이버공간에서 활동하는 주요 행위자들의 가치가 보호받아야 한다는 점에서 인간의 보편성에 비중을 둔다. 이런 시각은 국제정치 자유주의의 기본 전제를 공유하는 것으로 협력적 규범을 조성하여 국가와 여타의 행위자가 모두 이익을 높일 수 있다고 본다. 기업의 자유로운 경제활동이나 사회에서 표현의 자유와 자유로운 정보 공유는 사이버공간에 국한되는 것이 아니라 다른 영역에서 이미 보편적인 가치로 인정받고 있고, 국제규범으로 널리 받아들여지고 있다.

하지만 이런 두 시각은 사이버안보의 국제규범을 형성하는 기본 바탕에 자국의 전략적 이익을 반영하고 있다(Lindsay 2014/15, 37-39). 자국의 정치 체제와 이념을 비판하는 정보의 유통은 해당 국가에게 정보를 사이버 무기로 간주하는 근거가 된다. 사이버공간에서 정치적 목적을 달성하기 위해 활동하는 핵티비즘이 가장 활발한 국가는 미국이다. 그리고 정보 악용의 원천 국가로 가장 빈번하게 지목되는 국가 역시 미국이고, 그 다음을 중국이 뒤따른다. 사이버 악용은 실질적인 피해를 주지 않는 상태에서 특정 국가 혹은 정권에 심각한 부담으로 작용한다.

2. 정부전문가그룹의 합의와 안보전략적 이익의 배분

정부전문가그룹 내에서 대립하는 두 시각은 이미 보았듯이 국제규범을 발전시켜 나아가는 데 안보전략적 대척점을 보여준다. 이 전략적 이슈는 강대국의 사이버안보를 확보해 주는 동시에 장기적으로 상대 국가와 안보 경쟁에서도 우위를 확보하는 문제이다. 즉 국제규범을 준수함으로써 얻게 되는 이득의 배분은 규범의 발전과 확대를 결정하는 중요한 요소이다. 사이버안보에 관한 국제규범을 수용함으로써 자국과 상대 국가 모두가 특정한 행위를 금지해야 한다. 이런 금지된 행동으로 국제안보질서의 안정성이 확보된다면 강대국들은 상호 이익을 균등하게 배분하는 문제가 안보전략적 이슈이다. 국제정치에서 상대적 이익(relative gains)은 국제 협력을 가로막는 장애 요인이다(Grieco 1988). 국가는 이익을 극대화하려고 하지만, 그것만으로 전략 선택의 충분한 조건이 만족되는 것은 아니다. 국가의 안보는 경쟁 관계에 있는 상대국가가 제기할 수 있는 잠재적인 위협이나 장래의 위험을 고려하여 평가된다. 사이버 전쟁을 대비하거나 현실화될 가능성을 완전 차단하자는 주장은 지속적으로 제기되지만, 사이버공간의 군사활동을 규제하려는 규범에 대해 미국, 러시아, 중국의 전략적 이해가 다르다.

러시아는 사이버공간에서 모든 유형의 사이버 전쟁을 금지하자고 제안했지만 중국은 반대했다. 중국은 미국과의 군사력 열세를 극복할 수 있는 방법으로 사이버 전력을 중요하게 평가한다. 대조적으로 미국은 자국이 절대 우위에 있는 사이버안보전략을 강화하는 데 주력하고 있다(Sofaer 2010, 191-192). 미국의 오바마 행정부는 사이버 사령부를 창설하였고 계속해서 사이버 전력을 강화시키고 있으며, 사이버 공격력을 확장하겠다는 의지를 공개적으로 드러낸다. 미국의 우위를 제어한다면 러시아의 입장에서는 추가적인 군비 경쟁에 들어가지 않아도 되고, 선두에 있는 미국의 사이버 전력 강화를 둔화시킬 수 있다. 중국은 재래식 군비에서 미국의 수준에 아직은 크게 미치지 못하고 있다. 중국은 미국과 세력 균형을 이루고 싶어 하더라도 미국의 국방비와 비교해도 크게 모자라고, 군비 지출의 격차를 단기간에 균형 맞추기도 어렵다. 이를 극복하는 방안으로 사이버 전력을 염두에 두고 있다(Newmyer 2010). 안보구조의 현상을 변화시키려는 국가의 시도는 상대방과 비교해서 열세인 전력을 만회하려는 기회로 삼거나 아니면 우위를 근본적으로 차단하려는 목적이 있다. 기존 질서를 유지하려는 국가는 안보구조의 유리한 상황을 고수하려는 의도를 갖는다. 정부전문가그룹에서 논의되고 있는 국제규범의 범주가 이런 문제를 쉽게 해결할 수 있을지는 단정하기 어렵다.

강대국 간 이견의 대표적인 사례가 사이버 공격에 대한 자위권 행사의 수단과 정당성 확보에 관한 것이다. 미국과 러시아가 사이버 공격에 대해 물리력 사용을 인정하고 있지만, 러시아는 미국의 사이버 전력 우위를 겨냥하여 군대에 의한 사이버 공격을 무력 공격의 범주에 포함하고자 한다. 이 부분은 명백하게 미국과 러시아의 입장이 전략적으로 상반된 이해관계임을 보여준다. 이 역시 합의에 따라 전략적 이익의 상대적 편차가 확연하게 다르다. 또한 사이버 공격 이외에 강대국들이 상대적 이익에 대단히 민감하게 반응하고 있는 이슈가 사이버 정보활동이다. 3차 정부전문가그룹 회의에서 사이버 정보활동에 관해 구체적으로 논의되지 않았지만, 미국과 중국은 이 문제로 심각한 외교적 갈등을 겪었다. 이들 국가는 사이버공간에서 정보수집의 필요성을 인정하고 있지만, 전혀 통제하지 않은 채 방치할 것으로 보이지는 않는다. 강대국들의 외교 갈등은 기존의 세력 균형이 자국에 유리하게 변동되도록 유도하려는 의도가 숨겨있다. 즉, 국제규범이 제공하는 상대적 이익의 격차를 어떻게 합의할 것인가이다.

사이버안보의 국제규범과 관련된 또 다른 안보전략적 이슈는 국가간 협력을 보증하는 방법이다. 즉 국제규범을 이행하고 검증하는 실질적인 수단이 있는가에 초점이 맞추어져 있다. 사이버전을 방지하기 위해 사이버 무기의 통제가 필요하지만, 사이버 무기의 범주를 규정하고 이를 감시하고 검증하는 방법이 용이하지 않다(Sofaer 2010, 192). 군비통제를 다룬 국제 협약의 성공은 상호 약속을 이행하고 있는지를 감시하고 검증하는 방식이나 과정에 달렸다. 다른 요건이 만족된다고 하더라도, 사이버 군사력에 대한 검증 절차가 확실하게 갖추어지지 않는다면 국제법이나 협약을 바탕으로 하는 국제규범은 실효를 거둘 수 없다. 사이버공간은 다른 재래식 군사력에 비해 훨씬 공격자의 정체를 숨기기 용이하고, 사이버 무기 역시 개발과 보유를 사전에 발각하기란 결코 간단한 일이 아니다. 사이버 무기 개발 역량은 다른 재래식 무기처럼 국제규범으로 완전 제거하는 것은 불가능하다(Clarke and Knake 2010, 354). 화학무기를 통제하는 조직과 같은 국제기구를 마련하여 사이버 공격의 진원지를 밝히는 조사 활동의 권한을 부여하는 방안도 고려 가능하다. 그러나 강대국들이 국제기구에 자국의 사이버공간을 독립적으로 조사하는 권한을 이양할 여지는 거의 없다. 자국의 사이버 전력이 외부에 노출되는 치명적인 안보 위협을 감수해야 하기 때문이다. 심각한 안보 위협의 수준이 되는 사이버 공격을 규제하는 국제규범보다는 범죄 혹은 테러와 같은 주변의 다른 행위자들이 제기한 문제를 해결하려는 다자간 시도가 더 효과적일 수 있다(Nye 2011, 35). 결국 범죄 수준의 사이버 위협을 통제하는 범위를 벗어난 사이버 전쟁을 방지하기 위해 신뢰성이 높은 국제규범의 구축은 근본적으로 어려운 목표일 수 있다.

V. 결 론

사이버안보에 관한 국제규범을 구축하고자 정부전문가그룹이 오랜 기간 활동을 해오고 있다. 러시아의 제안으로 시작되었지만, 이런 논의를 미국이 반대하고 거부하여 국제사회의 노력은 빠른 진전을 이루지 못했다. 하지만 그런 더딘 변화는 미국이나 러시아 혹은 중국의 전략적 이익 추구가 주된 원인이었다. 사이버안보의 국제규범을 새롭게 만들려고 설치된 정부전문가그룹은 다른 국제 안보 이슈와 마찬가지로 이들 강대국의 전략적 이익을 극대화하기 위한 고려에 따라 움직였다. 국제규범을 만들려는 미국, 중국과 러시아의 적극적인 노력은 점차 사이버 공격이 한 국가의 정상적인 통치를 어렵게 하거나, 군사활동의 보완적 수단으로 사이버 공격이 활용되기 시작하였으며, 산업시설을 표적으로 파괴적 사이버 공격이 이루어질 만큼 안보 위협의 수준이 심각한 상태가 되었다.

3차 정부전문가그룹이 작성한 보고서는 강대국들의 입장에서 상호 양보와 조정을 통해 합의점에 이른 것이다. 합의의 시발점으로 사이버 공간의 주권을 공식 인정했고, 이는 주권 보호를 위한 자위권이 공식적으로 수용되었음을 의미한다. 자위권 수단의 범위로 군사력 사용이 포함됐지만, 군사력 사용의 조건에 대해서는 여전히 이견이 있다. 하지만 사이버 공격에 대해 군사 대응은 국제안보질서의 불안을 부추길 수 있고, 더욱 심각한 문제는 공격자의 확실한 근거가 부족한 상황에서 강대국이 일방적인 보복과 제재에 나설 경우 이를 통제하기 어렵다. 이와 관련하여 한 층 심각한 외교전략의 이슈는 민간 기간시설에 대한 사이버 공격의 허용 여부이다. 사이버공간은 군사 영역과 민간 영역의 구분이 애매하고, 상대방의 기간시설의 파괴와 혼란은 해당 국가의 대응 역량을 약화시키거나 안보 억지전략의 수단으로 도움이 된다. 보복의 정당성을 인정하는 절차와 보복의 대상과 수단에 대한 논의는 향후 정부전문가그룹이 장기간에 걸쳐 논의해야 할 실질적인 문제이다.

정부전문가그룹이 사이버안보의 국제규범을 더욱 확장 진전시키기 위해서는 국제안보이론의 현실주의가 강조하는 상대적 이익의 편차를 줄여줄 수 있는가에 달려 있다. 러시아와 미국은 대량살상무기와 재래식 무기의 세력 균형을 이루고 있다면, 미국의 사이버 전력 강화는 러시아의 전반적인 세력 열세로 이어질 수 있다. 하지만 중국은 재래식 군사력과 사이버 전력에서 미국과 세력 불균형에 처해 있기 때문에,

사이버 전력 강화가 비대칭 전력을 만회하는 데 좀 더 효과적이라고 본다. 미국이 절대 우위의 사이버 전력을 확고히 하려는 전략을 구사할 것은 당연하다. 정부전문가그룹은 이들 강대국이 모두 만족하는 상대적 이익의 균형점을 찾기가 낙관적이지 않다. 국제규범의 구축을 더욱 어렵게 하는 요소는 사이버 무기와 방어체계를 통제하는 행위를 검증하는 문제이다. 이것은 냉전시기 무력 위협을 통제하기 위해 체결된 국제협약과 확고하게 자리 잡은 국제규범을 이행하는 데 적용된 방식으로는 해결하기 어렵다.

참고문헌

권헌영 외. 2012. "사이버공간에서 신뢰구축조치 적용가능성 연구." 『외교통상부 연구개발 결과보고서』.

김소정. 2013. "사이버안보 국제협력과 국가전략." 『JPI 정책포럼』 2013-17).

장규현·임종인. 2014. "국제 사이버보안 협력 현황과 함의." 『정보통신방송정책』. 제26권 5호.

장노순. 2014. "사이버안보에서 갈등구조와 신뢰구축." 『정치정보연구』. 제17권 2호.

Archick, Kristin. 2002. "Cybercrime: The council of Europe Convention." *CRS Report for Congress*. April 26.

Clarke, Richard A. and Robert K. Knake. 2010. *Cyber War*. HarperCollins Pub.

"Developments in the Field of Information and Telecommunications in the Context of International Security 4." delivered to the General Assembly, submitted to the UN General Assembly, *U.N. Doc. A/61/161*. July 18, 2006.

Donnelly, Jack. 2000. *Realism and International Relations*. Cambridge University Press.

Farewell, James P. and Rafal Rohozinski. 2011. "Stuxnet and the Future of Cyber War." *Survival*. Vol.53, No.1 (Feb/Mar).

Finnemore, Martha and Kathryn Sikkink. 1998. "International Norm Dynamics and Political Change," *International Organizations*.

Vol.52, No.4 (Autumn).

Goldsmith, Jack. 2011. “Cybersecurity Treaties: A Skeptical View.” in *Future Security in National Security and Law*. by Peter Berkowtiz (February).

Grieco, Joseph. 1988. “Anarchy and the Limits of Cooperation: A Realist Critique of the Newest Liberal Institutionalism.” International Organization. Vol.42, No.3 (Summer).

Kello, Lucas. 2013. “The Meaning of the Cyber Revolution.” *International Security*. Vol.38, No.2 (Fall).

Kerttunen, Mika and Saskia Kiisel. 2015. “Norms for International Peace and Security.” *IGT4Peace Norms Project Draft Working Paper* (April).

Koh, Harold Hongju. 2012. “International Law in Cyberspace.” *Remarks at USCYBERCOM Inter-Agency Legal Conference* (September 18). http://digitalcommons.law.yale.edu/cgi/viewcontent.cgi?article=5858&context=fss_papers

Lewis, James A. 2010. “Multilateral Agreements to Constrain Cyberconflict.” *Arms Control Today*. Vol.40, No.5 (June).

Lindsay, Jon R. 2014/15. “The Impact of China on Cybersecurity.” *International Security*. Vol.39, No.3 (Winter).

Maurer, Tim. 2011. *Cyber Norm Emergence at the United States*. Belfer Center for Science and International Affairs, Harvard Kennedy School. September.

McConnell, Mike. 2010. “How to Win the Cyberwar We’re Losing.” *The Washington Post*. (February 28).

Newmyer, Jacqueline. 2010. "The Revolution in Military Affairs with Chinese Characteristics." *Journal of Strategic Studies*. Vol.33, No.4 (August).

Nye, Joseph S., Jr. 2011. "Nuclear Lessons for Cyber Security." *Strategic Studies Quarterly*. Vol.5 (Winter).

Prakash, Rahul and Darshana M. Baruah. 2014. "The UN and Cyberspace Governance." *ORF Issue Brief*. No.68 (February).

Rid, Thomas. 2012. "Cyber War Will Not Take Place," *Journal of Strategic Studies*. Vol.35, No.1 (February).

Schmitt, Michael N. and Liis Vihul. 2014. "Proxy Wars in Cyberspace." *Fletcher Security Review*. Vol.1, No.2 (Spring).

SCO(Shanghai Cooperation Organization). 2009. *Agreement Between the Governments of the Member States of the Shanghai Cooperation Organization on Cooperation in the Field of International Information Security art. 2* (June 16), in INTERNATIONAL INFORMATION SECURITY: THE DIPLOMACY OF PEACE: COMPILATION OF PUBLICATIONS AND DOCUMENTS 202, 203 (Moscow 2009).

Sofaer, Abraham D., David Clark and W. Diffie. 2010. "Cyber Security and International Agreements." *Proceedings of a Workshop on Deterring Cyber Attacks* (National Academy of Sciences).

Stevens, Tim. 2012. "A Cyberwar of Ideas? Deterrence and Norms in Cyberspace." *Contemporary Security Policy*. Vol.33, No.1.

The White House. 2011. *International Strategy for Cyberspace: Prosperity, Security and Openness in a Networked World* (May).

Tikk-Ringas, Eneken. 2012. "Developments in the Field of Information and Telecommunication in the Context of International Security: Work of the UN First Committee 1998-2012." *Cyber Policy Process Brief.*

UN General Assembly. 2013. *Report of the Group of Governmental Experts on Developments in the Field of Information and Telecommunications in the Context of International Security.* A/68/98(24 June), http://www.un.org/ga/search/view_doc.asp?symbol=A/68/98

______________. 2015. *Report of the Group of Governmental Experts on Developments in the Field of Information and Telecommunications in the Context of International Security.* submitted to the UN General Assembly 70th Session, 22 July.http://www.un.org/ga/search/view_doc.asp?symbol=A/70/174

United States Submission to the UN Group of Governmental Experts on Developments in the Field of Information and Telecommunications in the Context of International Security (2012-2013), http://www.un.org/disarmament/HomePage/factsheet/iob/Information_Security_Fact_Sheet.pdf

United States Presidential Policy Directive-20(PPD-20). 2012.

Vatis, Michael A. 2010. "The Council of Europe Convention

on Cybercrime," *Proceedings of a Workshop on Deterring Cyber Attacks* (National Research Council).

제 6 장

식량안보를 위한 국가정책: 역사적 평가(해방 후~2012)*

조성권 한성대학교 행정대학원 교수

Ⅰ. 문제제기

불확실성의 시대(The Age of Uncertainty)라는 용어는 20세기의 저명한 경제학자인 갤브레이스(John K. Galbraith)의 1977년 저서 제목에서 기원한다. 당시 그는 제1차 석유파동 이후 현대사회의 경제적 특징을 "사회를 주도하는 철학이 사라진 불확실한 시대"라고 규정했다. 한마디로 혼란스러운 시대라는 의미이다. 그러나 그의 표현은 이제 단순히 경제 분야에 국한되지 않고 사회 전반의 영역으로 확장되어 이제 전 세계의 화두가 되었다. 그가 지적한 불확실성의 시대는 시간이 흘러 21세기에 이르러서도 여전히 지속되고 있다. 예를 들면, 90년대 이후 식량위기를 포함한 에너지 위기, 환경위기, 물 부족, 기아, 지구온난화, 기후변화, 초국가적 범죄, 글로벌 테러, 전염병의 글로벌 확산, 글로벌 경제위기, 분쟁 및 전쟁 등 무수히 많은 불확실성의 현상들이

* 이 글은 『국제문제연구』 제14권 제4호(2014년)에 게재된 것이다.

속속 등장하면서 인류 멸망의 단초를 제공하고 있다.

21세기 다양한 불확실성을 유발하는 가장 중요한 상징적 행위자 하나는 다국적 거대기업이다. 이들은 신자본주의라는 이름으로 모기업의 정부는 물론 해외 자회사의 정부를 통해 막강한 권력을 행사한다. 이 글의 주제인 식량안보의 관점에서 곡물 관련 대표적이고 세계 최대의 다국적 곡물기업은 미국의 카길(Cargill)이다. 이 기업의 2012년 매출액은 1,330억 달러(141조원)로 2012년 한국 GDP의 11.4%이다. 또한 종자 관련 세계 최대의 다국적 종자기업은 미국의 몬샌토(Monsanto)이다. 식량안보보다 더 중요한 종자는 식량주권과 깊은 관계가 있다. 예를 들면, 청양고추의 경우 1998년 외환위기 이후 특허가 몬샌토로 넘어가 현재 그것에 대한 식량주권을 박탈당해 로열티를 지불하고 먹는 농산물이 됐다. 2013년 9월 농림축산식품부는 향후 10년간 한국이 종자사용 로열티로 지불해야 하는 금액은 8,000억 원에 이를 것으로 추산했다(조선일보 2013/11/23).

종자의 중요성을 강조하는 식량주권만 문제가 아니다. 식량안보의 평가지수인 한국의 식량자급률은 매년 급격히 하락하면서 위협을 받고 있다. 뿐만 아니라 곡물자급률도 2010년 27%에서 2011년 22%로 하락했고 특히 콩의 자급률은 불과 8.7%에 불과하다. 한국인의 주식인 쌀 생산량의 경우 2009년 491만 6,000톤에서 2012년 400만 5,000톤으로 하락했다. 더구나 국산 농산물, 수산물, 축산물의 비율도 점차적으로 낮아지는 반면 외국산 수입은 증가하고 있다. 예를 들면, 2012년 10월 기준 대형마트에서 판매하는 식품 원산지의 경우 쇠고기는 2001년 수입산이 31%에서 2005년 34%, 2010~2012년 45%로 상승했고, 수산물은 2001년 21%에서 2005년 23%, 2010년 24%, 2012년 10월 26%로 증가했으며, 과일은 2001년 19%, 2005년 26%, 2010년 32%,

2012년 10월 37%로 지속적으로 상승하고 있다(chosun.com 2012/11/21).

2050년에 세계 인구는 90억 명에 도달할 것으로 추측하기 때문에 이를 충족하기 위해서는 인류 3大 곡물인 쌀, 옥수수, 밀 등의 식량을 현재보다 50% 이상 더 생산해야 한다.[1] 1994년 UN개발계획(UN Development Programme: UNDP)은 7가지 인간안보의 위협으로 식량을 포함한 경제, 건강, 환경, 물리적 위협, 지역사회, 정치적 위협 등을 지정했다. 위에서 지적했듯 최근 한국의 곡물자급률도 22%에 불과하다. 이것은 한국이 매년 78%의 곡물을 외국으로부터 수입해야 한다는 의미이다. 70년대 중동산유국이 석유를 무기화했던 것처럼 21세기 가까운 장래 외국 식량수출국이 식량을 무기화하지 않는다는 보장이 없다. 이런 맥락에서 이 글의 목적은 한국의 식량안보 관련 국가정책에 대한 역사적 평가를 논의하는 것이다. 이를 위해 첫째 이 글은 식량안보를 분석하기 위한 이론적 틀을 인간안보론으로 접근한다. 둘째, 식량안보에 대한 대내외적 차원의 역사적 평가는 글로벌 차원에서 식량안보라는 용어가 본격적으로 논의하게 되는 90년대 이후에 초점을 맞춘다. 끝으로 식량안보에 대한 종합평가와 함께 간략한 정책적 함의를 제시한다. 이는 현 박근혜 정부는 물론 가까운 미래 한국이 어떻게 식량안보를 확보할 것인지에 대한 정책적 토대를 제공할 것이다.

---

1) The World Bank, "Food Safety is Critical for Food and Nutrition Security," 2013, in http://web.worldbank.org/WBSITE/EXTERNAL/TOPICS/EXTARD/0,,contentMDK:23326425~pagePK:148956~piPK:216618~theSitePK:336682,00.html (검색일: 2013. 9. 1).

Ⅱ. 식량안보에 대한 이론적 분석틀: 인간안보론

1994년 UNDP의 보고서에서 글로벌 불평등을 심화시킨다고 보는 신자유주의의 확산과 세계화를 비판하면서 제안한 인간안보의 주제가 학문적 연구로서 논의된 이래 벌써 20년이 됐다. 인간안보론은 인간에 대한 다양한 초국가적 위협들과 그런 위협들을 초기에 예방하면서 '안보'를 '개발'과 연계시킨 보편적 인간중심의 안보론이다(UNDP 1994, 22~23). 코피 아난(Kofi Annan) 前 UN 사무총장은 인간안보의 개념을 '결핍으로부터의 자유(freedom from want)'와 '공포로부터의 자유(freedom from fear)'로 정의했다. 전자가 경제적 필요를 의미한다면 후자는 인간의 생명과 안전을 위협하는 다양한 초국가적 위협으로부터의 자유를 의미한다. 그는 이를 위한 국제 협력이라는 상호의존성도 강조했다. 이와 같은 인간안보의 중요성은 10년 후인 2005년 UN세계정상회의의 결과로 나타난 UN총회 결의안에서 처음으로 언급했다(Yukio Takasu 2011, 18).

한편 인간안보의 개념은 인권과도 연계된다. 아렌트(Hannah Arendt)는 인권을 "권리들을 향유할 권리(the right to have rights)"라고 강조한다. 앞의 권리(the right)는 인간 본연이 지닌 근본적이고 보편적인 인류자체로서의 존엄성을 가질 권리를 의미한다(Arendt 1951, 299; 홍원표 2005, 31). 반면에 뒤의 권리들(rights)은 특정한 공동체의 구성원이 지닌 특수한 권리이며 또한 조직원으로서 그에 상응하는 의무도 준수해야 한다. 한마디로 전자가 도덕적 권리라고 한다면 후자는 정치적 권리라고 할 수 있다(홍원표 2005, 23). 1948년 「세계인권선언」, 1950년 EU의 「유럽인권조약」, 1993년 인권에 대한 「비엔나 선언」은 모두 인간 자체로서의 인권의 보편적 권리를 강조하고 있다. 이런 맥락에서 보편적 권리로서의 인권은 1994년 UNDP가 제안한 넓은 의미로서의 인간안보의 개념과 상당부분 일치한다. 한마디로 인간안보는 인간의 삶과 존엄성에 대한 강조이다.

인간의 삶과 존엄성에 대한 강조가 인간안보의 중요한 개념이라면 인간 개개인이 생존하기 위해 먹는 것 즉 인간의 식량권을 강조하는 식량안보는 인간안보와 보편적 인권의 범주에서 가장 중요한 이슈 중의 하나이다.[2] 이 때문에 위에서 지적한 1948년 「세계인권선언」에서도 식량권을 명시했다. 2013년 FAO 보고서는 1996년 세계식량정상회의(World Food Summit)에서 발표한 보고 내용과 마찬가지로 세계 인구의 12%인 약 8억 4천만 명이 기아와 영양실조에 죽어가고 있다고 보고했다(FAO 2013, 4). 이들 대부분은 아시아와 아프리카를 포함한 개발도상국들이다. 이들 국가에서는 기아는 물론 식량부족으로 인한 폭동과 분쟁으로 고통을 받고 있다. 선진국 또한 식량안보는 어느 정도 해소할 수 있는지는 모르지만 유전자변형식품(Genetically Modified Organism: GMO)과 같은 먹는 문제의 안전 즉 식품안전(food safety)이 새로운 이슈로 부상하고 있다. 미국의 경우 매년 7,600만 명이 식품 관련 질병이 발생하여 325,000명이 입원하고 약 5,000명이 사망한다.[3]

역사적으로 식량과 인간의 상호관계를 처음으로 분석한 경제학자는 영국의 맬서스(Thomas R. Malthus)이다. 그는 1798년 발간한 『인구론』에서 "인구는 기하급수적으로 증가하지만 식량은 산술급수적으로

2) UN Office for the Coordination of Humanitarian Affairs, "Human Security at the United Nations," Newsletter, Issue 5(Spring 2009), p.2; Roland Paris, "Human Security: Paradigm Shift or Hot Air?" In International Security, edited by barry Buzan and Lene Hansen, Vol.IV (CA: SAGE Publications), 2007, p.210.
3) The World Bank, 앞의 글.

증가한다"라는 유명한 명제를 갈파하면서 인구증가와 식량의 중요성을 부각시켰다. 그의 지적처럼 세계 인구는 지속적으로 증가하여 1750년에 8억이던 세계 인구는 100년 후인 1850년에는 12억, 다시 100년 후인 1950년에는 25억, 2000년에는 60억, 2011년에 70억 돌파했으며, 2025년에 80억 그리고 2050년에는 90억으로 예측하고 있다.[4] 그러나 급속한 세계인구의 증가에도 불구하고 맬서스가 지적한 식량문제는 화학비료와 같은 새로운 기술과 그에 따른 식량 생산력의 향상으로 해소한 것처럼 보였다. 예를 들면 20세기 중반 이후 녹색혁명으로 새로운 농업기술이 개발되면서 식량문제는 크게 완화됐다. 오히려 70년대 후반부터 80년대까지는 곡물의 과잉생산이 우려됐기도 했다.

그러나 글로벌 식량생산은 1988~89년 전 지구적인 흉작으로 곡물생산이 정체되기 시작했다. 특히 90년대 들어 지구온난화에 따른 기후변화로 인해 가뭄, 홍수, 기근, 산불 등으로 인한 곡물생산은 감소하기 시작했고 다양한 환경악화로 인해 쌀, 밀, 옥수수 등 세계 주요곡물재고율이 하락하기 시작했다. 결국 90년대 이래 글로벌 차원의 곡물수급 불안은 글로벌 식량가격의 상승을 유도했으며 식량위기에 따른 식량안보의 문제가 식량수입국의 입장에서는 새로운 국가안보의 중요한 이슈로 부각됐다. 왜냐하면 70년대 제1차 석유파동 이후 석유자원의 무기화가 중요한 이슈로 등장했듯 식량수입국의 입장에서는 21세기 식량자원의 무기화가 발생하지 말라는 보장이 없다는 것을 우려하고 있다. 더구나 [그림 1]에서 보듯 식량안보를 위협하는 요소는 복합적으로 작용하여 시간이 지날수록 더욱 악화될 전망이다(전은경 옮김 2011).

4) 20세기 급속한 인구증가에 대한 우려가 폴 에를리히의 『인구 폭탄』(1968)과 로마클럽의 『성장의 한계』(1972)처럼 현대판 인구론이 출판됐다.

[그림 1] 식량안보를 위협하는 요인들

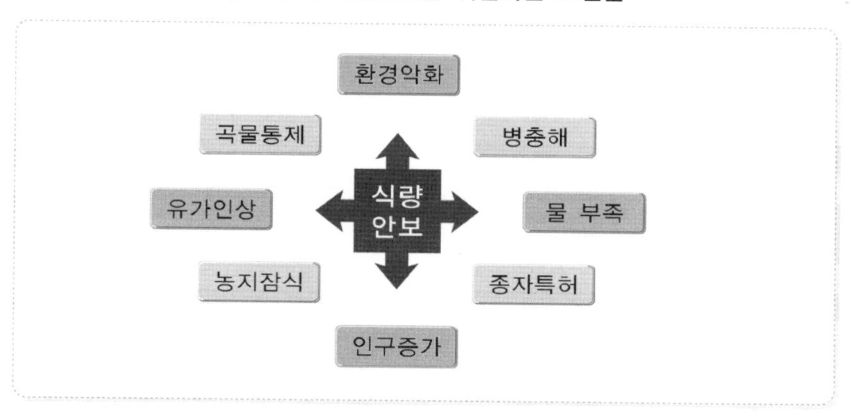

결국 90년대 중반부터 글로벌 차원의 식량안보가 주요 이슈의 하나로 등장하면서 구체적인 식량안보의 개념도 등장했다. 정책적 차원에서 식량안보의 개념이 국내생산이든 수입이든 한 국가에서 필요로 하는 식량의 안정적 수급을 의미하는 것이라면, 식량주권은 식량에 대한 국가의 자급자족을 의미한다(김기근 옮김 2010, 227). 구체적으로 FAO는 식량안보의 개념을 "모든 국민이 상시적으로 필요한 기본식량을 물리적, 경제적으로 확보할 수 있는 것"이라고 규정했다. 또한 1996년 세계식량정상회의에 따른 『로마선언』은 식량안보의 개념을 "모든 사람에게는 안전하고 영양가 있는 식량을 이용할 수 있는 권리뿐만 아니라, 적절한 식량을 얻을 권리와 기아로부터 해방되어야 할 기본적 권리"를 갖는 것이라고 규정했다(World Food Summit 1996). 이런 개념적 정의들은 식량문제가 인간의 생명유지 즉 생존에 가장 직접적으로 중요한 문제일 뿐 아니라 인간 삶의 질과도 관련된 이슈라는 의미이다. 이런 이유로 이 글은 21세기 글로벌 차원의 식량위기에 따른 식량안보의 문제를 한국에서의 인간안보라는 이론적 틀에서 논의하려는 것이다. 이 글에서 다루는 식량은 국제사회에서 3大 곡물로 인정하는 쌀, 밀, 옥수수를 중심으로 논의한다.

Ⅲ. 역대 정부의 식량안보 정책에 대한 평가

- 식량과 농업은 선택이 아니라 필수이며 생존의 문제이다-

1. 해방 후~노태우 정권(1988~1992): 산업화 정책과 농업의 희생

해방 후 1948년 이승만 정부의 수립과 함께 식량안보 관련 50년대의 핵심 이슈는 농지개혁이었다. 경자유전(耕者有田) 원칙하에 자작농을 위한 농지개혁(1950~1957)은 봉건적 제도에 대한 미온적 개혁과 한국전쟁으로 인해 크게 성공하지 못했다. 왜냐하면 농지개혁의 추진세력이 일제와 연계했던 지주 중심의 보수진영인 한국민주당이었고, 한국전쟁으로 인해 농업생산력은 크게 증가하지 못했으며, 소작농이 광범위하게 다시 생기는 현상이 나타났고, 농가부채가 1960~1970년대 동안 지속적으로 증가했기 때문이다(김병태 1992). 그럼에도 불구하고 이승만 정부에서의 토지개혁은 전반적으로 지주의 몰락과 봉건적 토지소유를 해체시키는 계기를 제공하면서 일정부분 경자유전에 의한 농민의 농지소유 충족감으로 사회가 안정되었고 농민들을 고율소작료에서 해방시켰다(송찬섭 외 2008, 449).

식량안보 관련 60년대의 핵심은 박정희 군사정권의 등장과 미국의 농산물 원조였다. 박정희 정권이 추진한 지속적인 경제발전의 과정에서 수출과 제조업에 치중하는 공업화 정책으로 인해 농업은 희생양이 되면서 상대적으로 낙후되었다. 예를 들면 공업화는 농촌인구의 도시 유입을 서서히 유도하면서 이후 농가인구 및 재배면적을 지속적으로 감소하게 만들었다. 이에 따라 도시노동자의 식품가격을 낮추기 위해 박정희 정권은 저곡가 정책의 기조를 유지했고 이런 정책은 최근까지 거의 변치 않았다. 물론 박정희 정권이 60년대 저곡가 정책을 유지한 중요한 요인은 미국의 값싼 농산물 원조였다. 그럼에도 불구하고 60년대 동안 박정희 정권은 지속적으로 농지개혁과 우리의 주식인 벼의 품종에 대한 개발인 녹색혁명을 시작했다. 이 기간 농지개혁은 지주계급의 완전 몰락을 유도했다.

60년대 동안 미국이 한국에 제공한 농산물의 영향력은 향후 한국의 식량안보 및 식량주권에 중대한 영향을 제공했다. 미국의 원조는 크게 두 부분으로 세분된다. 하나는 50년대 중반~60년대까지의 원조로 주로 현지 통화에 의한 구매였다. 다른 하나는 70~80년대 초반까지의 원조로 장기차관인 달러에 의한 구매였다. 미국이 한국에 제공한 농산물(밀과 옥수수)은 약 30억 달러였으며 이것은 미국이 한국에 제공한 경제원조의 약 50%에 이르렀다(김종덕 2009, 69). 이것의 긍정적 측면은 국내 농산물에 대한 저곡가 정책을 유지하여 단기간에 경제성장을 이룩하는 데 원동력이 된 것이다. 그러나 부정적 측면은 장기적으로 미국 농산물에 대한 의존과 국내 농업부분에 대한 투자를 배제하는 정책과 식량자급률의 하락에 일조한 것이다. 또한 그것은 한국의 식생활을 쌀 대신 미국산 수입 밀을 선호하게 만들면서 식량을 서구화하는 데 일조했다(김종덕 2009, 70). 한마디로 미국 농산물 원조는 재벌중심 산업화의 기틀을 제공하면서 박정희 정권의 정치적 안정은 물론 저곡가 정책으로 사회경제적 안정을 유도했지만 농업의 희생을 초래했고 나아가 농업의 대미의존도 심화(한국은 세계 3위의 미국 농산물 수입국)와 농업의 취약화를 유도해 한국을 OECD 국가 중에서 식량자급도가 30% 이하로 추락하게 했다(허남혁 옮김 2003, 265).

70년대는 녹색혁명에 의한 한국농업의 급격한 생산성 증가의 시기였다. 60년 말 박정희 정권은 쌀 수확 증대를 제1의 정책과제로 선정하여 농업생산성과 식량생산량의 비약적인 증대를 목표로 1971년 통일벼라는 다수확 신품종을 개발했고 결국 1976년 쌀의 자급자족을 달성하면서 보릿고개를 탈피했다. 1977년에는 쌀 생산량 4,000만석을 돌파하여 세계 최고의 다수확국가로 부상했다. 연이어 1978년에도 통일벼 품종들이 전체 벼 재배면적의 76% 이상을 점유하면서 쌀 생산량 4,000만석을 돌파함으로써 녹색혁명을 성취했다. 한마디로 70년 녹색혁명은 만성적인 기아의 해결과 급속한 산업화를 유도하는 원동력이 됐다.

그러나 녹색혁명이라는 농업의 근대화 과정을 통한 농업생산량의 증대는 쌀의 경우 어느 정도의 자급도는 이룩했지만 역설적으로 농업 및 농민들의 경제적 빈곤을 심화시켰다.[5] 왜냐하면 농업기술의 발달에 따라 농약 및 비료라는 공산품 가격은 점차적으로 증가하는 데 비해 도시노동자를 위한 정부의 인위적인 저곡가 정책으로 농민들은 생산비조차 건지지 못하여 농가부채로 이어졌기 때문이다. 특히 쌀을 제외한 70년대 말 농산물에 대한 수입개방으로 보리, 밀, 옥수수, 콩 등 잡곡의 재배를 포기하는 농가들이 늘었다. 녹색혁명은 그것을 위한 관개시설, 농약, 화학비료라는 3大 요소가 갖추어져야 했고 후에 환경오염 및 사회경제적 문제를 일으키면서 80년대 중반 경부터 사라졌다.[6] 더

5) 해외사례에서 녹색혁명에 대한 인간안보 차원에서의 비판은 김원옥 옮김 2012, 206-221; 허남혁 옮김 2003, 110-153; 전은경 옮김 2011, 261-275.

6) 녹색혁명이라는 용어는 1968년 미국 국제개발청의 윌리엄 고드가 소련의 적색혁명도 아니고 이란 샤의 백색혁명도 아닌 아시아에서 새로운 품종과 화학비료에 의한 농산물의

구나 경제발전에 따라 축산장려를 위한 곡물사료에 대한 수입개방정책은 식량자급도를 급감하게 만들었다(허남혁 옮김 2003, 148-151). 전두환 및 노태우 정권 역시 산업화 정책을 위한 희생양으로서의 농업정책을 추진했다. 결국 80년대 동안 중장기적인 농업정책을 준비할 수 있는 10년을 허송세월로 보내면서 90년대 초반 김영삼 정부 동안 UR(Uruguay Round) 협정으로 한국 농업과 농민들의 위기를 야기했다.

80년대는 대외적으로 국제경기의 둔화로 인해 곡물수요가 감소하면서 곡물이 과잉 공급되었지만 국내적으로는 1980년 극심한 냉해로 쌀 생산이 감소하면서 수입산에 대한 국내 농산물 시장의 개방으로 인해 농업성장은 정체국면에 들어선다. 미국의 경우 잉여농산물의 저장비용, 국내 농산물 가격의 하락, 그에 따른 농업보전을 위한 정부지출이 급증했다. 미국은 이에 대한 해결책으로 식량원조와 농산물 시장의 개방을 추진했다. 당시 한국경제는 연평균 9%의 실질 GNP 성장을 이룩했으나 제2차 석유파동으로 인해 물가와 임금이 상승하자 쌀 외의 농산물 공급부족이 발생했다. 따라서 정부는 농산물 수입을 통해 식량난을 해결하려고 하면서 값싼 미국산 밀과 옥수수를 수입했고 이 때문에 농민들은 농산물의 국내생산을 포기했다. 한마디로 1983년과 1985년 두 차례의 농산물 일부 품목의 수입자유화 조치와 1989년 농축산물 수입 자유화 조치는 한국 농업을 더욱 취약하게 만들었다(김종덕 2009, 72-73). 결국 농림어업이 차지하는 비중은 1970년 28%에서 1980년 15%, 1989년에는 9%로 더욱 축소됐다. 또한 70년대 이후 도시화 현상으로 1970년 전체인구 중에서 농가인구는 45%였으나 1980년 28%, 1989년에는 16%로 낮아졌다. 이와 같은 이농현상은 농촌인

대량생산을 의미한 말에서 기원한다(박중서 옮김 2012, 302-303).

구의 고령화로 이어졌다(연합뉴스 1990/12/13).

90년대는 UR 농산물 협정과 그에 따른 외국산 농산물에 대한 수입개방화가 본격적으로 시작된 시기였다. 이와 같은 한국농업의 어려운 상황은 한국경제의 성장이 60년대 10.1%, 70년대 8.4%, 80년대 9.5%로 높은 성장률을 유지했으나 90년대를 연평균 6.0%라는 저성장으로 만들었다(유영봉 2006; 권영근 외 2006, 5). 또한 쌀, 보리, 밀, 옥수수(사료용 포함) 등의 식량자급률이 70년대 80%에서 김대중 정부가 등장하는 1998년에는 30%로 하락했다(연합뉴스 1999/10/14). 더구나 쌀을 제외한 식량자급률은 5%에 불과한 심각한 상태였다. 1995년 UR 협정이 체결된 후 IMF와 세계은행은 WTO의 후원 아래 자유무역과 연계된 구조조정정책을 추진했다. 그러나 이런 구조조정정책은 멕시코, 필리핀, 아프리카 지역에서 영세농을 기업농으로 전환하는 것이었는데 결과적으로 이들 지역에서 이런 농업정책은 실패로 이어지고 결국 2007년 이들 지역에서 식량위기와 식량폭동의 원인을 제공했다(김기근 옮김 2010, 32).

2. 김영삼 정부(1993~1997): UR 농산물 협상과 식량주권의 위기

김영삼 정부에서 식량안보 관련 최우선 외교적 이슈는 UR이었다. UR은 1986년부터 시작된 GATT(General Agreement on Tariffs and Trade)의 다자간 무역협상이다. 이 협상에서 가장 중요한 쟁점은 농업에 대한 개방이었다. 왜냐하면 1947년 GATT(한국은 1967년에 가입)가 형성된 이래 공산품의 무역자유화에서 농업부분은 제외되었기 때문이다. 그러나 1994년 UR의 농산물 개방에 대한 협상이 타결되고 1995년부터 UR 협정이 발효되면서 동시에 GATT 체제가 사라지고 새롭고 더욱 강력한 무역자유화 체제인 WTO가 등장했다. 김영삼 정부 역시 1995년에 WTO에 가입하고 1996년에는 OECD에도 가입했다. 개발도상국에서 선진국으로의 진입을 의미하는 OECD에 대한 가입은 WTO가 규정한 농산물에 대한 무역자유화 조치의 준수를 의미한다.

UR 협상에서 식량안보 관련 한국에게 가장 중요한 핵심 이슈는 쌀 개방에 관한 문제였다. 당시 한국의 농림수산물 수입(주로 중국산 저가 농산물)은 1988년 43억 달러에서 1992년 71억 달러로 급등하여 무역수지 적자의 83%를 차지했다(연합뉴스 1993/11/09). 이런 상황에서 국민의 가장 중요한 식량자원인 쌀 개방 문제는 국내 농업에 심각한 위협을 제공할 수 있는 사안인 동시에 한국 식량안보의 마지노선으로 인식되었다. 더구나 미국은 1995년부터 한국과 일본의 쌀시장 개방 및 중국의 식량수입으로 인해 미국 내 쌀 경작지 확대 및 증산과 고미가(高米價) 정책을 유도하면서 장래 식량무기화의 가능성을 보이기도 했다.

농산물 수출국인 미국을 비롯한 케언즈 그룹(cairns group: 미국, 캐나다, 호주, 뉴질랜드, 브라질, 아르헨티나, 우루과이, 칠레, 콜롬비아, 필리핀, 말레이시아, 태국, 인도네시아, 헝가리, 피지 등 14개국)의 UR 협상의 핵심 목표는 모든 농산물에 대한 예외 없는 자유화(관세화) 원칙과 농산물 수출보조금에 대한 삭감이다.[7] 이를 위해 미국은 1987~1989년 동안 UR 농업협상의 협상책임자로 암스투츠(Daniel Amstutz)를 임명했다. UR 초안을 작성한 그는 원래 1954년 미국 최대의 곡물회사인 카길에 입사하여 1978년까지 일했던 인물이다. 이것은 UR 농산물 협상이 카

7) 관세화는 모든 수입 장벽을 철폐하고 관세만을 유지한다는 제도이다. 쌀의 경우 국내 쌀이 5~6배 비싸기 때문에 국내 쌀을 보호하기 위해서는 관세를 500~600% 유지해야 한다. 그러나 공업제품의 관세율이 10% 미만임을 볼 때 500%라는 것은 수출국으로부터 상당한 압력을 받을 것이다.

길의 이해관계를 대변했다는 것을 의미한다. 그는 1998년 미국 곡물 메이저의 이익을 대표하는 북아메리카곡물수출협회의 대표로 복귀했다. 그리고 2003년에는 이라크 농업재건의 책임자로 임명됐다(허남혁 옮김 2003, 193-194). 또한 미국의 슈퍼 301조로 잘 알려진 전 미국 무역대표부 대표는 현재 미국 최대의 종자회사인 몬샌토의 이사로 근무하고 있다. 한마디로 UR 협상은 다국적 농산물 및 종자회사와 미국 정부의 동일한 이해관계를 의미하는 것이다.

〈표 1〉 UR 협상에 의한 연도별 MMA

(단위: 1,000톤)

연도	'95	'96	'97	'98	'99	'00	'01	'02	'03	'04
MMA	51	64	77	90	103	103	128	154	180	205
소비량 중 %	1	1.3	1.5	1.8	2.0	2.0	2.5	3.0	3.5	4.0

출처: 농촌진흥청, 『세계 식량문제와 우리의 대응방안』, 2011, p.180.

결국 UR 협상에서 한국의 경우 그나마 개발도상국의 지위를 얻어 국내 쌀 시장의 관세화를 10년간 유예하는 특별대우를 받았지만 실제로는 위 <표 1>에서 보듯 최소시장접근물량(Minimum Market Access: MMA)을 의무적으로 허용해야 하는 조건부에 불과했다. 다시 말하면 1995년부터 기준년도(1988~1990) 국내 평균 쌀 소비량의 1%(51,000톤)에서 시작하여 2004년에는 4%(205,000톤)까지 의무적으로 수입해야 한다. 그리고 10년 유예가 종식되는 2004년 이후는 관계국이 재협의하여 두 가지 중에서 하나를 선택해야 한다. 하나는 또 다시 관세화를 유예하는 대신 MMA를 확대하는 것이고, 다른 하나는 기준 년의 관세율을 10% 인하한 수준의 관세화를 시행하는 방법이다. 한마디로 10년 후에 국내 쌀이 유지되기 위해서는 수입쌀(국내 쌀은 미국 쌀에 비해

5배 그리고 태국 쌀에 비해 6배가 비쌈)과의 가격경쟁과 품질경쟁에서 살아남아야 한다.

UR 농산물 협상과 WTO 체제의 등장은 세계화 시대에 새로운 자본집약적인 기업형 농업을 탄생하게 만들었다. 한마디로 '농업의 세계화'가 도래된 것이다. UR 협상은 주로 선진국 농산물 수출국의 압력도 문제지만 농업의 새로운 국제적 환경을 예측하고 대비하지 못한 정책결정권자의 책임도 크다. GATT 체제에서 대부분 개발도상국의 농업정책은 수입농산물에 대한 고율의 관세와 국내 농업에 대한 정부보조금 지급정책 등을 통해 국내 농업을 유지하는 데만 정책적 초점을 맞추었다. 반면 대부분 선진국들은 다양한 농업지원정책을 통해 국내 농업의 자생력과 교역의 경쟁력을 키우는 데 초점을 맞추었다. 개발도상국과 마찬가지로 한국의 경우 박정희, 전두환, 노태우 등 소위 권위주의 정권 30년 동안 농업정책은 도시 노동자들의 생활보호를 위한 저가 농산물 정책과 공업우선정책을 위한 희생양이었다. 이 때문에 한국 농업은 소작농의 경우는 지주의 착취, 자작농의 경우는 생계형 자급농이 대부분이었다.

이런 농업정책과 함께 미국의 잉여농산물을 처리하기 위한 유·무상 형태의 대한(對韓) 식량원조(밀과 옥수수)의 유입은 국민들로 하여금 쌀 대신 밀 혹은 옥수수 제품의 사용을 유도하면서 식생활 패턴의 변화를 가져왔고 궁극적으로 국내 쌀 소비의 감소로 이어졌다(김기근 옮김 2010, 49-50). 이런 상황에서 생산성 향상이라는 명목으로 농민에게 정부보조금으로 지급한 화학비료 및 농약 등은 장기적으로 각종 대기, 수질, 토양 등 환경오염 및 사회경제적 문제를 일으키면서 대부분의 개발도상국처럼 실패했다. 농업을 희생하고 공산품의 수출을 통해 획득한 외화로 다시 식량을 수입할 수 있어 '식량안보'는 충족될지 몰라도 식량자급이 목표인 '식량주권'은 상실했던 것이다.

원래 미국 및 유럽 선진국은 자국의 농산물을 보호하기 위해 GATT 체제 결성 시부터 농산물의 자유무역에 반대했다. 이들 국가들은 한국을 포함한 대부분의 개발도상국의 농업정책과는 달리 GATT 체제의 40년 동안 막대한 정부예산을 투입해 농업부분의 육성과 농업생산의 산업화와 같은 기업형 농업의 성장을 유도하면서 곡물메이저(Grain Major)도 육성했다. 그러나 이들 국가의 지나친 농업지원정책은 잉여 농산물에 대한 보관 및 처리가 새로운 문제로 등장했다. 결국 선진국들은 이런 문제를 UR에서 해결하려고 했다(김종덕 2009, 34). 이와 함께 농산물 수출국은 농업의 구조조정정책이라는 미명하에 새로운 패러다임을 제안했다. 한마디로 개도국은 선진국처럼 곡물의 대량생산을 위해 영세농대신 대자본의 기업농을 육성할 필요가 있으며 이를 위해 농지매매의 규제를 철폐해야 한다고 강조했다. 그러나 대자본의 기업농은 주로 다국적 농산물 생산기업이 주도했다. 개도국에서 이들의 활동은 종자 특허제에 따른 상업화, 농약 및 비료사용의 확대, 수출용 가축생산을 위한 사료용 곡물수입 등이다(김기근 옮김 2010, 55).

한편 김영삼 정부 동안 글로벌 차원의 식량안보 관련 가장 중요한 사건은 1996년 개최한 세계식량정상회의이다. 1974년 최초의 세계식량회의(World Food Conference) 이후 처음으로 개최된 이 정상회의는 식량안보, 기아추방, 영양실조 퇴치와 함께 '모든 사람에게 식량을(Food for All)'이라는 슬로건을 내걸고 세계 식량안보에 관한 정치적 행동계획인 『로마 선언(Rome Declaration on World Food Security)』을 채택했다. 이 선언의 목표는 2015년까지 전 세계 기아 인구 8억 명을 절반으로 줄인다는 것이었다. 로마 선언은 또한 "식량을 항상 이용가능하고 모든 사람이 식량에 접근할 수 있는 수단을 갖고 있을 때

식량안보가 달성될 수 있다"고 선언했다. 당시 보고서는 식량부족국으로 아프리카 44개국, 아태지역 23개국, 유럽 및 CIS 12개국, 그리고 중남미 9개국 등 88개 국가를 지적했다(연합뉴스 1995/05/06).

90년대 중반 글로벌 차원의 식량안보에 대한 우려는 1997년 미국으로 하여금 긴급식량준비제도의 도입을 검토하게 만들었다. 이를 통해 미국은 세계식량재고량, 식량생산, 식량비축, 그리고 식량원조에 대한 정확한 통계를 얻으려고 시도했다. 식량 관련 이런 글로벌 차원의 새로운 위협은 1996년 김영삼 정부로 하여금 2001년까지 식량작물종자에 대한 완전 국산화를 추진하게 만들었다. 그러나 이런 공약(公約)은 2007년 외환위기로 인해 공약(空約)이 되었다. 나아가 외환위기는 그나마 존재한 국산 식량종자를 외국에 팔아넘기면서 식량주권을 포기하는 사태로 나타났다. 1996~1997년 한국의 식량자급률은 주곡인 쌀을 제외하면 27~30%에 불과했다. 반면 밀과 옥수수의 경우 대미의존도가 80%를 넘었다(연합뉴스 1996/10/15; 1998/06/09). 이는 석유처럼 식량도 해외의존도가 높다는 것을 의미한다. 요약하면 김영삼 정부동안 국내 식량자급률은 하락하고 있었지만 1997년 IMF 관리체제로 접어들면서 이에 대한 구체적이고 종합적인 식량안보 관련 정부정책은 거의 없었고 식량위기도 동반했다. 이 때문에 김영삼 정부동안 글로벌 차원의 식량안보 관련 외교정책은 추진하지도 못했다.

3. 김대중 정부(1998~2002): IMF 관리체제와 종자주권의 상실

종자는 점차 강해지는 지구온난화로 인한 가뭄과 해충에 저항력이 강한 미래의 신품종을 개발하는 데 반드시 필요하다. 이와 같은 미래의 식량안보와 식량주권에 필수적인 종자의 중요성을 정책적 차원에서 본격적인 관심을 시작한 것은 1996년이었다. 당시 김영삼 정부는 쌀 등을 포함한 모든 작물의 유전자원 종합정보화를 추진했다. 즉 농업진흥청 산하 농업과학기술원에 유전자원연구소를 설립하고 유전자은행과 종자은행의 설립을 계획했다(연합뉴스 1996/11/28). 그러나 종자관리의 현실은 전문 인력 및 예산의 부족으로 매우 허술했다. 왜냐하면 당시 농업과학기술원의 1개과에 불과 17명의 연구진과 연 5억 원의 예산이 전부였기 때문이다. 이런 결과로 김영삼 정부 말인 1997년 농업유전자원은 1,548종에 135,000여 점으로 세계 58위였다(연합뉴스 1997/10/16). 이런 상황에서 1997년 IMF 외환위기는 결국 김대중 정부에서 종자주권의 상실이라는 부정적 결과로 나타났다(이철호 2012, 144-149).

IMF 외환위기로 인해 김대중 정부는 신자유주의 경제정책에 의한 민영화 정책을 주도했다. 국내 농산물 관련 이 정책은 기존 국가가 관리하던 종자시장도 민영화되면서 국내 4大 종자회사를 모두 다국적 종자회사에 매각하게 만들었다. 예를 들면 1997년 일본의 사카다는 청원종묘(No.4)를 인수했고, 스위스 노바티스(Novartis, 現syngenta)는 서울종묘(No.2)와 농진종묘를 인수했으며, 1998년 멕시코계 세미니스(Seminis, 2005년 미국계 몬샌토가 인수)는 흥농종묘(No.1)와 중앙종묘(No.3)를 인수했다. 결국 종자주권을 외친 농우바이오(No.5, 現 No.1)만 살아남았다. 이를 통해 외국기업은 한국 종자시장의 57%를 인수했으며 한국에 등록된 종자 2,000여 종에서 37%인 750종의 소유권과 기술이 외국업체에 이전됐다(김종덕 2009, 74-75). 종자주권의 상실은 농민들이 다음 해 농사를 위해 별도로 보관하고 관리했던 농산물 종자를 농사를 지을 때마다 별도로 해당 종자를 구매해야 한다는 것을 의미한다.

한편 김대중 정부 동안 글로벌 차원의 식량안보 관련 주요 회의는

1998년 및 2001년 아세안 정상회의에서 아시아판 식량안보 구축의 필요성을 강조하는 선언적 의미 외에는 거의 없었다. 더구나 2002년 세계식량정상회의는 강대국 대표들의 대거 불참으로 큰 성과 없이 폐막됐다. 2002년 세계환경정상회의로는 두 번째인 요하네스버그 회의에서는 기후변화에 따른 식량안보의 중요성을 처음으로 강조했지만 글로벌 차원의 선언적 의미에 불과했다. 그러나 2002년 FAO 회의에서 개발도상국이 제안한 세계적 곡물메이저에 대한 규제를 강화해야 한다는 안건은 그나마 글로벌 차원의 식량정책에 대한 가장 구체적인 제안이었다(연합뉴스 2007/06/12).

식량안보에 대한 국내적 차원의 대책으로 1998년 김대중 대통령이 역대 대통령으로서는 처음으로 농림부 업무보고에서 주곡자립을 강조하는 식량안보론을 역설했다. 이와 함께 1999년에는 향후 21세기 농정을 위해 식량안보와 식품안전을 중시하는 대책을 발표했다. 이를 위해 곡물별로 식량자급목표를 설정하고 국가안보 차원의 범국가적 위기관리체제의 구축을 강조했다. 이런 정부의 식품안전에 대한 강조와 함께 1999년 여론조사에서는 국민의 99%가 GMO에 대한 의무표시제를 강화해야 한다고 관심을 표시하면서 범정부차원의 GMO 대책기구가 결성됐다.

농산물에 대한 유전자 조작은 1983년 담배를 시작으로 90년대 제2의 녹색혁명으로 각광을 받았다. 1994년 미국에서 처음으로 상업화한 GMO 농산물의 종류는 크게 두 가지로 해충 저항성 Bt 작물과 제초제 저항성 작물로 그것의 장점은 다수확과 고품질이다. 이를 통해 농약사용을 감소시켜 인건비 절감에 따른 생산비를 낮출 수 있다. 1998년 세계최대곡물회사인 카길과 세계최대종자회사인 몬샌토가 유전자조작 농산물을 원료로 하는 새로운 시장개척을 위한 합작 사업을 발표했다. 결과적으로 현재 국내에서 사용하는 수입산 미국 옥수수와 대두의 경우 거의 대부분은 GMO 농산물이다. 유럽 환경론자들은 GMO 곡물에 대한 안전성, 유해성, 생태계 교란 등이 검증되지 않는 상태에서 수입 및 사용을 반대하면서 "프랑켄슈타인 식품"이라고 부르고 있다(이선혜 옮김 2009; 김홍욱 옮김 2009). 유럽의 경우 1998년부터 GMO 식품에 대한 표시제를 실시하고 있다.

한편 90년대 이래 북한은 홍수와 가뭄으로 인해 지속적인 식량위기를 맞이했다. 따라서 김영삼 정부는 물론 김대중 및 노무현 정부에서도 대북 식량지원의 문제는 중요한 대북정책의 하나이며 논쟁거리였다. 왜냐하면 김대중 및 노무현 진보정권들에서조차 북한의 다양한 대남도발이 발생했기 때문이다. 이 때문에 진보정권에서 인도적 차원의 대북 식량지원문제는 남북정상회담에도 불구하고 무상 vs. 유상, 4자회담 혹은 6자회담과의 연계 등에 대한 논쟁을 불러일으켰다. 이와 같은 대북 식량지원의 문제에 대한 많은 논쟁에도 불구하고 [그림 2] 및 <표 2>에서 보듯 김대중 정부에서는 미국이 가장 많이 지원했으며 노무현 정부에서는 미국의 대북지원이 대폭 삭감되면서 국내차원의 대북지원이 주류를 이루었다.[8] 이와 같은 진보정권들의 대북 식량문제가 주요 현안이 되면서 두 정부 모두 글로벌 차원의 식량안보와 관련된 외교정책은 거의 전무했다.[9]

---

8) 1995~2011년까지 미국의 대북지원액 약 13억 달러에서 54%가 식량이었다(Manyin and Nikitin 2013, 2).

9) 국제곡물가격이 김대중 정부에서는 거의 완만하게 하락한 반면 노무현 정부에서는 지속적으로 상승하여 2008년에는 글로벌 차원에서 역대 최대의 곡물가격 폭등이 발생했다(FAO 2013, 20).

[그림 2] 미국의 대북 식량지원 추이(회계연도 기준)

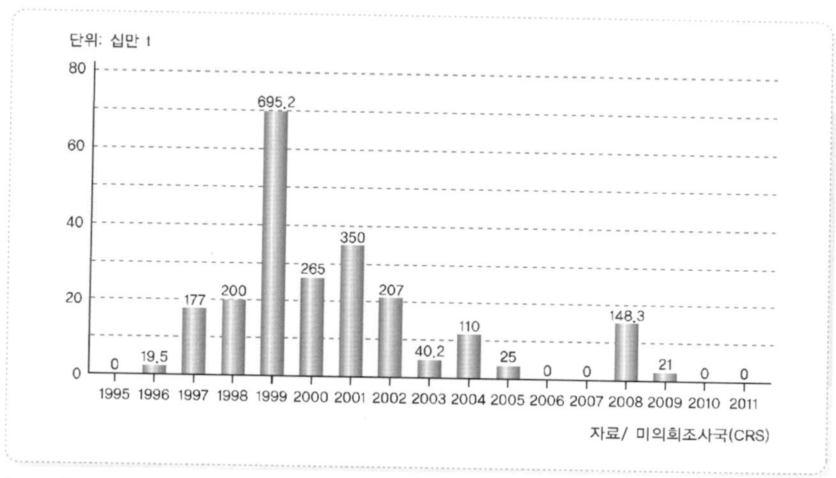

출처: 『연합뉴스』, 2012. 3. 29에서 재인용

〈표 2〉 한국의 대북 식량지원 추이

(단위: 억 원)

연도	지원 내용	지원 방식	지원 금액
1995	국내산 쌀 15만톤	무상	1,854
2000	외국산 쌀 30만톤, 중국산 옥수수 20만톤	차관	1,057
2002	국내산 쌀 40만톤	차관	1,510
2003	국내산 쌀 40만톤	차관	1,510
2004	국내산 쌀 10만톤, 외국산 쌀 30만톤	차관	1,359
2005	국내산 쌀 40만톤, 외국산 쌀 10만톤	차관	1,787
2006	국내산 쌀 10만톤	차관	394
2007	국내산 쌀 15만톤, 외국산 쌀 25만톤	무상	1,505
합계	쌀 265만톤, 옥수수 20만톤		1조976

자료: 통일부

출처: 『한국일보』, 2010. 9. 17에서 재인용.

4. 노무현 정부(2003~2007): DDA와 세계식량가격의 폭등

식량안보 관련 노무현 정부에서 가장 중요한 사건은 2001년 UR을 대체한 새로운 도하라운드(Doha Development Agenda)의 출범에 따른 쌀 시장에 대한 개방문제였다. UR 협상에 따라 이미 한국은 1995~2004년까지 관세와 보조금을 매년 감축하여 국내 농산물에 대한 가격 경쟁력은 급감했다.[10] DDA 협상에 따라 노무현 정부는 두 가지 선택 중에서 하나를 선택해야 했다. 하나는 관세화에 의한 수입개방이고, 다른 하나는 <표 3>에서 보듯 관세화를 다시 유예하는 대신 국내 쌀 시장에 대한 MMA을 증가시키는 것이다. 전자는 수입쌀에 대한 고율의 수입관세를 인하하는 것이고, 후자는 쌀 시장에 대한 일정량의 수입을 의무적으로 증가시키는 것이다. 문제는 외국산의 쌀에 대한 수입자유화는 국내 쌀에 비해 매우 저렴하기 때문에 국내 쌀 생산의 급감은 물론 비농업부분까지 커다란 영향을 제공할 수 있다(민승규 · 모리시마 마사루 1997; 삼성경제연구소 1997, 112). 따라서 국내 쌀 농업이 붕괴될 경우 농촌의 붕괴와 함께 그 여파가 도시부분까지 심각한 영향을 줄 수 있다.

〈표 3〉 연도별 수입쌀 도입 물량

(단위: 1,000톤)

연도	'05	'06	'07	'08	'09	'10	'11	'12	'13	'14
MMA(A)	225.6	245.6	266.3	286.6	307.0	327.3	347.7	368.0	388.4	408.7
밥쌀용(B)	22.6	34.4	47.9	63.1	79.8	98.2	104.3	110.4	116.6	122.6
비율(B/A)	10	14	18	22	26	30	30	30	30	30

출처: 농촌진흥청, 『세계 식량문제와 우리의 대응방안』, 2011, p.180.

10) 미국은 자국 농업에 대한 보조금 지급(연간 약 400억 달러)을 지속적으로 유지하면서 개도국에는 농업에 대한 보조금 지급을 전면중지 혹은 대폭 삭감하라고 강요했다(김기근 옮김 2010, 60).

일본의 경우 1999년부터 관세화를 실시하여 쌀에 대한 수입제한은 이제 한국만이 유일하여 향후 농산물 협상에서 불리한 위치에 있다. 결과적으로 노무현 정부는 2014년까지 관세화 유예를 10년 추가 연장했지만 MMA 물량은 2004년 205,000톤에서 2014년 408,000톤으로 늘어났다(김종덕 2009, 74). 이 때문에 노무현 정부 역시 2004년부터 식량안보에 대한 대안을 마련했다. 대안의 하나는 2005년 식량자급률의 목표치를 설정하면서 DDA 농업협상의 진행과정에 따라 추곡수매제를 폐지하고 처음으로 공공비축제를 도입했다. 추곡수매제는 정부가 정한 가격(시장 가격을 웃도는 가격)에 따라 쌀을 매입하는 것이기 때문에 WTO 규정에 위반되는 반면에 공공비축제는 식량안보 차원에서 정부가 일정 분량(600만 섬 내외)의 쌀을 시가로 매입해 시가로 방출하는 제도로 WTO도 허용하고 있다.

두 번째는 중요한 사건은 2003년 멕시코 칸쿤에서 개최된 WTO 각료회의에서 농산물 무역자유화에 반대하면서 데모하던 한국 농민 이경애의 자살이다. 이로 인해 회의는 무산됐다. 또한 2005년 홍콩에서 개최된 WTO 각료회의에서도 한국의 전국농어민후계자협의회(1987년 결성) 회원 900명이 데모로 인해 경찰에 체포됐다. 글로벌 차원에서 WTO에 대한 농민들 저항의 기원은 식량주권을 제기하면서 1993년 멕시코에서 창설하고 국제농민운동으로 확산된 멕시코 『농민의 길(Via Campesina: peasant way)』이라는 단체이다. 이 단체의 회원이기도 했던 농민 이경애의 자살은 세계화 과정에서 WTO의 농산물 개방에 대한 대부분의 개발도상국 농민들을 대표하여 항거한 사건으로 농업의 존폐를 넘어 농민들의 생존문제를 새롭게 부각시켰다. 왜냐하면 전 세계의 1/3이 여전히 영세농이고 이들의 식량생산이 2/3를 차지하고 있기 때문이다(김기근 옮김 2010, 29).

UR과 WTO 출범 이래로 "생산비를 한 번도 제대로 건져본 적이 없다. 때때로 우리는 평상시보다 네 배나 더 큰 가격 폭락을 갑자기 겪기도 했다 … 농사를 포기하는 농민들 일부는 도시의 빈민촌으로 이주한다. 농촌에 남아있는 농민들은 가격 폭락의 악순환에서 벗어나려고 애쓰지만 결국 쌓여가는 빚 때문에 파산하게 된다."

– 2003년 멕시코 칸쿤에서 WTO의 농산물 무역자유화에
항거하면서 생을 마감한 이경애(이경애 2003).

세 번째는 2003년 한-칠레 FTA 체결이다. 협정의 핵심은 칠레의 농수산물과 한국의 공산품을 상호 교환하는 것이다. 따라서 칠레의 값싼 농수산물이 거의 무관세로 수입되었다. 문제는 칠레의 과일값이 한국에 비해 1/4~1/20 정도로 싸고 더구나 이들 과일의 생산과 유통은 업계 1위와 2위인 미국계 다국적 기업인 돌(Dole)과 유니프르티(Unifrutti)이다. 1998년 기준 칠레산 포도의 경우 세계 수출량의 24%로 1위, 자두는 17%로 2위, 그리고 키위, 아보카도, 사과, 배 등은 3위를 차지한다. 이들 수입산이 국내에 들어올 경우 국내 과일은 가격경쟁에서 밀리고 결국 농민들은 과일재배를 포기하게 될 수 있다. 그런 다음 다국적 과일기업들이 가격을 점차로 올릴 경우 대책이 없다(허남혁 옮김 2003, 215). 예를 들면 1994년 북미 FTA가 체결되어 미국산 값싼 옥수수가 멕시코에 수출되면서 1년 안에 멕시코 옥수수 생산은 50%나 감소됐다. 이것이 2008년 멕시코 토르티야(tortlla) 폭동의 근원이 됐다.

네 번째는 2006년 말부터 2008년 4월 동안에 식품가격이 71% 상승한 제2차 세계식량가격의 폭등이다(김기근 옮김 2010, 14). 이 사건에 대한 원인들은 다양하며 여전히 논쟁 중이다. 예를 들면, 전 세계 인구의 약 50%를 차지하는 중국과 인도의 식량소비 및 경제발전에 의

한 육식을 선호하는 식생활 패턴의 변화로 사료용 곡물소비의 증가, 2007년 미국의 금융위기에 따른 헤지펀드를 비롯한 국제투기자본의 농산물 유입, 도시화에 의한 경작지의 감소와 기후변화에 따른 홍수, 가뭄, 기근 그리고 흉작, 배럴당 140달러에 이르는 국제석유가격의 급등에 따라 옥수수를 에탄올로 전환하는 양의 증가 등이다. 특히 2007년 기준 옥수수를 이용한 에탄올은 세계 바이오 생산량의 약 40%를 차지하면서 국제곡물가격의 상승을 유도한 중요한 요인의 하나였다(박중서 옮김 2012, 202-203). 문제는 이와 같은 외부원인도 있지만 농업분야에 투자를 소홀히 한 개발도상국에도 있다. 이 사건으로 아시아, 아프리카, 중남미 개발도상국의 약 30여개 이상의 국가에서 식량폭동이 발생하고 빈민증가와 식량폭등으로 일부 국가에서는 정권이 교체됐다.

끝으로 종자는 미래의 식량주권인 동시에 식량안보이다. 한국은 2005년 기준 식량작물의 경우 약 115,000종에 불과해 미국(46만), 중국(38만), 러시아(32만), 일본(27만), 인도(25만) 등에 비해 턱없이 부족한 실정이다(세계일보 2006/11/15). 이를 위해 한국은 이미 1998년 품종보호를 위해 종자산업법을 개정했다. 2014년 농림축산식품부에 따르면 세계 농산물 종자시장의 규모는 1990년 30억, 1998년 200억, 2005년 300억, 2012년 450억 달러로 증가하고 있지만 우리나라의 종자산업 규모는 2012년 4억 달러(식량종자의 경우 1억 7,000만 달러)로 세계시장의 1.1%에 불과하다(한겨레 2006/12/11). 세계종자시장은 GMO 종자의 90% 특허권을 가지고 있는 몬샌토(미국)를 비롯한 듀폰(미국), 신젠타(스위스) 등 10대 다국적 기업이 인수합병(M&A)을 통해 세계시장의 73% 가량을 점유하고 있다(서울경제 2014/01/06).

한국은 동부팜한농과 농우바이오가 전체 시장의 51%를 점유하고 있지만 영세한 수준이다. 문제는 종자산업법에 따라 외국 종묘회사는 유전공학을 활용해 개발한 수입산 종자를 2006년부터 발효되는 국제신품종보호연맹협약(UPOV)에 의해 지적재산권(종자특허권)으로 사용료를 적극 행사하고 있다.[11] 예를 들면 2000년 로열티는 30억, 2004년은 50억, 2013년은 162억 원이다(세계일보 2014/03/24). 한국은 2002년 UPOV에 가입하여 가입 10년 후인 2012년에는 UPOV에 등록된 모든 작물에 대해 로열티를 지불해야 한다. 결국 이명박 정부는 2009년부터 '2020 종자산업 육성대책'을 추진했고, 2011년에는 정부와 민간이 합동으로 '골든 시드 프로젝트(Golden Seed Project)'에 대한 타당성 조사를 마치고 2013년부터 본격적으로 시작됐다.

5. 이명박 정부(2008～2012): 쇠고기수입협상과 식품안전의 포기

이명박 보수정부가 출범하면서 국제곡물가격의 급등은 식품가격의 상승에 따른 서민들의 불만이 급증한 상황이었다. [그림 3]에서 보듯이 밀, 옥수수, 콩 등 전체 공급량의 66%를 수입하는 한국은 2008년 3월 기준 1년 전보다 밀(323만 톤)은 톤당 179달러에서 441달러, 옥수수(932만 톤)는 톤당 160달러에서 209달러, 콩(154만 톤)은 톤당 279달러에서 539달러로 폭등했고 이 곡물의 식용은 28% 그리고 사료용은 34%로 증가했다(한겨레 2008/05/28). 이런 상황에서 이명박 정부는 미국산 쇠고기수입 협상과정에서 일본이 수입하는 조건보다 훨씬 불리한 조건으로 광우병 위험이 있는 미국산 쇠고기에 대한 전면적인 수입자유화 조치를 허용했다. 더구나 이명박 정부는 안전성과 위해성이 검증되지 않은 GMO 농산물을 식용으로 수입하는 것을 허용했다. FAO는

11) UPOV에 대한 비판적 내용은 이철호 2012, 120-124.

[그림 3] 품목별 기간별 선물가격 상승률 비교

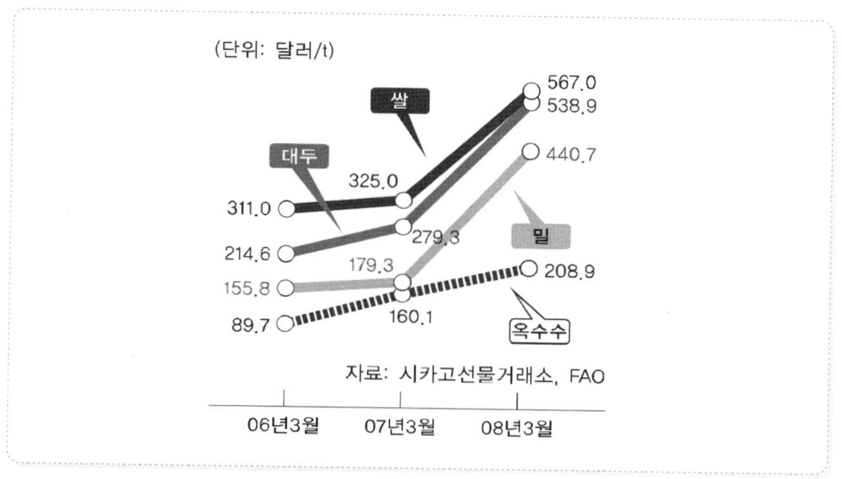

출처: 『한겨레』, 2008. 5. 28.

〈표 4〉 미국산 쇠고기 수입 협상 내용

구분	살코기	뼈	내장	분쇄육	특정위험물질(SRM)						
					척추	척수	머리뼈	뇌	눈	편도	소장끝
20개월 미만	•	•									
20개월-30개월											
30개월 이상											

출처: 『서울신문』 2008. 5. 15; 『연합뉴스』, 2008. 5. 29; 『한겨레』, 2010. 3. 14.
* 실선 부분은 협상 전, 짙은 부분+점선 부분은 협상 후(2008년 6월), 점선 부분은 재협상 후(2008년 8월) 제거.

식량안보를 식량의 영양과 안전에 적합한 적절성, 식량의 물리적 및 경제적 기준의 충족을 의미하는 접근성, 식량의 사회적 기준을 의미하는 지속 가능성 등으로 규정한다. 이런 맥락에서 이명박 정부는 국민의 식품안전을 포기했다.

구체적으로 말하면 노무현 정부 시절인 2003년에 미국에서 광우병 발생 이후 미국산 쇠고기에 대한 수입이 금지되었으나 2006년에 <표 4>에서 보듯 '30개월 미만과 뼈를 제거한 고기'라는 조건으로 재개되었다. 그러나 이명박 정부가 등장하고 미국방문을 앞둔 2008년 4월에 한미 FTA 비준의 선결조건이었던 쇠고기 협상은 노무현 정부에서는 허용하지 않았던 광우병 위험이 있는 특정위험물질(Specified Risk Material: SRM)의 대부분 부위를 포함한 조건은 물론 미국산 쇠고기 검역의 조건도 대폭 낮추어 합의했다.[12] 그러나 협상 내용이 공개된 2008년 5월 광우병의 위험성에 대한 우려와 함께 논란이 증폭되고 국민들의 대규모 촛불시위가 보수정권에 대한 반발과 함께 8월까지 이어졌다. 결국 2008년 8월 재협상을 통해 30개월 미만의 소에서도 척추부분을 제외한 SRM 부위를 제거하기로 최종 합의했다.[13]

한편 [그림 3]에서 보듯 2008년은 국제곡물가격이 역대 최고치로 폭등한 해였다. 예를 들면 2008년도 국제곡물가격은 2007년도에 비해 주요 곡물인 쌀(87%), 밀(130%), 옥수수(74%)가 모두 기록적으로 폭등하여 곡물가격의 상승폭이 평균 83%를 기록했다.[14] 이 때문에 세계곡물재고량이 지난 30년 이래 가장 낮은 기록을 세웠다. 이런 원인으로는 학자들은 지구온난화로 인한 이상기후로 인해 식량공급의 급감, 중국과 인도와 같은 인구대국의 급속한 경제발전에 따른 식량수요의 급증, 우크라이나, 아르헨티나, 베트남, 러시아와 같은 식량수출국의 곡물 수출세 환급 폐지와 <표 5>처럼 식량수출을 통제하는 식량

12) 2011년 9월 위키리크스가 공개한 기밀문서에 의하면 최시중(방송통신위원장)과 현인택(통일부 장관)은 2008년 1월에 버시바우 주한 미국대사와 만나 총선 직후인 2008년 4월 이명박 대통령의 미국방문에 대해 논의하던 중 주미대사가 "한국이 미국산 쇠고기 수입 개방"이라는 단서를 제안했고 그의 제안에 현인택은 개방을 약속했다(한겨레 2011/09/05).

13) 한미 쇠고기협상에 대한 내용은 이철호 2012, 73-106.

14) 이상 UN Office for the Coordination of Humanitarian Affairs(2009, 1).

〈표 5〉 주요 곡물 수출 통제국

국가	시기	통제내용
인도	2007/10	바스마티종 쌀 제외 수출 중단
우크라이나	2007/11-2008/05	밀, 옥수수, 콩 수출량 제한
러시아	2007/12	밀, 보리 등에 수출 관세 4-5배 인상
중국	2008/01	쌀, 옥수수, 밀가루 수출 관세 인상
아르헨티나	2008/02	밀 수출 관세 인상
캄보디아	2008/03	쌀 수출 중단
이집트	2008/04-2009	쌀 수출 중단
베트남	2008/04	쌀 수출량 제한
브라질	2008/04	쌀 수출 중단
인도네시아	2008/04	쌀 수출 중단
카자흐스탄	2008/04-2008/09	밀 수출 중단
라이베리아	2008/05	쌀 수출 중단

출처: 『한겨레』, 2008. 6. 22.

자원주의의 확산, 전 세계 곡물교역량의 75%를 차지하는 4大 곡물메이저의 사재기, 배럴당 140달러에 육박한 고유가 그리고 그로 인해 옥수수 최대생산국인 미국이 고유가시대에 에너지독립을 정책적으로 추진하면서 옥수수를 에탄올로 대체하는 에너지 개발 등을 지적했다.

2008년은 국제석유가격과 국제곡물가격이 동반상승하여 개발도상국에게는 위기의 한 해였다. 왜냐하면 2007년부터 2008년 5월까지 아프리카, 아시아, 중남미 등 30여개의 개발도상국에서 곡물가 상승에 따른 식량 관련 폭등과 분쟁이 발생했기 때문이다. 이 때문에 2008년에는 UN 인권위원회가 식량위기 관련 특별회의를 소집하여 글로벌 식량위기를 인권의 위기라고 천명했다. 반기문 UN 사무총장도 식량문제 관련 최초의 태스크 포스를 구성했다. 그는 “인간에 의한 굶주림보다 더 비참한 것은 없다"라고 강조하면서 2008년의 화두를 글로벌 식량 위기로 표현했다(연합뉴스 2008/06/03). 글로벌 식량위기에 대응하여 2008년 UN 세계식량안보정상회의와 G8 정상회의, 2009년 G20 정상회의(global food security initiative)와 UN 세계식량안보정상회의("Feed the Future" Initiative), 2011년 세계은행과 IMF는 식량안보를 절대적인 최우선 과제와 세계경제의 최대과제로 선언했지만 구체적인 정책적 결과는 없었다.

한편 FAO는 2009년 세계기아인구가 처음으로 10억 명을 돌파했다고 선언하면서 새로운 UN 식량안보전략을 제시했다. 또한 2011년에는 FAO와 WFP가 함께 식량안보 클러스터를 출범시키고 새로운 국제협력을 추진했다. 아시아에서도 APEC의 주요 과제의 하나로 식량안보를 선정했다. 2012년에는 한중일 식량안보 관련 3국이 함께 농업정책에 대한 정보 공유 및 농산물 무역을 촉진하는 공동선언문을 채택했다. 2010년 러시아에서는 국가차원에서는 처음으로 푸틴 대통령이 식량 관련 공급확대와 해외의존 축소를 골자로 하는 식량안보 독트린을 선언했다. 그러나 식량안보 관련 이명박 정부의 외교는 2009년 G8 식량안보회의의 참석과 2010년 FAO 아태지역총회의 축사에서 식량안보를 인간의 기본권 문제라고 강조하는 외교적 수사가 거의 전부였다. 그나마 식량안보 관련 구체적 외교는 2010년 개발도상국을 위한 농업식량안보기금(the Global Agriculture and Food Security Program)에 미국, 캐나다, 스페인, 게이츠 재단 등과 함께 창립회원으로 5,000만 달러를 출연한 것이 고작이었다.[15] 한마디로 이명박 정부

15) 식량안보 국내 정책으로는 2010년에 농수산물유통공사(aT)가 662억의 자본금을 토대로 설립됐으며, 2012년 한국농촌경제연구원은 동북아 식량안보기금 및 국가식품안보위원회의 설치를 제안했다. 농업진흥청은 아시아 농식품 기술협력 이니셔티브(Asian Food and Agriculture Cooperation Initiative: AFACI)를 출범했다.

의 식량외교는 외교적 우선순위에서 환경외교에 밀렸다.

Ⅳ. 종합평가 및 정책적 함의

- 종자를 지배하는 자가 농업을 지배한다 -

세계곡물수급재고율은 80년대 27.6%, 90년대 28.7%, 2000년대 21.7%, 2011년 20.4%, 2012년 18.6%(전망)로 지속적으로 하락했다(USDA). 이것의 하락은 국제곡물가격의 불안정 혹은 상승 가능성을 시사한다. 2002~2007년 동안 세계 5大 곡물수출국들은 미국, 아르헨티나, 캐나다, 호주, EU-27로 전체의 68.5%를 차지하고, 반면 세계 5大 곡물수입국들은 일본, EU-27, 멕시코, 한국, 이집트로 전체의 33.3%를 차지했다(USDA). 이와 같은 통계는 [그림 4]에서 보듯 한국의 식량 및 곡물자급률이 70년대(식량은 86.2%, 곡물은 80.5%), 80년대(식량은 69.6%, 곡물은 56%) 이래 지속적인 하락 추이와 맥을 같이한다. 더구나 2012년 농림수산식품부의 통계에 의하면 주요 곡물인 밀의 자급률은 1.6%이며 옥수수의 자급률은 3.3%에 불과하다. 또한 2012년 FAO의 통계에 의하면 한국은 OECD 34개 국가 중에서 곡물자급률이 26%인 28위로 하위수준이다. 이것은 한국의 식량안보가 장래 위기를 맞을 가능성이 높다는 의미이다.

글로벌 차원의 식량위기와 국내적 차원의 식량안보 위기 가능성의 도래에도 불구하고 김영삼 정부부터 이명박 정부까지 식량주권과 식량안보에 대해서는 정치경제적으로 선언적 의미만 있었지 실질적이고 구체적인 정책 대안을 제시하지 못했다. 이것은 식량주권과 식량안보 관

[그림 4] 식량 및 곡물자급률 추이

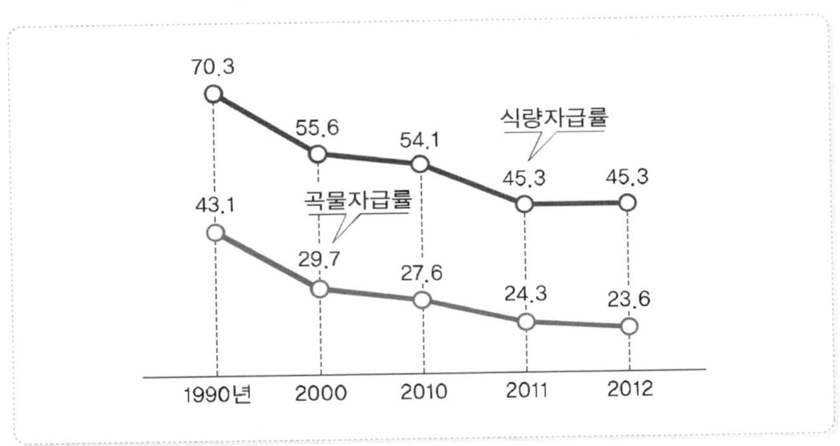

출처: 『농민신문』, 2013. 8. 30.

련 과거 정부들이 인간안보 차원의 식량안보에 대한 외교정책은 추진하지도 못했음을 의미한다. 물론 현재 한국의 경제력으로는 식량안보 차원의 "필요한 곡물을 필요한 시기에 적정가격으로 수입할 수 있는 능력"은 존재한다. 그러나 이것은 장래에도 국제곡물이 안정적 가격으로 자유롭게 유통된다는 가정 하에서 가능하다. 2008년 국제석유가격과 국제곡물가격이 급등한 사례가 있다. 당시 한국의 쌀 수급량이 거의 100%로 비교적 충분하여 다른 국가들과는 달리 식량위기를 극복할 수 있었다. 가까운 장래 이런 위기가 다시 도래할 때도 과거처럼 극복할 수 있을지는 예측하지 못한다. 따라서 현 정부에서는 과거 정부의 문제점을 살펴보고 미래지향적인 새로운 식량주권과 식량안보론을 정립해야 한다.[16)]

공자는 정치의 핵심은 국민의 신뢰, 식량, 군사력이라고 강조하면서

16) 윤병세 외교장관은 박근혜 정부의 외교정책 기조는 신뢰외교라고 강조하면서 신뢰외교는 인간안보와 맥을 같이 한다고 강조했다(Yun Byung-se 2013).

그 중에서 으뜸은 신뢰라고 설파했다(나승렬 2012, 19). 이런 맥락에서 신뢰를 기반으로 하는 국내적 차원의 식량주권과 식량안보에 대한 간략한 정책적 대안을 논의한다. 첫째, 대내적으로 식량주권을 위한 신뢰외교 차원의 정책이고, 둘째, 식량안보를 위한 신뢰외교 차원의 정책이며, 셋째, 이를 통해 대외적으로 개도국을 위한 인간안보 차원의 식량주권과 식량안보를 위한 신뢰외교의 추진이다. 앞에서 역대 정부의 식량주권을 평가했듯이 전두환 및 노태우 정권에서 농업에 대한 무관심 정책으로 김영삼 정부에서 쌀에 관한 UR 협상에 가장 중요한 식량주권을 의미하는 국내 쌀에 대한 보호막을 제공하지 못하면서 '식량주권에 대한 위기'를 초래했다. 나아가 IMF 외환위기로 김대중 정부는 식량주권의 보루인 대부분의 '종자주권을 상실'했고 이명박 정부는 미국산 쇠고기 수입에 대한 협상 및 GMO 곡물수입 관련 '식품안전을 포기'했다.

〈표 6〉 역대 농업장관 및 농촌진흥청장의 평균 임기

역대 정부	농업장관		농촌진흥청장	
	장관 수	평균 임기	청장 수	평균 임기
이승만(1948-1960)	17	9개월	1	4년
박정희(1961-1979)	14	1년 4개월	4	4년 8개월
전두환(1980-1987)	7	1년 2개월	2	4년
노태우(1988-1992)	5	1년	2	2년 6개월
김영삼(1993-1997)	6	10개월	4	1년 3개월
김대중(1998-2002)	3	1년 8개월	4	1년 3개월
노무현(2003-2007)	4	1년 3개월	3	1년 8개월
이명박(2008-2012)	4	1년 3개월	4	1년 3개월
	60	**평균 1년**	**24**	**평균 2년 3개월**

출처: 농림축산식품부(http://www.mafra.go.kr)와 농촌진흥청(http://www.rda.go.kr)

이런 일이 발생하는 다양한 원인들 중에서 농업 및 종자정책 관련 책임자들인 농업장관, 농촌진흥청장, 그리고 국립종자원장들에 대한 역대 정책결정권자들의 인식을 살펴보자. 위 <표 6>에서 보듯 이승만 정부에서 이명박 정부까지 한국의 농업정책을 총괄하는 수장으로서의 농업장관의 재임기관은 역대 평균 1년이다. 역대 정부에서 농업장관 총 60명 중에서 2년을 넘게 채운 장관의 수는 불과 9명에 불과하다. 그리고 역대 최장수 농업장관은 전두환 정부 시절에 2년 9개월을 재임한 박종문 장관이다. 한편 실질적인 농촌정책 관련 최고 수장인 농촌진흥청장의 경우 장관보다는 다소 양호한 편이나 김영삼 정부 이후부터는 큰 차이가 없다. 역대 재임기간이 장관의 2배 이상인 2년 3개월이지만 김영삼 정부부터 이명박 정부까지 평균 2년을 채우지 못했다.

한편 역대 정부에서 농촌진흥청장 총 24명 중에서 역대 최장수 청장은 박정희 정부 시절에 통일벼를 통한 녹색혁명을 성공적으로 마치고 무려 12년을 역임한 김인환 청장(1968.05~1980.06)이다. 새로운 품종을 개발하고 육성하는 데 거의 10년의 시간이 필요한데 그런 것을 진두지휘할 수장의 임기는 장관의 경우 평균 1년 그리고 청장의 경우 평균 2년에 불과하니 농업 관련 정책에서 무슨 장기적인 계획을 세울 수 있겠는가?(이완주 2009, 256-257). 이것이 한국의 현실이다. 또한 <표 7>에서 보듯 1974년에 창립된 국립종자원의 역대 원장의 수는 이명박 정부까지 총 28명이다. 최장기 원장의 경우 3년이고 최단기 원장의 경우는 5개월에 불과하다. 그리고 전체 평균임기는 1년 4개월이다. 새로운 종자개발에 최소 7년이 필요한데 그런 중요한 종자의 최고책임자의 임기는 지난 40년 동안 평균 1년 4개월에 불과했다. 한마디로 국내의 농업정책을 추진하기 전에 농업정책 관련 수장의 임기를 충분히 보장할 필요가 있다.

〈표 7〉 역대 국립종자원 원장의 평균 임기

역대정권	원장의 수	평균 임기
박정희	4	1년 4개월
전두환	6	1년 2개월
노태우	3	1년 8개월
김영삼	4	1년 7개월
김대중	5	10개월
노무현	4	1년 4개월
이명박	2	1년 11개월
	28	**1년 4개월**

출처: 국립종자원(http://www.seed.go.kr/introduction/director/directors.jsp)

한국의 식량안보를 위한 국가정책적 함의를 위해 첫째, 대내적으로 식량주권을 위한 신뢰외교 차원의 정책이다. 앞에서도 지적했듯 식량주권은 식량에 대한 국가의 자급자족을 의미한다. 이를 위한 다양한 정책들 중에서 종자와 국민의 주식인 쌀에 대한 정책이 중요하다. 종자의 중요성과 종자를 통한 새로운 품종개발의 전형적인 예가 1996년에 개발한 '다산(多産)벼'와 '남천(南川)벼'이다. 이 벼는 현재 ha당 약 7톤을 생산하는 수준이지만 향후 ha당 10톤을 생산하는 수준까지 노력을 기울이고 있다. 또한 2004년 농업진흥청이 10년 연구 끝에 개발한 이모작도 가능한 '조경밀'이다. 이런 종자문제에 대해 2007년 국제 NGO는 재래 종자에 대한 특허를 금지하는 제안을 했다(연합뉴스 2007/06/12).

한편 쌀의 자급률은 매우 중요하다. 2007~2008년 국제식량위기가 발생했을 때 한국은 그나마 쌀의 자급률이 충족되어 밀, 옥수수, 콩 등과 같은 수입 곡물의 가격이 폭등은 했지만 큰 파동은 겪지 않았다.

필리핀의 경우 1977~1983년 쌀 수출국이었지만 이제는 쌀 자급률이 90%에 불과해 쌀 수입국이 됐다. 2008년 식량위기 때 필리핀은 9,000만 명의 인구 중에서 35%가 식량문제로 고통을 받았고 불과 몇 달 사이에 쌀 수입 가격이 3배 상승해 톤당 1,000달러로 치솟았다. 270만 톤의 쌀을 수입해야 하는 필리핀은 10억 달러를 쌀 수입에 지출하여 재정파탄의 위기를 겪었다(한겨레 2008/06/22). 필리핀은 쌀을 생산하는 것보다 주변국에서 쌀을 수입하는 것이 저렴하다보니 쌀 수입에 의존하게 되면서 식량위기 시기에 결정타를 맞은 것이다. 필리핀의 사례는 국내산보다 저렴하다는 이유로 외국에 의존한다는 것이 얼마나 위험한 정책인지를 보여주는 타산지석(他山之石)이다.

결국 쌀의 자급률을 높이기 위해서는 다국적 기업이 통제하는 기업농이 아니라 식량주권을 확립하기 위해 자국 농민이 통제하고 정부가 지원하는 경자유전에 의한 자작농의 부활이 필요하다(Rosset 2010, 189-205). 이 점은 2009년 세계식량 심포지엄에서 빈곤문제 해결로 소농의 생산성 향상이 해결책이라고 강조한 빌 게이츠의 주장과 일맥상통한다. 『로마인 이야기』를 저술한 시오노 나나미도 로마 멸망의 근원으로 자작농의 소멸을 지적했다. 따라서 이를 위해 현재의 식량에 대한 자유로운 무역과 정부보조를 금지하는 WTO 체제 대신 새로운 무역체제를 구상해야 한다. 새로운 무역체제는 현재 세계 곡물시장의 80%를 장악하고 있는 다국적 곡물메이저들(미국계들인 Cargil, ADM, Conagra와 아르헨티나계인 Bunge)을 통제하는 것이다.[17]

식량주권을 확보하기 위한 초국가적 곡물회사들에 대한 문제점은

---

17) 카길과 미국정부가 유착관계를 통한 식량제국주의의 문제점에 대한 상세한 내용은 안진환 옮김 2008. 2001년 카길은 한국에 GMO 사료용 옥수수를 식용으로 수출해 물의를 빚었다.

많은 학자들이 지적했다(김영배 옮김 2008; 안진환 옮김 2008; 정서진 옮김 2013). 같은 맥락에서 국제농민운동인 『농민의 길』은 WTO 협상 대상에서 식품과 농산물은 제외되어야 한다고 주장한다. 멕시코의 경우 1994년 NAFTA를 체결한 후 멕시코인의 주식 옥수수 농업은 급감하여 10년 후에는 117만 명의 농민들이 일자리를 상실했다. 옥수수 수입의 경우 1994년 이전에는 멕시코 전체 수입량의 2.5%에 불과했으나 2008년의 경우 20~25%를 차지하고 가격도 300% 상승했다(김영배 옮김 2008, 99-105). 대신 2007~2008년 식량위기가 발생할 때 카길의 순이익은 2007년에 비해 50배 이상 상승한 23억 달러를 기록했다(한겨레 2008/06/29). 결국 국가의 식량 관련 대외적인 신뢰외교는 국가의 식량주권을 확보하기 위한 노력에 초점을 맞추어야 한다.

둘째, 식량안보를 위한 신뢰외교 차원의 정책이다. 2010년 기준 한국은 연간 1,400만 톤을 수입하는 세계 5위의 식량수입국이다. 또한 미국, 중국, 호주, 캐나다 4개국 수입의존도가 84%로 집중되어 있다(내일신문 2010/08/19). 더구나 한국은 곡물수입의 60%를 카길에 의존하고 있다. 이처럼 일국의 곡물수입에 대한 통로를 소수의 국가와 1개의 다국적 기업에 의존하는 것은 매우 위험하다. 이것은 "누가 우리의 밥상을 지배하는가?(Invisible Giant)"라는 카길에 대한 단행본을 저술한 브루스터 닌(Brewster Kneen 2008, 안진환 옮김)도 지적한 내용이다. 따라서 우선적으로 식용과 사료용인 밀, 옥수수, 콩 등의 주요 곡물수입의 다변화가 필요하고 이를 위해 식량공급의 안정적 확보를 위한 새로운 곡물수출국들 및 해외식량기지화를 위한 신뢰외교를 추진해야 한다. 물론 한국에서 해외식량기지화는 이미 1968~1981년까지 중남미를 대상으로 실시했지만 거의 모두 실패했다. 따라서 실패를 거울삼아 민관 합동으로 우선적으로 사전타당성 조사와 이 분야 전문가의 양산이 선결과제이다.

후자를 위한 일환의 하나로 2009년 해외농업 개발협력단을 구성하고 해외농업기술개발(KOPIA) 센터를 6개국에 설치하면서 아시아 농식품기술협력협의체(AFACI)를 발족했다. 그러나 2008년 식량위기 시에도 보였듯이 해외식량기지화의 경우 곡물수출국이 수출규제 시에 대책이 없다. 따라서 [그림 5]처럼 해외식량기지화를 통한 식량안보의 경우 철수를 방지하는 실질적이고 실용적인 방법과 식량위기 시에 곡물의 수출을 자유롭게 할 수 있는 신뢰외교가 필요한 것이다. 결국 영국과 일본처럼 식량주권, 식량안보, 그리고 식품안전을 위한 국가차원의 총합적인 시스템을 구축해야 한다.

셋째, 개도국을 위한 인간안보 차원의 식량주권과 식량안보를 위한 신뢰외교의 추진이다. 현재 세계 인구 70억 명 중에서 비만인구는 15억 명이지만 사하라 이남의 아프리카와 남아시아 등의 개도국에서는 여전히 약 20억 명이 충분한 영향공급을 받지 못하고 있으며, 이 중

[그림 5] 해외농업개발(작물) 민간업체 진출 현황

출처: 『한겨레』, 2008. 7. 13.

에서 약 10억 명이 영향부족을 겪고 있고, 특히 이 중에서 약 1억 명은 하루 한 끼도 채우지 못하는 극심한 기아에 허덕이고 있다(프레시안 2012/08/29). 이런 기아 문제는 특히 저소득층, 여성, 유아, 아동 등의 사회적 약자에 집중되었다. 따라서 기존의 개도국에 대한 ODA 방식도 점차적으로 무상지원과 같은 '단순원조'에서 원조의 효율성을 강조하는 '기술원조'로 변화하고 있다. 2010년 미국의 주도로 캐나다, 스페인, 한국이 총 9억 달러를 출연해 세계농업식량안보기금을 결성했다. 이 기금은 최빈국의 농업 생산성 향상을 목적으로 만든 것이다. 이스터리(William Easterly)는 빈곤해결은 원조가 아닌 자립할 수 있도록 돕는 것이라고 강조했다. 한마디로 농업관련 기술원조의 패러다임은 종자의 경우 해당 개도국의 식량관련 야생종에 대한 공동연구의 추진과 함께 해외농업기술개발을 통한 해외식량기지화의 추진이다.

결론적으로 2010년 영국의 환경식품농촌부 장관은 더 많은 농산물의 생산(식량안보), 농산물 생산의 지속가능(식량안전), 먹는 식품의 안전(식품안전)이라는 '식품 2030' 대책을 발표했다(나승렬 2012, 49). 그러나 세계화 과정에서 UR 농산물 협상결과는 개발도상국들의 농촌과 농민을 배제하면서 대부분의 농민들은 영농의 자율성을 상실하고 영세농들은 몰락했다. 결국 개발도상국의 농민들은 도시로 이주하여 도시빈민 혹은 국제자본이 투자하는 자국 내의 상품화된 대량농산물의 노동자로 전락할 수밖에 없었다. 한마디로 농민계급이 노동자계급으로 전락했던 것이다(김기근 옮김 2010, 25). 그러나 개발도상국들은 농업대신 산업화 우선정책으로 자국 농업정책을 소홀히 했거나 독재 및 권위주의 정권들의 정치적 부패로 인해 혁신적 농업정책을 할 수 있는 여건을 준비하지 못했다(최윤희 옮김 1981, 249-250). 이것은 2007~2008년 세계식량위기처럼 사회불안과 민주주의의 위기로 나타날 수 있다. 이런 맥락에서 1971년 노벨경제학상 수상자 쿠즈네츠(Simon Kuznets)의 연설에서 진정한 선진국에 진입하기 위해서는 농업 발전이 필수라는 말을 상기할 필요가 있다.

참고문헌

김기근 옮김. 2010. 『그 많던 쌀과 옥수수는 모두 어디로 갔는가』. 서울: 더 숲.

김병태. 1992. 『토지경제론』. 서울: 백산서당.

김영배 옮김. 2008. 『식량주권』. 서울: 시대의 창.

김원옥 옮김. 2012. 『푸드 쇼크』. 서울: Speedpaper.

김종덕. 1997. 『원조의 정치경제학』. 경남대학교출판부.

———. 2009. 『먹을거리 위기와 로컬 푸드: 세계 식량 체계에서 지역 식량 체계로』. 이후.

김홍욱 옮김. 2009. 『파괴의 씨앗 GMO: 미국 식량제국주의의 역사와 실체』. 도서출판 길.

나승렬. 2012. 『세기의 리더들 식량을 말하다: 굶주림에 대한 인문학의 답변』. 지식공간.

농촌진흥청. 2011. 『세계 식량문제와 우리의 대응방안』. 농촌진흥청.

민승규·모리시마 마사루. 1997. 『기아와 포식의 세계 식량: 설 땅을 잃어가는 우리의 쌀』. 삼성경제연구소.

박중서 옮김. 2012. 『식량의 세계사』. 웅진 싱크빅.

송찬섭 외 2인. 2008. 『한국사의 이해』. 서울: 한국반송통신대학교 출판부.

안진환 옮김. 2008. 『누가 우리의 밥상을 지배하는가』. 서울: 시대의 창.

유영봉. 2006. “한국농업의 성장경로와 지속성장의 조건.” 권영근 외 18인, 『농업농촌의 이해』. 서울: 박영률출판사.

이경애. “진실을 말하라, 그리고 WTO에서 농업을 제외하라.” 『Korea AgraFood』, 34호, 2003.

이선혜 옮김. 2009. 『몬산토: 죽음을 생산하는 기업』. 이레.
이철호. 2012. 『식량전쟁: 2030년을 예측한다』. 서울: 도서출판 식안연.
이완주. 2009. 『라이스 워』. 북스캔.
전은경 옮김. 2011. 『식량은 왜 사라지는가?』. 파주: 알마.
정서진 옮김. 2013. 『식량의 제국: 세계 식량 경제를 움직이는 거대한 음모 그리고 그 대안』. 서울: 이상 북스.
최윤희 옮김. 1981. 『세계의 곡물재벌들: 식량은 무기화되고 있다』. 시안사.
허남혁 옮김. 2003. 『굶주리는 세계: 식량에 관한 열두 가지 신화』. 파주: 창비.
홍원표. 2005. "탈냉전시대의 인권과 국제정치." 『사회과학논집』, 23권 1호.
『농민신문』 2013/08/30.
『내일신문』 2010/08/19.
『서울경제』 2014/01/06.
『서울신문』 2008/05/15.
『세계일보』 2006/11/15; 2014/03/24.
『연합뉴스』 1990/01/01-2012/12/31.
『조선일보』 2013/11/23.
『프레시안』 2012/08/29
『한겨레』 2006/12/11; 2008/05/28; 2008/06/22; 2008/06/29; 2008/07/13; 2010/03/14; 2011/09/05.
『한국일보』 2010/09/17.

Arendt, Hannah. 1951. *The Origins of Totalitarianism.* NY: Harcourt inc.

FAO. 2013. *The State of Food Insecurity in the World: The multiple dimensions of food security.*

Manyin, Mark E. and Mary B. Nikitin. 2013. "Foreign Assistance to North Korea." *CRS Report*, June 11.

Paris, Roland. 2007. "Human Security: Paradigm Shift or Hot Air?" *International Security*, edited by barry Buzan and Lene Hansen, Vol.IV. CA: SAGE Publications.

Rosset, Peter. 2010. "Fixing Our Global Food System." *Agriculture and Food in Crisis*, edited by Fred Magdoff and Brian Tokar. NY: Monthly View Press.

Takasu, Yukio. 2011. "Building Trust in Human Security." Highlighting Japan, March.

UNDP. 1994. *The Human Development Report.*

UN Office for the Coordination of Humanitarian Affairs. 2009. "Human Security at the United Nations." Newsletter, Issue 5, Spring.

USDA, Foreign Agriculture Service. "Production Supply and Demand Online."

World Food Summit. 1996. "Rome Declaration on World Food Security." 17 Nov.

Yun, Byung-se. 2013. "President Park Geun-hye's Trustpolitik: A New Framework for South Korea's Foreign Policy." *Global Asia.* Vol8, No.3.

국립종자원. http://www.seed.go.kr/introduction/director/directors.jsp

농림축산식품부. http://www.mafra.go.kr

농촌진흥청. http://www.rda.go.kr

chosun.com, 2012. 11. 21.

The World Bank. "Food Safety is Critical for Food and Nutrition Security." 2013, in http://web.worldbank.org/WBSITE/EXTERNAL/TOPICS/EXTARD/0,,contentMDK:23326425~pagePK:148956~piPK:216618~theSitePK:336682,00.html(검색일: 2013. 9. 1)

제 7 장

21세기 전염병과 보건안보: 국가안보의 시각을 중심으로*

조성권 한성대학교 행정대학원 교수

Ⅰ. 문제제기

1976년 자이레(現 콩고)의 에볼라 강에서 발견된 이래 아프리카의 풍토병으로만 알려진 에볼라 출혈열이 2014년 처음으로 아프리카를 벗어나 미국, 영국, 스페인에서도 등장했다. 또한 최근 국내에서도 중동호흡기증후군(MERS)의 확산으로 정치경제적 그리고 사회문화적 커다란 이슈가 되고 있다. 에볼라 바이러스의 경우 환자의 피와 체액을 통해서만 감염된다. 그러나 가까운 미래 그 바이러스가 공기를 통해 전염될 가능성이 존재할 경우 인간에게 중대한 새로운 공포와 위협으로 등장할 것이다. 왜냐하면 바이러스의 특성상 돌연변이 혹은 유전자 재조합(reassortment)을 통해 새로운 바이러스로 탄생할 가능성이 시간문제라는 사실이기 때문이다. 이처럼 인간과 동물에게 다양한 질병을 일으키는 바이러스, 박테리아(세균), 곰팡이(진균), 기생충 등의 생물

* 이 글은 『정책연구』 통권 185호(2015년)에 게재된 것이다.

학적 인자(biological agents)에 의한 감염과 전염에 대한 두려움은 인류역사가 시작된 이래 현재는 물론 미래에도 인류가 해결해야 할 중요한 과제의 하나이며 새로운 초국가적 위협이다.

90년대 초반 WHO는 "신종 전염병의 등장과 전통적 전염병의 재등장"(emerging and re-emerging infectious diseases)이라는 용어를 처음으로 사용했다. 신종 및 전통적 병원체의 재등장과 글로벌 확산에 대한 공포는 결국 미국을 비롯한 많은 국가에서 보건 이슈를 안보차원에서 대응하게 만들었다. 한마디로 보건안보의 등장이다. 미국의 경우 클린턴 행정부의 대통령 결정지침을 통해 전염병에 대한 국가정책의 관심을 촉구했다(The White House 1996). 또한 2000년 CIA의 특별보고서는 글로벌 차원의 전염병에 대한 위협을 비전통적 혹은 새로운 안보 위협으로 규정하고 보건안보의 개념을 국가안보 차원을 넘어 더욱 확장하여 글로벌 보건안보라는 개념으로 새롭게 정립하면서 국가보건정책의 새로운 청사진을 제시했다(CIA 2000, 33-34). 이 보고서는 1998년 전 세계 약 5,400만 명의 사망자 중에서 약 1/4~1/3을 전염병에 의한 사망으로 추정했다(CIA 2000, 1).

2005년 부시 행정부는 인플루엔자 대유행의 가능성에 대한 국가전략(National Strategy for Pandemic Influenza)을 제시하였으며, 2009년 및 2010년 오바마 행정부에서는 각각 생물학적 위협에 대한 국가전략(National Strategy for Countering Biological Threats)과 HIV/AIDS에 대한 국가전략(National HIV/AIDS Strategy for the United States)을 제시했다. 나아가 2009년 오바마 행정부는 '글로벌 보건구상'(Global Health Initiative)을 제시하면서 2011년 WHO와 글로벌 보건안보에 대한 협정을 체결했다(The White House 2011). 예를 들면 현재 글로벌 보건안보의 가장 중요한 이슈인 HIV 감염자는 2013년 약

3,500만 명이며 매년 약 210만 명이 새로 감염되며 또한 약 150만 명이 사망한다. 3,500만 명 중에서 사하라 사막 이남의 아프리카가 2,470만 명으로 약 70%를 차지하고 있다.[1] 또한 세계 인구의 25억 명 이상이 모기에 의한 뎅기열의 위험에 노출되어 있다(WHO 2014, 3).

한마디로 90년대 중반 이래 기존 및 신종 전염병은 20년이 지난 최근까지 더욱 확산되면서 21세기 새로운 초국가적 위협의 하나로 등장했다. 이 때문에 20년 전 비전통적 안보 개념의 하나로 제시한 보건안보의 개념은 이제는 전염병에 대한 새로운 상황과 차원에 대해 새로운 해석과 정책을 요구하고 있다. 다시 말하면 21세기 더욱 위협적인 전염병에 대한 보건안보는 국가안보와 글로벌 안보를 모두 포괄하는 분석수준의 통합이라는 새로운 안보개념에 대한 정립이 필요하다. 왜냐하면 에볼라 바이러스처럼 전염병의 가장 중요한 특징의 하나인 전염성의 확산력이 더욱 증가하고 있기 때문이다. 그러나 이 연구에서는 국가안보 차원의 보건안보에 초점을 맞추어 고찰한다. 따라서 이 글은 분석수준과 정책적 대안 차원에서도 일부 전염병에 대한 사례를 통해 국가안보 차원에서 초점을 맞출 것이다.

Ⅱ. 연구경향과 분석틀

1. 전염병과 보건안보에 대한 연구경향

초창기 연구는 1995년에 미국의 질병관리본부가 새로운 저널(Emerging Infections Diseases)을 창간하면서 등장했다. 1995년 미국 CDC(Centers

1) 이상 http://www.who.int/mediacentre/factsheets/fs360/en/, Nov., 2014.

for Disease Control and Prevention: 이하 CVC)의 새처(Satcher 1995) 소장은 1995년 그의 논문에서 새로 등장하는 전염병에 대해 개인은 물론 국가, 그리고 글로벌 안보에 새로운 위협으로 등장하고 있다고 경고했다. 마찬가지로 WHO도 1995년 최초로 빈곤과 공중보건의 문제를 강조한 세계보건보고서(The World Health Report)를 발간했다. 이를 시작으로 일부 사회 과학자들이 이런 전염병에 대한 보건이슈는 공중보건의 입장과 국가안보의 입장이 결합된 보건안보라는 새로운 개념을 사용하면서 연구하기 시작했다(Fidler 2013, 789-790). 사회과학 차원의 전염병 관련 연구추세는 90년대 중반 공중보건 차원에서 국가안보 차원으로 그리고 최근에는 점차적으로 2003년 중국에서 시작된 SARS처럼 글로벌 보건안보 차원에서 연구가 주류를 이루고 있다(Guerrant 1998; Ingram 2005; World Health Report 2007; Rushton 2011; Abraham 2011). 마찬가지로 WHO도 2007년 보고서를 통해 처음으로 글로벌 공중보건안보의 청사진을 제시했다.

한편 90년대 중반 이후 최근까지 신종 전염병 및 전통적 전염병의 재등장에 대한 원인에 대한 연구로는 거시적 차원에서 크게 세 가지 경향이 있다. 첫째, 기후변화이다(Patz 1996; Epstein 2001; Zell 2004; Khasnis and Nettleman 2005). 둘째, 빈곤과 불평등과 같은 사회경제적 요인이다(McMichael 2004; Heymann 2005; Armelagos 2005; Marsh, 2008; Alirol 2011; Xia 2013). 셋째, 양자를 통합한 시각이다(Hardoy and Pandiella 2009). 이 글에서는 전염병의 확산에 대한 미시적 원인으로 세계화, 도시화, 야생동물과의 접촉, 그리고 병원체 자체의 돌연변이와 유전자 재조합 등을 간략히 분석한다.

국내의 경우 전염병에 대한 번역본은 권복규 옮김(2001), 김율희 옮김(2006), 강병철 옮김(2010), 송광자 옮김(2011), 강주헌 옮김(2013) 등의 5편으로 점차적으로 전염병에 대한 학문적 관심을 유도하고 있다. 그러나 정치학자에 의한 전염병에 대한 연구는 매우 빈약하다. 예를 들면 SARS에 대한 학술논문은 2편(김재철 2003; 박동균 · 이재호 2003)이고, 전염병의 경제적 손실에 대한 논문은 1편(이해춘 · 임현술 2007)이 전부이며, 전염병을 보건안보 혹은 글로벌 보건협력의 차원에서 연구를 진행하는 학자는 이상환(2008; 2009; 2011; 2012) 외에는 거의 없다.

위와 같은 국내외의 연구경향에 따라 이 글은 세 가지 측면에서 새롭게 접근하려는 시도이이다. 첫째, 국내 사회과학 특히 정치학에서 전염병을 안보차원에서 연구하는 학자와 글이 거의 없다는 사실이다. 특히 전염병을 보건안보의 관점에서 국가안보 차원에서 논의한 글은 거의 없다. 이런 맥락에서 이 글은 전염병과 보건안보를 국내 정치학의 새로운 이슈로 제시하면서 안보 분야의 새로운 영역으로 확대하려는 시도이다. 둘째, 분석수준에서 전염병을 국가안보차원에서 연구한 글은 외국의 경우 꽤 많이 이루어졌다(Feldbaum 2009; Samimian-Darash 2011; Fidler 2013). 그러나 전염병과 국가안보와의 관계를 개인 및 사회를 매개변수로 모두 포함한 경우는 극히 드물다(Price-Smith 2009). 셋째, 장래 이 연구는 다양한 분석수준과 다양한 비전통-비군사 안보 이슈들에 대한 복합적인 상호 연계를 추진하는 학문적 지평의 확대에 토대를 제공하는 예비적 단계의 글이다.

2. 분석틀: 전염병, 보건안보, 국가안보

1648년 30년 종교전쟁이 종식되고 웨스트팔리아 조약이 체결된 이후 민족국가의 개념이 형성되면서 주권, 영토, 국민이라는 국가의 3대 요소는 오늘날까지 변하지 않고 있다. 또한 국가의 개념은 2차 대전이후 최근까지 국제관계의 현실주의 시각에서 핵심적 분석단위이다. 이러한 국가의 개념이 90년대 이후 국제사회의 점진적인 세계화와 정보화로 인해 다소 위축되기는 했지만 9·11 이후를 계기로 그 개념은 다시 중요한 분석단위로 재등장했다. 이런 맥락에서 이 글에서 논의하는 전염병의 이슈도 보건안보 차원에서 분석하지만 연구범위의 분석수준을 국가로 한정하여 접근한다. 비록 최근 전염병에 대한 연구에서 글로벌 보건안보를 강조하는 것이 주류이지만 그것 역시 국제정치의 기본단위인 국가의 협력이 없으면 무용지물에 불과하다. 이것은 전염병에 대한 공공보건에서 국가의 인프라 구축이 우선적으로 중요함을 의미한다.

[그림 1] 전염병과 국가안보

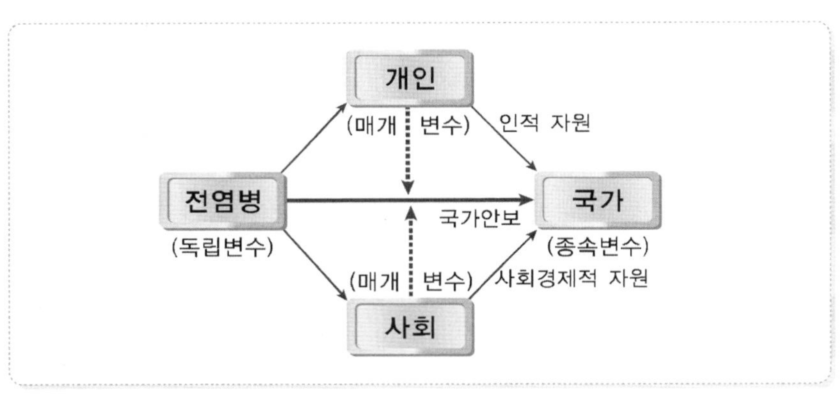

위 [그림 1]은 전염병에 대한 연구범위를 국가의 틀 내로 분석을 제한하여 단순화시킨 것이다. 이 연구는 독립변수인 전염병이 종속변수인 국가에 보건안보 차원에서 어떻게 영향을 제공하는가에 대한 분석이다. 그 과정에서 매개변수이며 또한 동시에 국가를 구성하는 중요한 요소들인 개인과 사회는 전염병에 대해 어떻게 영향을 받고 그런 영향이 국가에 어떻게 작용하는가를 분석한다. [그림 1]의 분석틀이 전염병 이슈에 대해 기본적으로 단순한 선형관계(linear relations)로 제시하는 연구의 한계가 있다. 그럼에도 불구하고 이 연구는 향후 전염병에 대한 복합관계를 연구하는 기본적인 토대를 제시할 수 있다. 한마디로 이 연구는 전염병은 21세기 안보개념의 확장이라는 측면에서 보건안보를 강조하지만 그것은 인간과 사회를 포괄하고 궁극적으로 국가안보와 직결됨을 강조한다.

이 글에서 논의하는 전염병은 주로 세 가지에 초점을 맞춘다. 첫째, 성적 전염병(Sexually Transmitted Diseases: STD)의 대표격인 HIV/AIDS이다. 1981년 이 전염병의 병명이 발견된 이래 2012년까지 전세계적으로 약 3,600만 명이 사망했다(UNAIDS 2013). 이 성병은 현재까지 치료제가 없으며 생명을 연장해주는 치료약 없이 생존하는 기간은 평균 11년 정도이다(WHO 2007, 10). 해외는 물론 국내에서도 지속적으로 증가하는 인간에게 매우 위협적인 전염병이다. 둘째, 모기를 매개로 전파되는 뎅기열(Dengue fever)이다. 이 전염병은 적도를 중심으로 아프리카와 중남미 지역에서 매년 5,000만~1억 명이 감염되고 있다(WHO 2012, v). 뎅기열의 매개체인 모기는 지구온난화에 따른 기후변화로 현재 북반구로 확산되고 있다. 특히 한국의 경우 매개모기인 흰줄 숲 모기가 2010년 제주 서귀포에서도 발견되어 향후 한국에도 매우 위협적인 전염병으로 등장할 것이다. 셋째, 인플루엔자이다. 이 전염병은 인류의 전염병 역사에서 가장 많은 사망률(1918년 Spanish flu.의 경우 약 4,000~5,000만 사망 추정)을 기록하고 있다. 자연숙주인 야생조류에서 전염되고 닭과 돼지 등 가축을 매개로 인간에게 전파되는 인플루엔자 바이러스의 특성상 예방백신을 제조하기가 매우 어려운 질병으로 향후 인류에게 가장 위협적인 전염병이 될 것이다.

Ⅲ. 새로운 안보 위협으로서의 전염병

1. 신종 전염병 및 전통적 전염병의 재등장

19세기 세균이 발견되고 1930년대 바이러스가 발견되면서 전염병에 대한 인식의 새로운 장을 열었다. 그러나 70년대 초반 인류에 중대한 위협이었던 소아마비, 홍역, 볼거리, 백일해, 파상풍 등의 각종 감염병과 전염병은 현대의학의 발전에 따른 항생제와 백신의 개발로 거의 정복했다고 판단했다(WHO 2007, 10). 1977년 천연두가 박멸되면서 인류를 오랫동안 괴롭혀온 생물학적 인자들에 의한 질병은 정복됐다고 판단했다. 결국 1980년 WHO가 지구상에서 천연두를 완전 박멸했다고 선언했을 때 인류는 질병에서 해방됐다고 확신했다. 그리고 1981년 UN 총회는 "2000년까지 건강을 위한 글로벌 전략"(the Global Strategy for Health for All by the Year 2000)을 만장일치로 통과시키면서 감염병과 전염병은 더 이상 인류에 중대한 위협이 되지 않을 것이라고 선언했다(WHO 2007, 115).

그러나 1976년 에볼라 바이러스의 발견을 시작으로 1983년 AIDS의 원인인 HIV 바이러스 발견, 1996년 인간 광우병을 유발시키는 병원체인 프리온(prion)의 발견, 1997년 조류독감 바이러스(H5N1)의 발견, 2012년 코로나 바이러스에 의한 MERS 등 새로운 병원체들이 지속적으로 등장하고 있다. 더구나 콜레라, 뎅기열, 디프테리아, 말라리아, 결핵처럼 기존 공중보건의 측면에서 인간에게 심각한 위협을 주지 않았던 전통적 전염병들이 새로운 환경변화에 따라 기존의 백신 혹은 항생제에 저항성을 보이고 다시 창궐하면서 인간에게 새로운 위협을 주고 있다. 한마디로 70년대 이래 현재까지 약 40년 동안 30종 이상의 새로운 병원체들이 등장하면서 인간은 새로운 위협에 직면하고 있다.[2)]

한마디로 80년대까지 전염병과 같은 보건이슈는 국내적 혹은 국가간의 협력을 강조하는 외교적 이슈로만 인식되면서 크게 주목을 받지 못했다. 그러나 90년대 중반 이후 전염병의 치사율과 확산력이 과거와는 달리 점차적으로 증대하면서 국내는 물론 국제정치적 관심이 증가했다. 왜냐하면 전염병의 가장 중요한 특성인 전염성이 세계화로 인해 국경선이라는 제한된 영토개념을 쉽게 넘기 때문이다. 이 때문에 점차적으로 가속화되고 있는 세계화로 인해 전염병의 위협은 가까운 미래에도 더욱 심각하게 증대할 것이다. 더구나 전염병은 사하라 사막 이남의 아프리카를 비롯한 많은 개발도상국들에게 사회경제적 발전을 저해하는 요소로 작용할 뿐만 아니라 정치적 불안정을 유발하는 중대한 요인이 되고 있다.

2. 90년대 이후 전염병의 확산 원인

첫째, 90년대 이후 빠른 속도로 진행되고 있는 세계화이다. 교통혁명에 따른 세계화는 지리적 시·공간을 급격히 축소시키면서 서로 다른 지역의 인간은 물론 동물과의 교류를 빈번하게 만든다. 세계화는 교통수단의 측면에서 보면 항공기와 같이 빠름을 의미하지만 마찬가지로 전염병의 관점에서 보면 인간과 병원체의 자연 숙주인 야생동물과의 교류를 빈번하게 만들면서 병원체의 이동속도도 빠르게 만든다 (Morse 1995, 9 & 14; Wilson 1995, 41-43). 대표적인 사례가 2003년

2) Morens D. M. et al.(2004), re-cited in Anthony S. Fauci, “Robert H. Ebert Memorial Lecture: Emerging and Re-emerging Infectious Diseases,” Milbank Memorial Fund, 2005, p.2.

SARS, 2004년 조류 독감(H5N1), 2009년 신종 플루(H1N1)의 글로벌 확산이다. 세계화는 또한 야생동물의 합법적인 교역은 물론 희귀동물의 불법적 밀매를 쉽게 만든다. 이처럼 세계화에 따른 인간과 동물의 빈번한 교류는 인간에게 결코 나타나지 않았던 특이한 질병 혹은 특정한 지역에서만 등장하는 풍토성 전염병의 글로벌 확산에 공헌했다(강주헌 옮김 2013, 130). 전자의 전형적인 사례는 침팬지에서 유래된 HIV에 의한 AIDS이고 후자의 경우는 2014년 에볼라 출혈열이다.

둘째, 급속한 도시화의 진행이다. UN은 2008년 말경 세계인구의 50%가 도시지역에 거주하고 2050년에는 개발도상국의 경우 64% 그리고 선진국의 경우 86%가 도시에 거주할 것으로 예측하고 있다(International Herald Tribune 2008). 도시화는 인구밀도를 높인다. 인구밀도가 증가하면 병원체의 확산압력과 이동성도 증가한다(Morse 1995, 11). 이런 요인이 도시에서 인플루엔자의 급속한 확산에 기여한다. 한편 도시화는 자연환경의 파괴를 의미한다. 환경파괴는 지구온난화와 기후변화에도 영향을 주었다. 예를 들면 환경파괴는 깊은 열대우림 지역에서 서식하는 전염병 매개체들을 인간과 빈번히 접촉하게 만들면서 새로운 전염병의 출현과 확산에 공헌한다(Colwell 1996, 451; Griffin 2014). 환경파괴에 의한 생태계의 변화는 가뭄, 폭우, 기근 등의 자연재해의 빈발을 유도하고 신종 전염병의 등장과 전통적 전염병의 확산에 공헌한다. 전형적인 사례가 기후변화로 인해 뎅기열을 일으키는 모기의 활동범위가 확산되면서 동남아시아에서나 흔한 뎅기열이 일본에서 발생했으며 곧 국내에서도 발생할 확률이 매우 높다.

셋째, 인간이 가축화시킨 동물들과 야생동물과의 빈번한 접촉이다. 이런 요인은 위에서 지적한 세계화와 도시화도 부분적으로 공헌했다. 문제는 인간, 가축, 야생동물이 같은 공간에서 활동하면서 야생동물의 병원체들이 인간에게 전염되는 주요 통로가 되고 있다는 사실이다. 예를 들면 천연두, 인플루엔자, 결핵, 말라리아, 페스트, 홍역, 콜레라 등과 같이 동물에서 기원된 질병은 물론 1999년 니파 바이러스(Nipah virus)와 거의 모든 인플루엔자 바이러스처럼 야생동물의 병원체는 가축을 매개체로 인간에게 유입된 병원체들이다(김진준 옮김 2011, 287). 이것은 미래에도 인간에게 새로운 전염병의 주요 매개체가 야생동물임을 의미한다. 이런 맥락에서 야생동물은 인간에게 각종 새로운 질병과 전염병을 유발시키는 원인 바이러스의 "거대한 창고"임을 의미한다. 울프는 이것을 "미래 바이러스 폭풍의 전조"라고 명명했다(강주헌 옮김 2013, 95).

넷째, 병원체의 돌연변이와 유전자 재조합이다. 이 글에서 초점을 맞춘 AIDS, 뎅기열, 독감(인플루엔자 A형)을 일으키는 바이러스는 모두 유전자가 DNA보다 불안정한 RNA 바이러스이다. RNA 바이러스는 돌연변이율이 매우 높아 예방백신이나 치료제를 제조하기도 매우 어렵다. 따라서 RNA 바이러스의 높은 돌연변이율은 지속적으로 신종 바이러스의 등장과 신종 전염병의 탄생을 의미한다. 예를 들면 인플루엔자 바이러스의 경우 1918년 스페인 독감(H1N1), 1957년 아시아 독감(H2N2), 1968년 홍콩 독감(H3N2), 2004년 조류독감(N5N1), 2009년 신종 플루(H1N1), 2013년 신종 조류독감(H7N9) 등처럼 지속적으로 신종 전염병으로 등장한다. 인플루엔자의 경우 현재까지 치사율이 높은 것은 확산력이 상대적으로 낮고, 치사율이 낮은 것은 확산력이 상대적으로 높다(강주헌 옮김 2013, 21-23). 그러나 미래 새로운 인플루엔자 출현에 대한 시나리오에서 가장 우려하는 것은 병원체가 유전자 재조합을 통해 높은 치사율(H5N1)과 빠른 확산력(H1N1)이 결합되어 등장하는 변종 바이러스의 출현이다(강주헌 옮김 2013, 23-24). 세계은행은 독감의 대유행으로 최악의 경우 7,100만 명의 사망과 세계경제에 대한 피해액이 3조 달러에 이를 것으로 추산했다(Gale 2008).

3. 전염병과 새로운 안보 위협

90년대 중반 국제정치 분야는 기존의 전통적 안보이론의 핵심으로 좁은 의미의 정치-군사안보를 의미했던 국가안보의 개념에서 보다 더 넓은 의미의 비정치-비군사안보 분야도 포함하는 국가안보 개념의 확장을 요구하던 시기였다. 이런 경향은 냉전 이데올로기의 시대에서 탈냉전 이데올로기로 변화하는 시대적 배경을 반영한 것이다. 예를 들면 넓은 의미의 안보(wider security)는 에너지안보, 환경안보, 식량안보, 수자원안보 등과 같이 비전통-비정치-비군사 분야의 새로운 이슈에 초점을 맞추었다. 또한 전통적 안보이론의 중심적인 분석단위인 국가보다는 개개인의 중요성을 강조하는 인간안보, 사회의 중요성을 강조하는 사회안보, 국제사회의 협력의 중요성을 강조하는 글로벌 안보 등 분석수준에서도 안보개념의 확대를 강조하는 안보이론이 새로운 주류를 형성했다. 한마디로 안보개념이 이슈와 분석수준에서 확대된 것이다. 이 글에서 논의하는 전염병의 이슈도 이런 시대적 흐름에 편승하여 보건이슈를 안보 차원에서 논의하면서 보건안보의 개념이 등장한 것이다.

그러나 보건안보의 개념이 갑자기 등장한 것은 아니다. 앞에서도 지적했듯이 20세기 이래 80년대까지 보건 이슈는 잘해야 외교적 차원에서 논의가 이루어졌다. 하지만 외교적 측면을 강조했다고 해서 보건이슈를 국제적 안보차원에서 분석했다는 의미는 아니다(Fidler 2013, 789-790). 70년대 이래 90년대 중반까지 인간과 동물에 중대한 위협을 주는 신종 전염병이 지속적으로 등장하고 기존의 항생제에 저항하는 전통적 전염병이 재등장하면서 인류에게 새로운 위협을 제공했다. 따라서 미국을 비롯한 많은 국가들은 전염병과 같은 보건 이슈를 단순한 공중보건 차원이 아닌 새로운 안보위협으로 인식했다(McInnes and Kelley 2006, 10). 더구나 90년대 안보개념의 확대를 요구하는 시대적 상황과 결합하여 보건이슈는 새로운 위협에 대해 안보 차원에서 새로운 해석을 요구받았다. 한마디로 새롭게 변화하는 전염병의 특성에 대해 새로운 설명과 해석이 요구되면서 그 이슈는 '공중보건'과 '국가안보'를 결합한 '보건안보'라는 용어로 등장했다(Fidler 2013, 797).

문제는 안보개념의 확대 과정에서 보건안보를 다른 이슈와 분석 수준에서 어떻게 접목시킬 것인가 하는 논쟁이다. 이 논쟁이 보건안보에 대한 안보연구에서 문제점과 딜레마를 드러냈다. 먼저 가장 중요한 문제점의 하나는 앞에서도 지적했듯이, 보건안보의 개념은 90년대 이후 등장한 다양한 새로운 비군사적 안보 이슈들인 에너지, 환경, 수자원, 식량안보 등과 밀접한 상관관계가 있다는 사실이다. 예를 들면, 에너지 사용의 증가에 따른 에너지 부족 현상은 미국, 중국, 인도와 같은 에너지 소비국들로 하여금 새로운 에너지 자원을 확보하기 위해 새로운 환경파괴를 유도하고 궁극적으로 지구온난화와 기후변화에 영향을 주면서 새로운 전염병을 유발한다. 또한 인간이 마시고 먹기 위한 물과 식량에 대한 지속적 추구는 수질관련 콜레라와 새로운 인플루엔자 바이러스와 같은 전염병의 확산에 공헌한다. 이처럼 상호 복잡하게 연계된 이슈들과 보건안보를 결합하여 분석하면서 복합안보(complex security) 혹은 포괄안보(comprehensive security)라는 개념이 제시되고 있지만 너무 많은 이슈들의 연계로 인해 논점이 흐려지는 문제점을 노출시켰다.

한편 보건안보의 개념은 개인, 사회, 국가, 글로벌 안보와 같은 다양한 분석수준과도 상호 연계되어 있다. 문제는 넓은 의미의 안보개념을 의미하는 보건안보에 대한 분석수준의 확대는 21세기 안보연구에서 새로운 딜레마에 직면할 가능성이 있다. 왜냐하면 그것은 국가권력의 개입을 최소화하려는 안보이론의 시대적 흐름과 역행하고 좁은 의미의 국가안보를 강조하는 냉전의 시각으로 환원될 수 있기 때문이다. 다시 말하면 군사 및 비군사 이슈를 모두 포함한 많은 이슈에 대한 국가의 개입은 국가권력의 강화와 함께 경제적 부담의 가중을 의미한다. 예를 들면, 2009년 CSIS 보고서는 미국은 개발도상국에 속하는 동맹국의 군사력이 공중보건의 능력 함양에 노력하도록 유도할 필요가 있음을 강조하고 있다(Bonventre et. 2009, 20).

많은 개발도상국의 정치 및 경제문제에 군대를 파병하고 있는 미국의 경우 파병지역에서 전염병의 확산은 해외주둔 미군의 군사안보에 중대한 요인이기 때문에 글로벌 보건안보가 궁극적으로 미국의 국가안보를 위하는 정책이라고 말할 수 있다. 하지만 전염병으로 인해 경제발전의 저해는 물론 정치적 불안정을 겪고 있는 개발도상국들의 입장에서는 국가안보의 의미를 군사안보에 치중하도록 만드는 결과를 초래할 수 있다. 따라서 개발도상국에서 보건안보라는 미명하에 지나친 군사적 개입의 강화는 오히려 새로운 정치적 불안정의 씨앗이 될 수 있다. 이것이 21세기 보건안보 관련 안보연구의 딜레마이다. 결론적으로 보건안보의 개념은 다양한 비군사적 안보이슈와 다양한 분석수준과 복잡하게 상호 연계되어 있기 때문에 "중층적인 복합안보"의 관점에서 새롭게 논의하고 정립할 필요성을 제기한다.[3]

3) 보건안보를 복합안보의 관점에서 연구할 필요성의 강조는 조성권(2014).

Ⅳ. 국가안보 차원의 보건안보와 정책

1. 전염병과 국가안보

앞의 [그림 1]은 전염병이 국가에 영향을 미치는 과정에서 매개변수인 개인 및 사회가 각각 어떻게 영향을 주고 또한 그것들이 궁극적으로 국가안보에 미치는 과정을 간략히 보여준다. 전염병에 대한 보건안보를 국가안보 차원에서 논의할 때 접근방법은 개인적, 사회적, 그리고 국가적 차원에서 포괄적으로 논의할 수 있다. 왜냐하면 개인과 사회 없는 국가안보는 존재할 수 없기 때문이다. 특히 공중보건 관련 중요한 하부구조의 경우 실질적으로 운영의 중심은 개개인이기 때문이다. 따라서 이 글에서 보건안보를 국가안보 차원에서 논의할 때 개인 및 사회적 차원을 포함하되 궁극적으로 중심적 역할은 국가에 초점을 맞추는 좀 더 넓은 의미의 국가안보에 의미를 둔다. 미국의 경우 인플루엔자 관련 국가안보전략에서도 개인 및 민간부분의 책임을 강조하고 있다(Homeland Security Council 2005, 2).

일국의 영토 내에서 전염병의 확산은 다양한 측면의 불안정과 불확실성을 유발한다. 예를 들면 개인적 차원에서 개개인은 전염병으로부터 자신의 건강을 보호하려는 심리적 압박감과 위협을 느낀다. 이를 위해 개개인은 예방백신 혹은 치료제를 위해 병원에 입원할 경우 일정량의 경제적 비용을 지불한다. 더구나 전염병의 치사율이 높을 경우 개개인에게 매우 위협적이고 동시에 국가의 중요한 인적 자원을 상실할 수 있다. 그런 위협은 전염병에 대한 막연한 심리적 우려와 위협으로부터 발병에 따른 신체적 고통과 사망 가능성에 대한 두려움과 공포를 유발할 수 있다. 이와 같은 개인적 차원의 불안정은 전염병의 독성 및 확산성의 정도에 따라 곧바로 사회적 불안정으로 유도될 수 있다. 개인 및 사회적 불안정은 개개인이 사람과의 접촉을 가능한 피하면서 소비성과 생산성의 하락이라는 악순환에 빠질 경우 전염병으로 인한 국가 세수의 감소와 공공서비스의 축소로 인해 국가의 사회경제적 비용은 심각할 수 있다.

사회는 개개인으로 구성된 거대한 집단인 동시에 국가 내에서 정치, 경제, 사회, 문화적 측면의 지배적인 경향을 형성함은 물론 개인의 심리적 상태와 신념 등에 영향을 주고받으면서 공유하는 거대한 집합체이다. 또한 21세기 사회는 다양한 사회적 연결망을 통해 상호 네트워크로 구성되면서 가장 중요한 경제적 생산성의 중추적 역할을 수행한다. 이런 연유로 사회학자 푸트만(Robert Putman)은 이를 "사회자본(social capital)"이라고 지칭했다(Price-Smith 2009, 18). 따라서 가족과 사회의 핵심 요인인 개개인이 전염병을 통해 위협을 받고 그런 위협이 사회경제적 측면의 에너지, 수자원, 교통, 식량 등과 같은 사회의 중요한 하부구조를 운영하고 통제하는 개인에게 전염병으로 인한 주어진 임무를 수행하지 못한다면 일국 내의 생산과 소비를 담당하는 거대한 사회의 일부분은 운행이 원활히 작동하지 않을 수 있고 외국투자의 축소로 유도되어 국가에 직간접으로 매우 심각한 결과를 초래할 수 있다.

특히 전염병의 높은 사망률은 발생지역으로부터 이탈하려는 시도가 나타날 수 있으며 이런 현상은 최악의 경우 사회적 그리고 국가적 전염병의 확산에 새로운 문제를 야기할 수 있다. 이처럼 전염병으로 인한 개인적 불확실성의 증폭은 사회정치적 유대감을 축소시키면서 국가에 대한 사회경제적 불확실성으로 이어질 수 있고 나아가 사회와 국가에 대한 신뢰의 상실로 유도될 수 있다. 이런 현상의 극단적 형태로 폭력과 폭동의 기폭제가 될 수 있으며 궁극적으로 국가에 대한 정치적 정당성과 합법성의 위기로 치달을 수 있다. 따라서 로크와 같은 사회계약론자들이 강조했듯이 국가는 국민의 생명과 재산을 보호할 의무가 있다. 이런 국가의 의무는 개인이 국가에게 납세의 의무를 해야 하는 이유이기도 하다. 결론적으로 전염병으로 인한 개인 및 사회적 불안정의 지속성은 궁극적으로 국가의 제도적 불안정과 통치력 상실로 유도될 수 있다. 이 때문에 전염병의 강도 여하에 따라 국가이익에 직·간접적으로 위협을 제공할 수 있기 때문에 전염병은 국가안보와 매우 밀접한 관계가 있다(Price-Smith 2009, 16).

2. 전염병과 인적 및 경제적 비용

1994년 미국 보건성은 AIDS를 포함한 질병 관련 직간접적 비용을 1,200억 달러로 추산했는데 이 비용은 당시 미국 국방비의 30%에 해당하는 막대한 경제적 비용이다(Satcher 1995, 2). 전염병에 의한 인적 자원과 경제적 손실의 사례에서 HIV/AIDS의 경우 미국은 1981년 이래 약 60만 명이 사망했고 매년 약 56,000명 이상이 HIV에 감염되며 2010년 약 110만 명이 HIV에 감염된 상태이다(The White House 2010, 1). 2010년 미국은 HIV 관련 예방에 매년 약 190억 달러의 예산을 할당했다(The White House 2010, 41). 개인의 경우 평생 AIDS 치료에 평균 약 355,000달러(약 4억 원) 그리고 매년 약 25,000달러(약 3000만 원)가 지출된다(The White House 2010, 7 & 21). 뎅기열의 경우 2012년 WHO는 모기를 매개체로 하는 질병 중에서 뎅기열을 가장 중요한 질병으로 명명했다. 앞에서 지적했듯 전 세계 인구의 약 75%가 뎅기열에 노출되면서 이 중에서 매년 약 5,000만~1억 명이 감염되고 이 중에서 약 2만 명의 사망자를 포함하여 약 200만 명이 심각한 후유증을 앓고 있다. 2008년의 경우 WHO는 이 전염병의 예방과 통제에 10억 달러를 투입했고 개인적으로는 50~150만원의 병원비를 지불한다(WHO 2012, 1-3). 인플루엔자의 경우 미국은 매년 약 36,000명이 사망하고 200,000명 이상이 병원에 입원했으며 미국은 이를 예방하기 위해 매년 약 100억 달러 이상의 예산을 할당한다(Homeland Security Council 2005, 1).

HIV/AIDS의 경우 개인, 사회, 국가, 글로벌차원에서 정치경제는 물론 사회문화적으로 큰 영향을 미친다(Joint United Nations Programme on HIV/AIDS 2013). 첫째, 한국에서 HIV/AIDS는 1985년 이래 지속적으로 증가하는 추세이며 2013년에 처음으로 누적감염자가 10,000명이 넘어섰고 사망자도 1,000명이 넘었다(질병관리본부 2012, 91; 아시아경제 2014/08/25). 2013년의 경우 연령별로는 20대가 가장 많은 289명(29%), 30대 225명(22%), 40대 224명(22%)이고 누적감염자 중에서 감염경로가 밝혀진 8,233명 중에서 조사한 결과 성 접촉에 의한 감염이 99%인 8,178명이다(질병관리본부 2012, 91). 둘째, 한국에서 뎅기열은 현재까지 해외에서 유입되는 경향이 있으나 지난 10년 동안인 2004~2013년 거의 지속적으로 증가하는 추세를 보이고 있으며 총 890명이 감염되었고 2013년에는 역대 최대인 252명이 감염됐다. 2013년의 경우 해외에서 유입되는 감염병의 1위가 바로 뎅기열(51%)이다(질병관리본부 2012, 63). 셋째, 인플루엔자의 경우 만일 미래 새로운 변종이 등장하여 대유행 하면 1억 5천만 명이 사망할 가능이 있다고 추정한다(WHO 2005; Fatimah S. et al., 2012). 한국의 경우 2000~2013년 동안 총 23,000명 이상이 감염되었다(질병관리본부 2012, 65-66).

3. 전염병에 대한 안보차원의 정책

한국의 경우 미래의 발생 가능성이 높은 감염병과 전염병에 매우 취약한 지정학적 위치에 있다. 우선 한국은 글로벌 인플루엔자 바이러스의 진원지라고 불리는 중국의 광저우(광동)에 인접해 있으면서 또한 대륙과 해양을 잇는 물류 교통의 중심지이다. 또한 국내 차원에서 한국은 모든 지역이 일일생활권에 들어있고 도시화로 인한 인구밀집도가 매우 높다. 높은 인구밀집도에 대중교통은 물론 일반 수송수단도 매우 발달되어 전염병이 퍼질 경우 그 확산속도도 매우 빠르다. 더구나 한국은 남북한이 정치군사적으로 대치해 있는 상황이다. 이 때문에 주한미군과 한국군은 매년 북한의 가상 생물테러 시나리오에 대해 정기적 공조 훈련을 실시한다. <표 1>에서 보듯 생물테러가 발생할 경우 대부분은 무기급이기 때문에 전염성과 사망률은 매우 높을 것이고 그에 따른 정치경사회적 혼란은 상상할 수 없을 것이다.

〈표 1〉 100만 명 도시에서 생물테러에 대한 인명피해(이론상)

생물학적 인자	위험노출	사망	신체적 불능
탄저균(anthrax)	180,000	95,000	30,000
브루셀라균(brucellosis)	100,000	400	79,600
발진티푸스균(epidemic typhus)	100,000	15,000	50,000
흑사병(plague)	100,000	44,000	36,000
Q 열(Q fever)	180,000	150	124,850
야토병(tularemia)	180,000	30,000	95,000
베네수엘라 뇌염(Venezuelan equine encephalitis)	60,000	200	19,800

출처: W. Seth Carus, "Bioterrorism and Biocrimes: The Illicit Use of Biological Agents since 1900," Working Paper at Center for Counterproliferation Research, National Defense University, Feb. 2001, p.17.

이에 따라 전염병에 대한 안보차원의 정책은 크게 개인, 사회, 그리고 국가적 차원에서 세 가지로 세분할 수 있다. 첫째, 전염병이 발생했을 경우 개인적 차원에서 가장 중요한 하나는 "위험 판단능력(risk literacy)"이다(Zarcadoolas et al., 2005, 197). 예를 들면 신종 인플루엔자가 만연할 때 예방 백신을 맞거나 사람이 많이 모이는 장소는 가능한 피하는 것이다. 생물학적 인자의 경우 '잠복기'라는 특성이 존재하기 때문에 관련 지식 및 정보에 대한 대중의 지식과 교육은 필수적이다(Abrutyn 1998, 470). 이것은 개인에게 정확한 정보 전달을 통해 개인의 위험 판단능력을 함양하여 개인 스스로 적절한 대응을 하도록 유도하는 의미이다. 관련 정보에 대한 정확한 지식 전달의 실패는 대중의 혼란을 부추길 뿐만 아니라 그런 혼란이 생물학적 인자의 가장 중요한 특성이 확산력을 강화시켜줄 수도 있다. 따라서 우선은 전염병 대응 관련 스마트폰을 이용한 국가차원의 실시간 정보제공 및 조기탐지 관련 시스템을 구축할 필요가 있다.

개인적 차원의 정책에서 다른 하나는 이번 메르스 사태에서도 나타났듯이 일부 개인들이 메르스에 감염된 것을 알고도 스스로 적절한 조치를 취하지 않는다거나 국가가 감염 혹은 감염 가능성이 있는 사람에게 일시적인 행정적 격리조치를 취한 행위에 대해 반발하거나 격리지역을 이탈하는 행태를 보였다. 이런 성숙한 시민의식 부재도 이번 메르스 사태확산에 부분적으로 기여했다. 그런 지나친 개인적 행동은 사회의 구성원으로 또한 국가의 시민으로써 개인의 자유권을 넘는 범죄행위라고도 할 수 있다. 왜냐하면 전염병은 사람에서 사람으로 전파되기 때문에 감염된 개인이 의도적이든 의도적이 아니든 그런 무책임한 행동을 하는 개인이 다른 사람을 감염시켜 최악으로 사망에 이르게 했다면 미필적 고의에 의한 살인행위라고 해도 지나친 말이라고 할 수 없다. 따라서 이번 메르스 사태에서 나타난 여러 행태들을 분석하여 새로운 행정적 가이드라인을 재검토할 필요성이 있다.

둘째, 사회적 차원에서 살펴보자. 전염병에 대한 사회적 차원의 첫 번째 대응책은 보건 및 역학전문가의 양성이다. 이들 전문가들이 대중에게 최소한의 공공보건에 대한 교육을 담당해야 하기 때문이다. 왜냐하면 이들은 신종 전염병 및 재등장하는 전염병에 사용하는 생물학적 인자에 대한 위협을 예방하기 위한 첨병이기 때문이다. 대부분 의과대학을 졸업한 의대생들은 경제적 수익을 추구하기 위해 개인병원 혹은 규모가 큰 병원에 근무하는 경향이 있다. 이것은 의과대학을 졸업한 후 의대생들이 경제적 수익이 낮은 공중보건의사에 대한 지원율이 낮다는 의미이다. 이 때문에 공중보건전문가는 주로 2년제 전문대학의 졸업생들이 지원하고 있는 실정이다. 더구나 한 연구에 의하면 공중보건전문의사의 수요는 2005년도에 약 5,000명에 불과하고 더욱 중요한 문제는 공중보건의사의 증가율이 감소하고 있다는 사실이다(문정주 2005, 60-61). 한마디로 21세기 전염병의 새로운 위협에 대응하기 위해서는 적절한 수의 공중보건전문의의 수요 충족과 또한 그들이 실질적으로 근무할 수 있는 환경에 배치가 되어야 한다.

사회적 차원의 두 번째 대응책은 의사와 수의사의 정규적 소통이 필요하다. 대부분의 미생물전문가들은 신종 전염병이든 재등장 전염병이든 가까운 미래 인류에게 위협적인 전염병들은 대부분 야생동물에서 기원한다고 강조한다(강주헌 옮김 2013, 218). 이것은 21세기 미래에는 수의사의 중요성을 상징적으로 암시한다. 예를 들면 미국에서 실시한 조류독감의 가상 시나리오는 조류독감에 감염된 야생 기러기가 먹이가 풍부한 양계장을 운영하는 농장주변에 서식하면서 닭이 조류독감에 감염되어 죽어갈 때 조류독감이 가금류 및 인간에게 확산을 방지하기 위한 예방차원에서 수의사는 매우 중요한 첨병임을 보여준다(송광자 옮김 2011, 367-369). 이 가상 시나리오에서 가장 중대한 문제의 하나는 최초로 농장 가금류의 조류독감 증상을 분석한 수의사와 CDC의 전염병 담당 의사의 상호 정보교환의 결여였다. 이것은 전염병의 확산방지를 위한 질병의 조기경보 시스템에 심각한 문제가 있음을 지적한 것이다.

사회적 차원의 세 번째 대응책은 사회의 주요 구성 부분인 사적 부분의 역할이다. 이 부분은 국가라는 공적 보건기관과 사적 비즈니스 기관과의 상호협력이다. 후자는 사회경제적 차원에서 그 사회의 대부분을 원활하게 유지하는 생산과 수요를 담당하는 필수적인 부분이다. 따라서 사적 부분에서 자체적으로 전염병에 대한 준비와 대응이 필요할 뿐만 아니라 공적 보건기관과의 생물학적 인자의 확산을 방지하기 위한 긴밀한 협력이 반드시 필요하다(The Institute of Medicine 2002).[4] 미국의 경우 유행성 독감에 대한 국가안보전략에서도 이 부분을 매우 강조하고 있다(Homeland Security Council 2005, 11). 이런 미흡한 점을 보완할 수 있는 것이 공적 부분과의 협력을 통해 사적 부분에서 주도적으로 이루어져야 한다. 한국의 경우 또 다른 사적 부분과의 협력은 언론이다. 언론의 중요한 역할은 대중들에게 정확한 정보를 전달하는 것이다. 이 부분은 이번 메르스 사태에서 보여주듯 정부의 책임이 가장 크지만 언론의 지나친 선정적인 보도에 대해서도 자제할 필요가 있으며 언론 스스로 새로운 가이드라인을 만들 필요가 있다.

셋째, 국가적 차원에서 살펴보자. 이 부분은 크게 여섯 가지로 세분할 수 있다. 첫 번째는 전문적인 인적 자원의 확보이다. 이런 인적 자

---

4) 상세한 설명은 Gronvall 2012, 12-13; 116-119.

원은 국가차원과 민간차원으로 분류할 수 있는데 후자의 경우 앞에서 논의한 공중보건 및 역학 전문가의 양성이기 때문에 여기서는 국가차원의 인적 자원에 초점을 맞춘다. 사회 혹은 국가안보 차원의 위협은 기본적으로 강제적인 물리력을 보유한 국가의 의무이다. 전염병 관련 대응의 핵심은 이런 의무감을 지닌 다양한 행정기관의 다양한 행정관료를 어떻게 효율적이고 효과적인 분업화를 통한 단일 명령체계의 시스템을 구축하느냐에 달려있다. 한마디로 행정편의가 아니라 효율적인 감시(surveillance)와 탐지(detection)를 위해 질병관리본부(이하 질본)를 중심으로 지식을 겸비하고 대응할 수 있는 보건 및 역학전공 전문가가 책임자가 되어야 한다. 또한 그들에게 분명한 권한과 책임을 법적으로 보장하고 부여할 필요가 있다. 이를 위해 관련 정부기관들은 '정책적 간섭'이 아니라 '정책적 지원'의 역할을 충실히 해야 한다.

두 번째는 공중보건에 대한 인프라 구축이다. 이를 위해서는 적절한 인원과 관련 예산의 확보가 필요하다. 미국의 경우 질병관리센터의 인원은 15,000명(2008년)과 예산은 약 70억 달러(한화 약 7조원, 2014년)이다(Ellie Hensley 2014). 한국의 경우 질본 산하의 총인원은 2012년 12월 31일 기준으로 636명(질본 156명, 국립보건연구원 158명, 국립검역소 338명)이고 이 중에서 중요한 연구직은 182명에 불과하다(질병관리본부 2012, 563). 예산은 2012년 기준 3,313억 원에 불과하다(질병관리본부 2012, 566). 비록 글로벌 차원의 미국과 국내적 차원의 한국을 비교한다는 것이 다소 무리는 있지만 인원과 예산의 경우 미국에 비해 턱없이 부족한 것은 사실이다. 만일 예산이 확보될 경우 가장 먼저 투입되어야 할 부분은 전염병 및 생물테러의 피해를 최소화하기 위해서 응급실증후군감시체계를 효율적으로 강화하기 위한 인적 자원의 능력 배양에 초점을 맞추어야 한다. 이는 현장 의사와 질본과의 형식적이 아닌 실질적인 상설화된 정보교류 네트워크의 필요성을 의미한다. 비록 생물테러의 경우지만 미국은 조기탐지 및 경보를 위해 "실시간 발발-질병감시(Real-Time Outbreak and Disease Surveillance: RODS)"를 실시하고 있고, 응급실증후군감시체계를 운영하고 있다(Gronvall 2012, 146-147).

세 번째는 컨트롤 타워의 강화이다. 세월호 침몰에 대한 정부대응에서도 보여주었듯 이번 메르스 사태도 이 문제로 나타난 인재(人災)라고 할 수 있다. 한국의 의료 시스템과 의료 기술은 가히 세계적 수준이라고 해도 손색이 없다. 그러나 그것은 만성질환병에 해당되지 지금처럼 급성전염병에는 해당되지 않는다. 따라서 현 정부조직인 보건복지부에서 보건을 담당하는 제2차관으로 신설할 것이 아니라 이번 계기로 보건부와 복지부로 분리할 필요가 있다. 왜냐하면 현 정부 들어 지속적으로 보여준 복지논쟁에서도 보아왔듯이 보건복지부에서 '보건'은 '복지'에 항상 종속적이고 우선순위가 아니다. 이런 2순위의 보건이슈가 그대로 질본으로 전해진다. 또한 독립적인 보건부를 창설하더라도 보건부는 행정부분을 질본은 이번 사태와 같은 전염병과 미래의 생물테러 가능성에 대한 위상강화와 함께 실질적인 행정적 권한과 인적 및 물적 자원을 제공해야 한다. 질본의 전문 인력들은 "질병 없는 사회"를 만드는 전사들이다. 이들이 국가와 사회를 위해 보람된 일을 하도록 인력보충과 함께 그에 걸맞은 대우를 제공해야 한다.

네 번째는 사전탐지 및 예방차원의 국가정보기관의 역할이 필요하다. 전염병을 막는 최선은 조기 탐지이다. 이를 위해 국가적 차원의 새로운 조직이 필요하다. 예를 들면 미국의 CDC에는 유행병학자들을 중심으로 다양한 전문 인원으로 구성된 유행병 정보국(Epidemic Intelligence Service: EIS, 일명 "CIA of health care")이 있다. 특이한 질병이나 신종 전염병이 발생했을 경우 경찰특공대처럼 이들이 출동한다(Fuller 2014). 앞에서 지속적으로 강조했듯이 전염병의 발생 가능성은 21세기 새로운 안보위협으로 등장하고 있다. 따라서 국가안보에 가장 중요한 정부기관인 정보기관의 역할에 이런 부분을 새롭게 추가해야 하며 이를 위해 기존 정보기관의 구조와 역할 그리고 인원을 토대로 질본과의 유기적 협력체계를 구축해야 한다. 전염병에 대한 예방차원의 사전탐지는 하루아침에 이루어지지 않는다. 이를 위해서는 관련 매뉴얼을 보완하고 또한 지속적으로 가상 시나리오를 작성하여 주기적이고 실제적인 대비 훈련을 시행해야 한다. 그러나 실제 상황이 발생했을 경우 질본의 "컨트롤 타워" 기능이 제대로 작동하기 위해서는 주기적이고 철저한 훈련이 필요하다.

다섯 번째는 주변국과의 보건협력이다. 21세기 전염병의 확산에 대한 위협은 글로벌 차원의 국제협력을 요구한다. 그러나 이런 국제협력의 강조는 1995년에 제시되었지만 전염병에 대한 국제보건규정(the International Health Regulations, IHR; Global Alert and Response, GAR)은 10년 뒤인 2005년에 WHO에 의해 겨우 마련될 정도로 진행이 더디다(Fidler 1996, 78-80). 또한 WHO가 공식적으로 글로벌 보건안보라는 용어를 사용하면서 공중보건을 안보차원에서 접근한 전환점은 2007년도 세계보건보고서이다. 이를 기반으로 오바마 행정부는 2009년 다른 국가와 공동으로 보건시스템의 구축을 강화하는 글로벌 보건구상(the Global Health Initiative)을 발표했다. 이처럼 보건관련 국제협력은 각국의 이해관계 때문에 신속한 조치가 쉽지 않지만 국제규범을 지키고 협력하기 위해서는 관련 국내의 법적 및 제도적 시스템을 지속적으로 보완해야 한다.

끝으로, 전염병에 대한 획기적 인식의 변화가 필요하다. 2011년 일본 후쿠시마 사태에서도 보여주었듯 자연재해가 어떻게 정치경제는 물론 사회문화적으로 커다란 나비효과를 가져올지 아무도 몰랐다. 마찬가지로 최근 국내에서 중동호흡기증후군(MERS) 사태에서 보듯 자연재해든 전염병이든 위기관리 차원에서 접근해야 한다. 앞에서도 지적했듯 21세기 신종 전염병의 등장은 세계화, 도시화, 급격한 기후변화가 도래하고 있는 21세기의 새로운 위협이다. 이것은 전염병이라는 단순한 보건의 문제가 아니라 그에 파생되는 다양한 파급효과가 나타남을 의미한다. 한마디로 '복합위기(complex crisis)'의 차원에서 접근해야 한다. 이것은 전염병에 전문가 자문그룹을 형성할 경우 보건 및 역학전문가도 필요하지만 정치경제 및 사회문화적으로 나타날 수 있는 다양한 문제를 통합적으로 볼 수 있는 전문가도 필요하다는 의미이다. 다시 말하면, 질병을 단순히 현미경으로만 볼 것이 아니라 확대경으로 볼 수 있어야 한다.

Ⅴ. 결 론

21세기는 20세기보다 더 높은 인구밀도, 더 빠르고 더 넓은 이동속도와 이동구간, 유기된 가축과 야생동물의 더 많은 빈번한 접촉이 이루어지고 있다. 이와 함께 경제성장과 발전은 각종 환경오염을 불러일으키고 나아가 지구온난화에 의한 기후변화는 인간은 물론 동식물의 서식지를 이동시키고 변화를 유도하고 있다. 이런 요인들은 궁극적으로 인간에게 병원체의 전이를 더 쉽게 만들고 또한 변종 혹은 새로운 바이러스의 출현을 유도하는 사회구조적 환경들이다. 이런 환경은 자연발생에 의한 전염병의 출현을 더욱 확산시키는 대유행병의 전초를 만들고 있다(강주헌 옮김 2013, 205). 이런 맥락에서 이 글은 생물학적 인자에 대한 보건안보의 필요성을 강조하면서 개인적, 사회적, 그리고 국가적 차원에서 접근할 필요성을 의미하는 국가안보에 초점을 맞추어 분석했다. 이 글은 비록 전염병에 대한 국가안보의 측면에서 중점적으로 분석했지만 전염병은 또한 식량, 농촌, 수자원, 환경안보의 관점에서도 매우 중요하다. 이것이 가까운 장래 생물학적 인자의 감염에 대한 복합안보의 중요성을 의미한다.

정책적 차원에서 이 글은 전염병의 등장에 대한 최선의 정책은 조기 탐지임을 강조했다. 구체적으로 조기 탐지를 위해서는 방어적 예방(defensive prevention)과 공격적 통제(offensive control)가 있는데 전자는 억지전략(deterrence strategy)과 감시전략(surveillance strategy)이 있으며 후자는 신속한 대응전략(response strategy)과 복구전략(Resilience strategy)이 있다. 이를 위해 이 글은 개인적 차원에서 개인의 "위험 판단능력"을 함양하기 위한 관련 지식 및 정보에 대한 교육을 강조했다. 이를 위해 국가는 전염병 발생에 대한 및 조기 탐지 및 경보 시스템의 구축을 통해 개인에게 실시간 정보를 제공할 필요가 있음을 강조했다. 사회적 차원에서는 공적 보건기관과 사적 비즈니스 기관과의 상호협력을 강조했다. 국가적 차원에서는 위에서 지적한 방어적 예방과 공격적 통제를 위해 질병관리본부를 중심으로 일원화된 명령체계, 공중보건에 대한 인프라 구축, 적절한 인원과 관련 예산의 확보, 그리고 국가정보기관의 새로운 역할 등을 강조했다.

결론적으로 전염병 관련 보건안보는 점차적으로 분석수준에서 글로벌 안보까지 확장할 수 있는 광범위한 안보 개념의 확대를 요구하고 있다. 이런 맥락에서 여전히 국가이익이 우선시되고 있는 현재의 현실주의적 시각이 지배적인 국제정치의 상황에서 이 글은 비록 국가안보에 초점을 맞추었지만 전염병 관련 보건안보는 국가안보와 글로벌 보건안보 사이에 어떻게 조화롭게 설정할지가 앞으로의 과제가 될 것이다. 왜냐하면 전염병의 전염성은 국가이익보다는 오히려 글로벌 보건안보를 위한 국제협력의 필요성이 절실하게 요구되기 때문이다. 이것이 본문에서 지적한 국가안보 시각에서 논의한 보건안보가 내포한 딜레마이기도 하다. 이것은 특히 최근 인도네시아에서 니파 바이러스에 대한 항원(antigen)의 국제적 공유를 거절한 데서 극명하게 나타난다. 왜냐하면 특정 병원체의 항원의 보유는 미래의 새로운 국가안보 이익에 매우 중대하게 작용하기 때문이다.

참고문헌

강병철 옮김. 2010. 『감염』. 서울: 세종서적.

강주헌 옮김. 2013. 『바이러스 폭풍』. 파주: 김영사.

김율희 옮김. 2006. 『세계사를 바꾼 전염병들』. 다른.

김재철. 2003. "사스의 정치." 『중국연구』. 제31집.

김진준 옮김. 2011. 『총, 균, 쇠』 서울: 문학사상사.

권복규 옮김. 2011. 『전염병의 문화사』. 사이언스북스.

문정주. 2005. "공중보건인력 배치 적정성 평가 및 제도 개선 방안." 정책-보건의료-2005-108(한국보건산업진흥원).

박동균 · 이재호. 2003. "중국정부의 위기관리 대응과정 분석과 정책적 시사점: 사스를 중심으로." 『한국동북아논총』. 제29집.

송광자 옮김. 2011. 『바이러스 습격사건』. 파주: 알마.

이상환. 2008. "전염병과 인간안보, 그리고 국가안보." 『국제지역연구』. 제12집 3호.

이상환. 2009. "갈등과 협력의 국제 보건 관계." 『정치 · 정보 연구』.

이상환. 2011. "세계화 시대의 동아시아 전염병 확산과 보건 협력에 대한 경험적 연구." 『국제문제연구』.

이상환. 2012. "지속가능성 분쟁과 인간안보: 보건안보를 중심으로." 『정치 · 정보 연구』. 제15권 2호.

이해춘 · 임현술. 2007. "인수공통전염병의 경제적 손실가치: 조류인플루엔자를 중심으로." 『보건경제와 정책연구』. 제13집 1호.

조성권. 2014. "생물테러와 복합안보." 『한국정치학회 하계학술대회 발표』 8월.

질병관리본부. 2012. 『2012년 질병관리백서』.

『아시아 경제』, 2014/08/25.

Abraham, Thomas. 2011. “The Chronicle of a Disease Foretold: Pandemic H1N1 and the Construction of a Global Health Security Threat.” *Political Studies*, vol.59.

Abrutyn, Elias. 1998. “Communication Infectious Disease Information to the Public.” *Emerging Infectious Diseases*, vol.4, no.3.

Alirol, Emilie et al. 2011. “Urbanisation and infectious diseases in a globalised world.” *The Lanset*, vol.11, Feb.

Armelagos, George J. et al. 2005. “Evolutionary, historical and political economic perspectives on health and disease.” *Social Science & Medicine*, 61.

Bonventre, Eugene V. et al. U.S. 2009. “National Security and Global Health: An Analysis of Global Health Engagement by the U.S. Department of Defense.” *CSIS Report*, April.

Carus, W. Seth. 2001. “Bioterrorism and Biocrimes: The Illicit Use of Biological Agents since 1900.” *Working Paper at Center for Counterproliferation Research*, National Defense University, Feb.

CIA. 2000. “National Intelligence Estimate: The Global Infectious Disease Threat and Its Implications for the United States.” National Intelligence Council, Jan.

Colwell, Rita. 1996. “Global climate and infectious disease: The cholera paradigm.” *Science*, Vol. 274 No. 5295.

Epstein, Paul R. 2001. “Climate change and emerging infectious diseases.” *Microbes and Infection*, 3.

Fatimah S. et al. 2012. “Estimated global mortality associated with the first 12 months of 2009 pandemic influenza A H1N1 virus circulation.” *The Lancet Infectious Diseases*, 26 June, http://www.thelancet.com/journals/laninf/article/PIIS1473-3099(12) 70121-4/ abstract.

Fauci, Anthony S. 2005. “Robert H. Ebert Memorial Lecture: Emerging and Re-emerging Infectious Diseases: The Perpetual Challenge.” Milbank Memorial Fund.

Feldbaum, Harley. U.S. 2009. “Global Health and National Security Policy.” *A Report of the CSIS Global Health policy Center*, April.

Fidler, David P. 1996. “Globalization, International Law, and Emerging Infectious Diseases.” *Emerging Infectious Diseases*, vol.2, no. 2.

____________. 2013. “Public Health and National Security in the Global Age: Infectious Diseases, Bioterrorism, and Realpolitik.” *Faculty Publications*, Paper 416.

Fuller, Jaime. 2014. “Meet the CDC's SWAT Team.” *The Washington Post*, Oct. 16.

Gale, Jason. 2008. “Flu pandemic may cost world economy up to $3 trillion.” Bloomberg, 17 Oct. http://www.bloomberg.com/apps/news?pid=newsarchive&sid=ashmCPWATNwU.

Griffin, Catherine. 2014. “Climate Change May Cause New

and Old Disease to Emerge." *Science World Report*, Nov. 05, http://www.scienceworldreport.com/articles/18605/20141105/climate-change-cause-new-old-diseases-emerge.htm.

Gronvall, Gigi K. 2012. *Preparing for Bioterrorism*. UPMC.

Guerrant, Richard L. 1998. "Why America must care about tropical medicine." *The American Society of Tropical Medicine and Hygiene*, 59(1).

Hardoy, Jorgelina and Gustavo Pandiella. 2009. "Urban poverty and vulnerability to climate change in Latin America." Environment & Urbanization, Vol.21, No.1.

Hensley, Ellie. 2014. "CDC wins in budget deal." *Atlanta Business Chronicle*, Jan. 17. http://www.bizjournals.com/atlanta/news/2014/01/17/cdc-wins-in-budget-deal.html?page=all.

Heymann, David L. 2005. "Social, Behavioural and Environmental Factors and Their Impact on Infectious." *Journal of Public Health Policy*, Vol.26, No.1.

Homeland Security Council. 2005. *National Strategy for Pandemic Influenza*. Nov.

Ingram, Alan. 2005. "The New Geopolitics of Disease: Between Global Health and Global Security." *Geopolitics*, 10.

Joint United Nations Programme on HIV/AIDS. 2013. *Global Report: UNAIDS report on the global AIDS epidemic 2013*.

Khasnis Atul A. and Mary D. Nettleman. 2005. "Global Warming and Infectious Disease." Archives of Medical Research, 36.

Marsh. 2008. "The Economic and Social Impact of Emerging

Infectious Disease." *Marsh Inc. Compliance*, # MA8-10342.

McInnes, Colin and Kelley Lee. 2006. "Health, Security and Foreign Policy." *Review of International Studies*, Vol. 32, Issue 1, January.

McMichael, A. J. 2004. "Environmental and social influences on emerging infectious diseases: past, present and future." *The Royal Society*, 359.

Morens D. M. et al. 2004. "The Emerging and Re-emerging Infectious Disease." *Nature*, 430.

Morse, Stephen S. 1995. "Factors in the Emergence of Infectious Disease." *Emerging Infectious Diseases* vol.1, no.1.

Patz, Jonathan A. 1996. "Global Climate Change and Emerging Infectious Diseases." *Journal of American Medical Association*, vol.275, no.3.

Price-Smith, Andrew T. 2009. *Contagion and Chaos: Disease, Ecology, and National Security in the Era of Globalization*. The MIT Press.

Putman, Robert D. 2001. *Bolwing Alone: The Collapse and Revival of American Community*. Touchstone Books.

Rushton, Simon. 2011. "Global Health Security: Security for Whom? Security from What?" *Political Studies*, vol.59.

Samimian-Darash, Limor. 2011. "Governing through time: preparing for future threats to health and security." *Sociology of Health & Illness*, Vol.33 No.6.

Satcher, David. 1995. "Emerging Infections." *Emerging Infections*

Diseases, vol.1, no.1.

The Institute of Medicine. 2002. *The Future of the Public's Health.*

The White House. 2011. "Fact Sheet: Global Health Security." Sep. 22. http://www.whitehouse.gov/the-press-office/2011/09/22/fact-sheet-global-health-security.

__________. 2010. *National HIV/AIDS Strategy for the United States.*

__________. 2009. *National Security Council. National Strategy for Countering Biological Threats.* Nov.

__________. 1996. Office of Science and Technology Policy. Presidential Decision Directive-National Science and Technology Council(PDD-NSTC) 7: Emerging Infectious Diseases. June 12.

UNAIDS. 2013. "Fact Sheet." December 4, http://www.unaids.org/en/resources/campaigns/ globalreport2013/factsheet/.

WHO. 2007. *2007 AIDS Epidemic Update*. Dec.

_____. 2007. *A Safer Future: global public health security in the 21st century.*

_____. 2012. *Global Strategy for Dengue Prevention and Control: 2012~2020.*

_____. 2005. "Ten things you need to know about pandemic influenza." 14 October, http://web.archive.org/web/20090923231756/http://www.who.int/csr/disease/influenza/pandemic10things/en/index.html.

——. 2007. *A Safer Future: global public health security in the 21st century. World Health Report.*

——. 2014. *World Health Statistics* 2014.

Wilson, Mary E. 1995. "Travel and the Emergence of Infectious Disease." vol.1, no.2.

Xia, Shang et al. 2013. "Combating infectious diseases of poverty: a year on." *Infectious Diseases of poverty*, 2:27.

Zell, Roland. 2004. "Global climate change and the emergence/re-emergence of infectious diseases." *International Journal of Medical Microbiology*, 293.

Zarcadoolas, Christina et al. 2005. *Understanding Health Literacy: an Expanded Model. Health Promotion International*, vol.20, no.2.

International Herald Tribune. 26 Feb., 2008.

http://www.sphtc.org/timeline/timeline.html.

http://www.who.int/mediacentre/factsheets/fs360/en/, Nov., 2014.

제 3 부

경제외교와 공공외교

제 8 장

경제외교에서의 신뢰구축, 무역통상 부문을 중심으로

곽재성 경희대학교 국제대학원 교수

Ⅰ. 들어가며

글로벌화가 가속화된 21세기의 국제정치 환경에서 가장 큰 변화를 겪은 영역은 바로 경제외교(ED: Economic Diplomacy)일 것이다. 탈냉전과 세계화는 경제외교의 당위성과 중요성을 크게 증대시켰고, 교통 및 정보기술의 발달로 인해 물리적인 영토의 개념을 뛰어넘는 경제영토의 개념도 점차 확산되고 있다.

한국의 대외정책에서도 경제외교는 시간이 흐를수록 중요성을 배가해왔다. 1960년대 안보 목적을 겸한 중공업을 육성하기 위해 외자 도입을 적극적으로 추진하거나 아프리카에 대한 대외원조를 시행한 사례에서 볼 수 있듯이, 초창기의 경제외교는 대외정책의 최종목적인 국가안보 및 대북우위 점유를 위한 수단의 성격도 갖고 있었다. 반면 1990년대 초반을 기점으로 외교의 중심과 목표 자체가 경제 분야로 이동하는 경향을 보였다. 그 배경은 다음과 같다.

첫째, 구소련이 붕괴되고 냉전이 해체되어 한반도의 안보지형에도 변화가 왔고 남북화해무드가 점차 조성되자 경제외교의 중요성이 상대적으로 커졌다. 남북한 체제 경쟁이 의미가 없어지고 한국의 경제력이 북한을 압도한 점도 역할을 하였다. 둘째, 1990년 중반 이후 세계화 시대에 직면하면서 시장개방과 투자유치가 중요 과제였고 양자 및 다자 경제외교 전선에서 이를 뒷받침하기 위한 정부 정책의 중요성이 부각되었다. 셋째, 경제가 선진화되면서 국제사회에서 책임을 다하고자 한국은 2010년 OECD 개발원조위원회(DAC: Development Assistance Committee) 가입을 통해 선진 원조 공여국으로 거듭나면서 대외원조를 지속적으로 늘려가고 있다. 개도국의 빈곤퇴치와 발전을 견인하여 국제사회에서의 책임을 다하고 신흥국과의 경제협력도 도모하는 개발협력이 경제외교의 중요한 축으로 부상하고 있는 것이다.

무엇보다 수출입이 한국경제에서 차지하는 비중이 30%를 넘는 등 대외 경제의존도가 날로 높아지고 있는 상황에서 한국의 생존과 번영을 뒷받침하기 위한 경제외교의 중요성도 매우 커지고 있다. 한국의 경제외교는 세계경제의 불균형 및 변동성 심화, 그리고 제조업 경쟁력 저하로 인해 활동영역 행위자 영역에서 새로운 관계망을 형성해야 하는 기로에 서 있다.

기본적으로 외교가 한국경제를 지속적으로 발전시키기 위한 지속가능한 수단으로 기능하려면 한국의 경제외교에 대한 국제적 신뢰가 구축되어야 한다. 물론 개별적인 외교활동과 신뢰는 상호의존적이다. 신뢰를 바탕으로 한 외교 행위가 효과적으로 수행될 수 있고, 또한 국제사회에서 인정받을 만한 외교 활동을 통해 신뢰를 구축할 수 있는 것이다.

본 연구의 목적은 무역통상 분야에서의 신뢰구축 사례분석을 통해 경제외교에서 신뢰의 역할에 대한 일반화(generalization)를 시도하는 것이다.

일반적으로 경제외교에서는 정치안보영역에 비해 신뢰의 중요성이 크게 강조되지 않는다. 그 이유는 대부분의 경제활동이 계약관계에 의해 이루어지기 때문에 법적인 안전장치가 신뢰를 대신하는 경우가 많고, 실리에 기초하여 눈에 보이는 가시적 이익을 국민들에게 제시한 경우 상대방에 대한 불편한 시선 또는 신뢰의 부재현상을 어느 정도 희석시킬 수 있기 때문이기도 하다. 그동안 남북 경협이 제한적으로 이루어졌던 것, 적대적인 미국과 베네수엘라가 원유 수출입 등 적절한 무역을 유지하고 있는 것도 정치적 상호 신뢰의 중요성이 이완된 사례라고 볼 수 있다. 그럼에도 불구하고 경제외교에서 신뢰는 매우 중요하다. 신뢰를 바탕으로 해야 제한적 경제교류를 넘어 전면적인 관계 정립이 가능하며, 역으로 경제관계를 쌓다보면 양적 질적 측면에서 교류의 수준이 높아져 자연스레 신뢰가 쌓일 수 있기 때문이다.

Ⅱ. 경제외교의 정의와 연구범위의 설정

그렇다면 경제외교는 무엇인가? 일반적으로 외교활동에 있어 무역통상, 투자, 원조 등의 경제영역에 있어 각국의 행위를 의미하나, 행위자 및 목적-수단의 하위범주 설정에 있어 학자들 사이에 합의된 정의는 쉽게 찾기 어렵다.

베르제직(Bergeijk en Moons 2008)은 경제외교를 “주권국가 및 비국가 행위자의 국제적 경제활동”으로 매우 광범위한 정의를 내린바 있다. 특히 세 가지 요소를 강조했는데 무역 투자 등 제반 경제 영역에서 목적을 이루기 위한 정치적 영향력과 관계망의 사용, 경제적 안보(economic security)를 목적으로 제반 수단을 동원하는 행위, OECD나 세계무역기구(WTO: World Trade Organization) 등 다자간 틀에서 국제질서를 유지, 회복하기 위한 경제적 활동 등이다.

베인과 울콕(Bayne and Woolcock 2007)은 경제외교에 대한 폭넓은 담론을 다루고 있으나 정작 경제외교의 정의를 명확히 하기 보다는 그 특성을 보여주는 네 가지 측면을 검토하였다. 첫째, 국내적인 것이 아니라 국제적인 경제이슈를 다룬다. 그러나 세계화의 진전과 더불어 경제외교는 국내 경제이슈와의 연관성이 더욱 깊어져 가고 있다. 론스타의 외환은행 인수-매각에 대한 논란이 대표적인 사례이다. 둘째, 경제외교는 넓은 의미의 정부가 하는 일과 주로 관련이 있지만, 민간기업 등 비국가행위자들의 관련성이 크게 증가하고 있다. 오늘날에는 민간 행위자의 압력이나 다국적 기업의 활동이 경제외교를 움직이는 추동력으로 기능하는 경우가 많다. 셋째, 경제외교는 형태보다는 내용과 관련된 경제이슈에 의해 보다 잘 정의될 수 있다. 경제외교의 방식이 매우 다양하기 때문이다. 넷째, 경제외교는 시장상황과 매우 밀접한 관계를 가지고 있는 특징이 있는데, 민간부문의 역할이 점점 더 커지고 있는 현대 경제의 특성상 시장이 더 좋은 대안을 제공하면 경제외교의 영역은 움추려 들기 마련이다(Bayne and Woolcock 2007, 2-5).

경제외교의 개념을 정확히 짚어내기 어려운 한계도 존재한다. 정진영(2008)에 따르면 현실에서 이 개념이 매우 다양한 의미와 용도로 사용되며 특히 여러 분야의 외교 수단이 융합되는 경향을 보이고 있기 때문이다. 군사안보적 이익을 위해 경제적 수단이 사용되고, 경제적 이익을 위해 군사적 수단이 사용될 수도 있기 때문이다. 이 경우 경제외교의 개념은 수단을 중심으로 정의되는 경향이 있다. 즉 경제적 이익을 목적으로 한 군사행위는 경제외교의 범주에 넣기 어렵지만, 안보 목적의 원조나 무역제제 등의 경제적 수단은 경제외교로 보는 경향이 있다(정진영 2008, 167-8).

그러므로 이상을 종합한다면 경제외교는 국제적인 모든 경제적인 대외활동을 의미한다. 다만 그 주체는 여전히 국가의 행위로 국한함이 바람직하다. 민간영역이 외교의 중요한 몫을 차지하고 있고 경제외교의 궁극적 목적이 민간의 경제활동을 위함이지만, 민간 경제활동은 정부의 공적인 외교활동과는 엄밀히 구분하는 것이 분석의 적실성을 위해 필요하다. 또한 경제적 행위 또는 수단을 중심으로 정의를 내리는 경향이 있기 때문에 경제적인 목적으로 수행하는 군사적 외교적 행위는 경제외교의 범주에 넣기 어렵다.

이 글에서는 경제외교에 대한 체계적 실증적 접근을 위해 하위 범주를 설정한 후 구체적인 사례를 다루기로 한다. 첫째, 무역통상과 관련한 정부의 각종 행위이다. 양자간 다자간 무역협상, 무역분쟁에 대한 대처, 지속가능한 시장개척활동, 자원 및 에너지 외교 등을 포함한다. 둘째, 투자영역의 경우 외국인 투자를 적극 유치하기 위한 활동, 해외의 우리 투자를 활성화하고 기업을 보호하는 노력, 투자관련 분쟁 등을 포함한다. 셋째, 공적개발원조를 통해 국격을 높이고 개도국의 빈곤퇴치와 경제발전에 기여하며, 아울러 공여국의 가시성(visibility)을 높이는 제반 활동을 포함한다. 이렇게 볼 때 경제외교는 국가의 대외활동에 있어 상대적 절대적으로 지속적으로 영역을 확대하고 있는 가장 중요한 외교수단이다.

〈표 1〉 경제외교 활동 및 신뢰 구축

영역 (Area)	활동 (Activities)	신뢰 구축 메커니즘
무역 통상	무역확대를 통한 신뢰 구축	무역 파트너의 다각화 FTA등 무역협정 확대를 통한 제도화 지속가능한 시장개척활동
	무역분쟁과 신뢰	무역분쟁에 대한 원활한 해결
	자원 및 에너지 외교와 신뢰	다국적 사업의 안정성 국제규약 준수 “분쟁광물의 채굴과 이용에 자국기업이 관여되어 있는가?”
투자	외국인 투자유치	친기업적인 환경 조성 외국인 투자자에 대한 보호
	해외투자 활성화 및 보호	국부펀드 운영 일자리 창출 및 상대국 경제발전에 기여
	투자관련 분쟁	분쟁에 대한 성의있는 협상자세 소송결과에 대한 승복
개발 협력	원조 정책 수립	원조 투명성 확보
	원조 프로젝트 수행	원조 효과성 확보 “파리선언의 5대원칙을 준수하는가?”

출처: 저자 작성.

나아가 경제외교에 있어 신뢰는 외국과의 무역증진, 해외투자유치 등은 물론 타국과의 기술개발 협력, 대외원조 그리고 국제금융 영역에서의 협조 등에서 합의된 내용을 준수함을 의미한다. 따라서 글로벌 신뢰 확보를 위한 경제외교에 있어 각 영역에서의 제반 활동이 큰 역할을 한다. <표 1>은 경제외교의 활동 및 신뢰 구축 메커니즘을 나타낸 것이다. 첫째, 무역에 있어 협상의 기술, 협상 내용의 이행, 무역분쟁에 대한 원활한 해결, 중상주의적 이미지 탈피, 제화와 용역 서비스에 대한 품질 제고, 국제규약 준수, 상대국 환경 및 커뮤니티 보호

등을 통해 신뢰 구축이 가능함을 예시했고, 둘째, 투자에 있어서는 친기업적인 환경 조성, 외국인 투자자에 대한 보호, 일자리 창출 및 상대국 경제발전에 기여, 분쟁에 대한 성의 있는 협상자세, 소송결과에 대한 승복 등이 중요하다. 셋째, 개도국의 빈곤을 퇴치하고 경제발전을 지원하는 공적개발원조(ODA: Official Development Assistance)를 OECD DAC의 국제규범에 맞추어 투명한 재원 집행을 통해 개발효과성을 확보해야 책임 있는 공여국으로서의 신뢰 구축이 가능하다.

Ⅲ. 무역통상정책에 있어서 신뢰, 사례접근

이 글에서는 경제외교의 세 분야 중 무역통상 분야의 사례 검토를 통해, 신뢰구축의 일반화를 시도할 것이다. 우선 이를 위해 무역통상 분야에 있어 신뢰와 관련한 기존의 연구를 검토해 보기로 한다. 알려진 바와 같이 무역통상외교의 제 분야에 대한 사례연구는 매우 풍부하다. 오카노-호이만스(Okano-Heumans 2012)는 일본의 경제외교 추이를 검토하였는데, 시대를 달리하고 보다 거시적인 경제외교 전반에 대한 연구이긴 하지만 일본의 대외경제정책이 상업적 목적보다는 권력지향적으로 바뀌고 있는 점에 주목하였다. 대외경제정책이 파워외교를 뒷받침하게 되면서 신뢰를 얻고 있는지 혹은 잃고 있는지에 대한 추가적인 연구가 필요한 대목이기도 하다. 반면, 이승주(2007)는 한국통상정책의 역사적 맥락에 대한 통시적 접근을 통해 한국 통상정책의 변화양상을 검토하고 변화의 원인을 규명하였다. 연구에 따르면 한국은 무역자유화의 효과를 극대화할 수 있는 통상 거버넌스를 선호하며 비용을 최소화하기 보다는 이득을 극대화하는 방향을 선택을 했다는 점이다. 전창환(2006)은 한미 FTA 협상 결정의 배경을 동아시아 차원의 정치-군사-안보차원의 동기에 주목하여 연구하였다. 채욱 외(2006)는 한국의 중장기 통상 전략에 대한 연구를 통해 동 분야에서 한국의 경제외교가 나아가야 할 방향에 대해 제시하였다. 반면 우스캉가(Uscanga 2001)는 멕시코의 경제외교를 검토한 논문에서 미국에 대한 멕시코의 경제의존을 줄이는 목적으로 아시아 태평양권에 대한 적극적인 경제외교를 수행해왔으며 그 배경으로 멕시코 발전 패러다임의 변화, 미국-멕시코 관계의 변화를 시도했으나 대미 경제종속은 북미자유 무역 협정(NAFTA: North American Free Trade Agreement)으로 인해 더욱 더 심화된 현실, 멕시코 정치지형의 변화 등을 꼽았다.

또한, 정책 제언을 담은 전략 연구도 활발히 전개되어 있는데, 특히 신뢰구축을 통한 통상외교를 위한 행위자(조직 및 인적자원)의 역량(Competences)을 강조한 분야에 초점이 맞추어져있다. 스베트리치(Svetlicic 2011)는 개인의 역량은 정식 교육의 산물인 경성(Hard) 역량과 각자의 성격과 판단력, 지식들을 조합한 무형(intangible)의 연성(Soft) 역량으로 나누었다. 이를 경제외교에 접목시키면 경성 역량은 필요조건이지 충분조건은 아니며, 오히려 경험, 협상기술, 네트워크 등 연성 역량의 중요성이 커지고 있다고 주장하였다(147-148). 김성현(2005)은 프랑스 외무부의 구조개혁과 외교 엘리트 충원과정의 변화를 통해 프랑스의 경제외교가 어떤 역량을 갖추게 되었는지에 대해 연구하였다. 한편, 이동휘(1998)는 한국의 새로운 경제외교체제 구상을 담은 논문에서 1990년대의 국제정치경제 환경 속에서 우리 경제외교를 진단하고 외교통상부 출범을 비롯한 조직적 대응체제 수립에 있어 이론적 토대를 제공한 바 있다. 최영종(2011)은 한국이 동아시아 중견국가로 발돋움하기 위한 전략을 패권국, 연대형성, 규범 및 제도화, 국내

지지 확대 등을 중심으로 도출하였다. 통상외교에 있어 국회의 역할을 분석한 유현석(2008)은 통상정책에 대한 국회의 권한 확대에 대해선 부정적 이지만, 통상문제에 대한 국회의 역할에 대해선 대안적 제언을 시도하였다. 즉 통상이슈에 있어 국회가 국민의 의견 수렴을 통한 정치적 비용 감소에 기여해야 하며, 통상정책 방향에 대한 감시와 견제에 초점을 맞추어 역할을 찾아야 한다는 것이다(유현석 2008, 459-60).

그럼에도 불구하고 기존의 문헌들은 특정한 이슈에 국한된 미시연구가 대부분으로 구체적인 무역통상 정책이 국가적 신뢰에 미치는 영향을 분석하거나 일반화를 시도한 연구는 찾아보기 어렵다.

앞에서 언급한 바와 같이 이 글은 무역통상 외교와 신뢰의 관계를 크게 세 영역에서 접근하고자 한다. 첫째, 무역확대를 통한 신뢰구축을 도모한다. 국내외 정치경제 질서의 재편으로 국가 간 무역을 통해 새로운 신뢰를 쌓는 경우이며, 그리고 무역협상시 신뢰 구축 메커니즘을 확보하는 절차를 포함한다. 무역이 본격화 되면 국가는 기업의 시장개척 활동을 다각도로 지원하는데, 이때 지속가능한 무역관계 구축을 위해 힘쓰는 것이 중요하다. 즉 중상주의적 이미지를 각인 시키거나 통상마찰 없이 효율적 시장개척활동을 지원하는 것이 지속가능한 신뢰 구축에 한층 더 다가선 전략이다.

둘째, 양자간 다자간 무역불균형 등 무역 분쟁으로 신뢰가 위협받는 상황에서 그 해결 노력을 통해 신뢰를 쌓는 경우이다. 무역불균형이나 이로 인한 분쟁이 불가피하게 발생한 상황에서 얼마나 이를 슬기롭게 극복하고, 위기를 기회로 삼아 신뢰 구축의 방편으로 삼는가의 문제이다.

셋째, 자원 및 에너지 외교에 있어서 다국적 가스관 등 지정학적인 요인으로 인해 통상관계의 신뢰에 영향을 받는 경우의 리스크 관리가 중요하다. 특히 다국적 사업에서 국가 간 이해가 대립하는 경우 이를 해결하는 과정에서 신뢰가 매우 중요한 역할을 한다. 가장 기본적으로는 분쟁광물 이슈나, 다국적 환경 에너지 사업 등에 있어 국제규약 준수에 노력하는지의 여부이며, 나아가 상대국 환경 및 커뮤니티 보호에 귀를 기울이는 자세도 필요하다.

1. 무역확대를 통한 신뢰구축

많은 경우, 국가 간 무역에 가장 큰 영향을 주는 것은 집권정부의 성향도, 오랜 기간 이어져온 우방국과의 우정도 아닌 국제정치경제의 질서와 흐름이다. 경제관계의 특성상 다른 요소 보다는 실제적 편익이 주된 결정요인이 되기 때문이다. 그러므로 국가 간 무역에는 영원한 적도, 영원한 친구도 존재하지 않으며, 다만 전반적 국내외 경제, 산업의 흐름과 변화에 따라 새로운 파트너십이 형성되고 그에 따른 신뢰관계가 구축되는 것이다. 즉, 새로운 세계질서의 도래로 실질적인 관계망을 형성하기 위한 신뢰 구축 작업이 선행하는 것이다.

브라질의 카르도주와 룰라 정부가 선보인 컨버전스 외교는 국가 간 무역이 정부의 성향이나 전략이 아닌 국제정치경제 질서에 의해 좌우된다는 것을 보여준 좋은 예이다. 1995년부터 2003년까지 집권하였던 카르도주와 그 뒤를 이어 대통령에 당선되었던 룰라는 서로 다른 정당 출신이었지만 통상정책에 있어서 같은 노선을 걸었다(Vieira 2014, 141). 카르도주는 미국, 유럽, 일본 등 선진국과의 무역에 집중하였던 기존의 통상정책을 탈피하여 중남미 국가들을 중심으로 한 남남협력에 무게를 두고자 하였다. 뒤이어 룰라 정부가 들어서고 국제정세가 더욱 더 변화하자 기존 선진국의 영향력이 비교적 약화되고 중국 등 신흥국이 두각을 나타내게 되었다. 이에 룰라 정부는 카르도주 정부의 통상정책을 그대로 이어받아 중남미는 물론이며 중동과 아프리카에 이르기까지 우호적 신뢰관계를 구축하기 시작했다. 룰라는 중동지역을 전략적 파트너로서 우선 순위를 두고 직접 여러 차례 방문하는 등 신뢰구축과 관계발전을 위해 노력을 아끼지 않았다. 또한 국제사회에서의 위상과 외교적 입지를 강화하기 위해 식량농업기구(FAO: Food and Agriculture Organization)나 WTO와 같은 국제기구에서의 활동도 활발히 하였다(Kalaout 2014, 13-15). 카르도주와 룰라의 이 같은 노력을 바탕으로 브라질은 남반구의 새로운 리더이자 평화수호자(peace keeper)로서 발돋움할 수 있었다.

중국 또한 아시아 금융위기 이후 여러 아시아 국가와 무역을 통한 신뢰관계를 쌓아 올려 급변하는 국제정치경제 질서에 발 빠른 대응을 보여주었다. 90년대 후반 아시아 금융위기 이후 아시아 국가들은 IMF를 비롯한 국제금융기구(IFIs)에 대해 좋지 않은 감정을 가지게 되었고, 그 대안으로 지역협력 프레임을 구상하게 되었다. 중국도 또한 동시기를 겪으며 지역협력 구도에 앞장서게 되었고, 타 아시아 국가들과의 적극적인 경제협력과 시장개방을 통해 공생 및 상호의존관계를 만들어 가기 시작했다. 특히 일본, 한국 등 기술적으로 진보한 국가에서 생산된 자본재(capital goods)나 중간재(intermediate goods)를 상대적으로 기술력이 뒤처지던 중국 및 동남아시아 국가연합(ASEAN: Association of Southeast Asian Nations) 국가에서 수입하여 가공 및 조립 과정을 거친 후 미국이나 유럽 등지로 재수출하는 삼각 무역(triangular trade) 시스템은 매우 성공적인 형태의 역내 생산 네트워크로서 아시아 지역의 경쟁력을 높이고 각 국가 간의 협력 및 신뢰관계를 발전시켰다(Das 2013, 1096). 중국은 이에 그치지 않고 역내 협력관계 구축에 더욱 박차를 가하여 최근에는 인도와의 관계 개선에도 노력을 기울이고 있다. 중국과 인도는 과거 영토분쟁 뿐 아니라 파키스탄에 대한 무기 공급 문제와 달라이 라마에 대한 보호 문제 등으로 서로를 자극한 바 있다. 그러나 최근 10년간 양국 간의 무역이 빠르게 그 규모를 늘려감에 따라 관계 개선의 필요가 대두되었다. 이에 지난 2013년, 중국의 리커창 총리는 취임 후 첫 공식 방문국으로 인도를 선정하여 양국 간의 우호 증진을 위해 적극적 자세를 취하였다(Al Jazeera 2013).

다른 한편 무역의 확대는 비전통적 파트너 간의 신뢰 구축에 매우 중요한 요소로 기능한다. 오스칼슨과 예티프(Oskarsson and Yetiv 2013)에 따르면 러시아 역시 국제질서의 재편에 따라 전향적인 대 중동 통상외교를 선보였다. 러시아는 냉전 체제 당시 중동 국가 대부분과 교류가 없었다. 그러나 탈냉전시대에 접어들며 사우디아라비아를 필두로 걸프협력회의(GCC: Gulf Cooperation Council) 회원국과의 교류를 활발히 하였고, 중동의 왕족들을 러시아로 초대하는 한편, 푸틴 대통령이 직접 중동 여러 나라를 순방하는 등 중동국가와의 신뢰를 다지기 위해 각별한 노력을 기울였다. 뿐만 아니라, 미국 등의 반대와 압력에도 불구하고 이란과 이라크와의 관계 역시 우호적으로 유지하기 위해 채무탕감, 총리 방문 등의 호의적 행보를 이어갔다. 러시아의 이 같은 행보는 중동 시장과의 무역을 통해 얻게 되는 경제적 이익을 염두에 둔 것이며, 무엇보다 카타르, 이란과 연합하여 에너지 공급을 조절함으로 LNG 가격을 높은 수준으로 유지하는 등 공급자 카르텔을 형성하기 위한 에너지 협력에 그 목적이 있다(Oskarsson & Yetiv 2013, 401).

FTA가 국가 간 신뢰 증진에 중대한 역할을 한다는 것은 널리 알려진 사실이다. 특히 국제적 신뢰도가 낮은 개발도상국이 선진국과 FTA를 체결할 때 그 의미가 매우 크다고 할 수 있다. 일례로 페루는 미국과의 FTA를 통해 국제무역에서의 신뢰라는 결정적인 이익을 얻게 되었다. 미국은 다양한 방식으로 전략적 중요성을 갖고 있는 개발도상국들에 대한 자국내 시장접근(Preferential Treatment)을 허락한다. 따라서 FTA 체결 당시에도 페루는 FTA라는 장치가 굳이 필요 없을 정도로 미국과의 무역이 자유로웠다. 그럼에도 불구하고 미국과의 FTA가 반드시 필요했던 이유는, 당시 페루가 과거의 불안정했던 경제 상황을 개혁을 통해 성공적으로 극복하였으나 이를 널리 증명하고 투자자들을 설득하기 위한 즉, 신뢰구축을 위한 가시적인 도구가 필요했기 때문이다(Levy 2011, 61). 페루는 또한 FTA라는 제도적 장치를 마련해 둠으로서 미국의 태도가 갑자기 변하는 것을 방지할 수 있었다. 실제로 콜롬비아의 경우 미국이 제공하던 특혜가 끊겼을 때 속수무책으로 수출길이 닫혔던 경험을 한 바 있다. 동시에 페루는 미국과의 FTA를 통해 투자자들의 신뢰를 얻어 더욱 원활히 외부 투자를 유치할 수 있었다(Levy 2011, 60). 우리나라의 경우에도 예외는 아니다. 본격적으로 FTA를 추진한지 10여년이라는 짧은 기간에도 불구하고, 한-미, 한-EU, 한-중 등 주요 강국과의 FTA를 체결한 유일 무이한 국가로서 국제적인 통상국가로서 이미지를 갖추었고, 원만한 협상을 통해 자유무역협력을 추구하는 국가라는 신뢰를 얻게 되었다.

칠레는 라틴아메리카 국가 중 가장 안정적인 통상정책을 갖추었을 뿐 아니라 세계 각국과의 FTA 체결에도 가장 적극적으로 나서고 있다. 높은 전문성이 요구되는 FTA 협상에서 칠레가 이렇듯 주목할 만한 성과를 내기까지는 칠레 정부와 민간부문의 긴밀한 협력이 뒷받침되었다. 무역협상에 요구되는 전문성, 특히 기술전문성은 갈수록 그 수준이 높아지고, 이에 따라 민간부문의 기여가 반드시 필요해지고 있다. 이에 칠레에서는 경제정책, 특히 무역정책을 수립하는 과정에 정부인사 뿐 아니라 민간 씽크탱크나 연구기관 등이 민-관을 넘나들며 폭넓게 참여하고 있다(Bull 2008, 199). 또한 산업개발협회(Sociedad de Fomento Fabril, SOFOFA), 국립농업협회(Sociedad Nacional de Agricultura, SNA) 등과 같은 칠레의 각종 기업협회(business associations)는 그 영향력이 특별히 강력한 것으로 알려져 있는데, 칠레 정부는 이들 기업협회가 무역 협상 과정에 참여하는 것에 대해 상당히 호의적, 개방적 태도를 보이고 있다. 칠레의 기업협회는 정부의 이 같은 믿음에 부응하여 미상공회의소(AmCham)를 비롯한 타국의 무역협회 등과도 연계하기 시작했으며 이를 바탕으로 여러 다국적기업 및 재벌들의 신뢰를 얻기에 이르렀다. 실제로 SNA 산하의 가금류생산자협회(Asociación de Productores Avícolas de Chile, APA)의 경우 미국의 상대 협회와의 민간협상을 통해 무역 분쟁 해결에 일조하는 등 그 활약이 지대하였다(Bull 2008, 214-218). 이렇듯 민간 부문의 참여를 장려함으로 FTA 협상시 전문성을 확보하고 민간 부문이 갖춘 신뢰기반 네트워크와 인프라를 활용한다면 경제외교에서의 신뢰도를 극대화할 수 있을 것이다. 또한 FTA의 내부협상에 있어서도 국내적인 신뢰를 충분히 쌓을 수 있을 것이다.

지속가능한 시장개척 지원사례를 통해 상호 윈윈을 구현하며 신뢰를 쌓은 사례는 미국의 무역개발청(USTDA: U.S. Ttade and Development Agency)사례에서 찾아볼 수 있다. USTDA는 기본적으로 무역 및 인프라 개발 분야에 특화된 미국의 공적개발 원조기관이지만 자국기업의 해외진출을 목적으로 활동한다. 동 기관은 개발도상국(특히 중소득국)의 경제개발을 촉진하고 미국의 상업적 이해를 증진시키기 위한 목적으로 1981년에 USAID로부터 분리 독립하여 설립되었다. USTDA는 개도국의 대형 프로젝트 발주처, 즉 공공기관 또는 민간 발주처가 필요로 하는 사업 타당성조사, 사전방문, 훈련, 워크숍, 기술지원의 업무를 지원한다. 지원 방식은 해당 국가 내 타당성조사 혹은 기술지원 프로젝트의 수행을 원하는 미국기업이 수원국의 발주처에 과제수행계획서를 제출하면, 해당 발주처가 미국 기업을 최종선정하고, USTDA는 선정된 미국 기업에 대금을 지불하는 삼각협력 방식을 취하고 있다. 그 이유는 각국별 상이한 조세체계 때문이다. 또한 본 사업을 수주했을 경우 지원 대금은 사후적으로 기업으로부터 회수하여, 재투자하고 있다. USTDA의 사업선정 기준은 중기적으로 설정되는 중점분야(예, 환경에너지, 인프라 등)에서, 실제 본 사업으로 발전할 가능성이 높고, 수원국과 미국 양자 모두의 이익에 부합하는 경우로 상당히 까다롭다. 이와 같이 제도화 수준이 높은 덕에 대규모 지원을 시행하는 것은 아니다. USTDA의 연간 예산은 4천만 달러에 불과하고, 매년 약 125개 정도의 사업만 전 세계를 대상으로 지원하며 건당 평균 지원 규모는 40만불 정도이다. 그럼에도 불구하고 많은 기술협력 사업이 본 사업으로 발전하지 못하고 자국 컨설팅기업의 대외활동을 보조하는 역할에 그치고 있음을 감안하면, 대규모 사업으로 발전하여 개발효과성 확보 실적이 높은 USTDA의 활동은 많은 개도국에서 환영받고 있다. 또한 국내적으로도 자국기업의 해외진출에 상당히 기여하였는데, 설립 이후 USTDA는 총 458억불의 수출유발효과를 기록하였다. 이는 지원액 1불당 73불의 수출유발효과에 해당한다(http://www.ustda.gov; USTDA 방문 인터뷰 2015년 1월).

2. 무역분쟁과 신뢰위기의 극복

국가 간에 발발하는 무역분쟁은 보통 해당 국가 간의 신뢰를 저해하기 마련이지만, 때때로 분쟁 상황의 해결을 위해 노력하다 보면 양측이 오히려 신뢰를 새롭게 구축하기도 한다. 농식품 무역을 둘러싼 호주와 EU의 분쟁이 대표 사례이다. 호주는 영연방국으로서 EU 가입 전 영국이 수입하던 농산물 및 식품의 상당부분을 공급하고 있었다. 그러나 EU 출범 이후 무역장벽에 막혀 영국 및 타 유럽국가에 대한 농식품 수출이 어렵게 되었다. EU는 호주 농산물의 수입을 제재하였을 뿐 아니라 EU국가에서 생산되는 농식품에 보조금을 지급하여 호주 상품과의 경쟁에서 우위를 점하고자 하였다. 호주는 이에 맞서 수출보조금을 지급하지 않는 타 농산물수출국(Cairns Group)과 연합하여 농산물에 대한 보조금 철폐 등을 통하여 농산물 무역 자유화를 주장하였다. 그러나 이 같은 갈등을 겪으며 호주와 EU는 각자가 비교우위를 갖춘 부문을 자각하게 되었고, 또한 새롭게 포지셔닝하게 되었다. 그 결과, 90년대 이후부터 호주는 자국이 비교우위를 점한 와인이나 담배 등을 더 많이 유럽에 수출하게 되었고, 반면 유럽은 호주에 농식품을 수출하며 농식품 아이템별 비교우위에 입각한 무역 파트너십을 구축하게 되었다(Murray & Zolin 2012, 194). 양측은 이렇듯 갈등을 극복하고 새로이 무역을 통해 쌓인 신뢰관계를 바탕으로 지난 2008년 오스트레일리아-EU 파트너십 프레임워크 협정(Australia-EU Partnership Framework)을 서명하기에 이르렀다. 이 협정을 통해 호주와 EU는 무역으로 구축된 협력관계를 안보, 테러대응, 교육, 항공, 과학, 기술 등의 광범위한 분야까지 넓히게 되어 광범위한 신뢰를 쌓을 수 있었다(Murray & Zolin 2012, 198).

덕저그와 카이(Daugbjerg and Kay 2014)는 무역 분쟁의 해결 방법으로 WTO의 분쟁해결절차를 통한 보복(Retaliation)이 아닌 당사국끼리의 협상(Negotiation)을 권장한다. WTO의 현행 분쟁해결절차에 따르면 WTO 소송에서 패소한 국가는 WTO 패널의 권고사항을 정해진 기간 내에 이행해야 하고, 그렇지 못할 경우 승소국은 적법한 절차에 따라 보복조치를 취할 수 있다. 그러나 많은 경우, 이러한 보복조치가 패소국에 미치는 영향은 해당 국가가 WTO 규정을 어김으로서 얻게 되는 이익에 미치지 못한다. 따라서 승소국이 얻게 되는 것은 법적 명분일 뿐 실제 효과는 미미한 수준에 그치게 되는데, 이러한 현상은 승소국의 경제력 및 국제적 영향력이 패소국보다 낮은 수준일 경우 더욱 현저하게 드러난다(Daugbjerg & Kay 2014, 109). 그러므로 약소국의 경우 법적인 보복조치가 아닌 협상을 통해 실리를 취하는 편이 보다 현실적이고 효과적이라는 것이다. 강대국의 입장에서도 협상을 통해 분쟁을 해결한다면 해결 방법을 제3자인 WTO 패널이 아닌 당사국의 손으로 해결할 수 있다는 장점이 있다. 따라서 법적 조치가 아닌 협상을 통한 분쟁해결이야말로 승소국과 패소국 양측 모두에게 실익이 발생하며, 나아가 양측의 신뢰관계 개선을 위해서도 이상적이라 할 수 있다. 실례로 브라질은 농가에 대한 지속적인 보조금 지급을 이유로 미국을 WTO에 제소하여 승소한 바 있다. 그러나, 브라질과 미국 양국 모두 WTO의 권고를 따르기 보다는 협상을 통해 윈-윈하는 방법을 찾길 원했다. 이에 미국은 자국의 보조금 시스템을 수정하는 대신 브라질 농민에게 1억5천만 달러의 배상금을 지급하는 등의 조건으로 브라질과의 합의점을 찾았다(Daugbjerg & Kay 2014, 114-115). 이 사례를 통해 크게 두 가지 시사점을 얻을 수 있는데, 첫째, 대외적인 이슈(WTO권고)가 국내정치적 부담(보조금 축소나 폐지)으로 이전하는 걸 원하는 정부나 지도자는 없다는 점, 즉 외교 이슈에 비해 국내적 지지 또는 신뢰가 우선한다는 것이다. 둘째, WTO 등 국제사회를 통해 직접적인 해결책을 구하기보다는 국제기구의 권고를 레버리지로 하여 양자간 협상에 활용했다는 점이다.

다른 예로, 2008년의 선진국 금융위기 이후 브라질은 중국, 미국 등 상대적으로 경제 규모가 큰 국가들이 양적완화 프로그램과 같은 다양한 방법으로 자국의 화폐가치를 절하함에 따라 극심한 피해를 겪고 있음을 호소하였다. 브라질은 WTO를 위시한 국제사회가 나서서 이에 대한 시정조치를 취해 줄 것을 요구하였지만 국제사회의 전반적 반응은 매우 미온적이었다(Pereira & Allard 2012). 그럼에도 불구하고 이 사안은 앞의 사례와는 달리 국제법적 해결 메커니즘에 호소하거나, 갈등 해소를 통한 신뢰구축으로 이어지지 않았다. 그 원인은 구체적인 피해사례를 증명하기 어려운 포괄적인 사안이고, 무역 관련한 정책 행위가 원인은 아니기 때문이다. 그러나 브라질이 제기한 바와 같이 개발도상국 경제가 환율 이슈로 인해 피해를 보고 있으며, 그로 인해 무역불균형이 심화되고 있다는 주장은 반드시 짚어보아야 할 사안이다. 이는 국제사회의 상호신뢰관계를 위협하는 문제이기 때문이다. 따라서 페레이라와 어래드(Pereira and Allard 2012, 553)가 지적하듯 다만 이러한 문제를 인식하는 데에서 끝나는가, 아니면 문제 해결을 위해 그 같은 현상을 규제할 수 있는가의 문제는 보다 근본적이며 거시적인 이슈이며, 향후 선진국과 신흥국의 경제 외교적 신뢰관계에 적지 않은 영향을 미칠 것이다.

3. 자원 및 에너지 외교와 신뢰

2014년의 크리미아(Crimea) 사태에서 러시아가 보여준 힘의 논리는 자원이 뒷받침된 국제정치경제 체제변화에 있어 신뢰의 역할에 대해 다시 한 번 짚어보는 계기를 제공한다. 이 사태에 대한 유럽국가의 실질적 대응은 매우 다양하게 표출되었는데, 크게 두 가지로 분류할 수 있다. 폴란드와 같이 동유럽권이 적극적으로 러시아를 비난하며 대책을 세운 반면, 서유럽은 관망세를 유지했다. 왜일까? 유럽에는 러시아에 대한 다양한 레벨의 신뢰가 존재하는데, 오자와(Ozawa 2014)는 이를 특정 신뢰와 일반적 신뢰의 모형으로 설명했다. 우선, 특정 신뢰(particularized trust)는 양국 간의 특별한 역사와 경험에 입각한 신뢰 모형이다. 러시아와 독일, 프랑스, 이탈리아 등이 지난 40년간 가스를 거래하면서 쌓은 생산-소비자 간의 신뢰이며, 크리미아 사태 이후 서유럽의 이해는 우크라이나에 대한 주권침해 보다는 가스의 안정적 공급에 더 초점이 맞추어져 있어 서유럽 국가들이 별다른 대응을 취하기보다는 국익을 위해 관망(wait-and-see approach)하는 것으로 귀결되었다. 반면, 포괄적인 역사 문화적 배경을 갖고 있는 일반적 신뢰(general trust)는 러시아와 동유럽 간의 관계에서 주로 찾아볼 수 있다. 즉, 구체적인 거래관계 보다는 과거의 역사적 정치적 경험이 축적한 국가(국민) 차원의 감정 또는 소원함이 기초가 되어 낮은 단계의 신뢰를 형성했다는 것이다. 특히 크리미아 사태를 맞이함에 있어 동유럽이 기억했던 것은 지난 반세기 동안 러시아로부터 공급받았던 싼 가스가 아니라 주권침탈과 사회적 정치적 억압에 대한 기억이었다. 즉, 동유럽은 1956년의 헝가리 혁명이나, 1969년의 프라하의 봄에서 보여준 러시아의 일방적 폭력 행사를 떠올렸을 것이다. 이 점에서 서유럽에서 본 바와 같이 에너지를 중심으로 한 실리적 시장 중심의 사고방식이 동유럽에서는 작동하지 않았다는 것이다. 실제적으로 동유럽은 대안적 에너지 소스를 찾아 동분서주하고 있다. 폴란드의 경우 9억 유로를 투입하여 LNG 가스 터미널을 건설하였고, 발트해 국가들도 카스피해로부터의 가스 공급을 위해 8억 유로를 투자하여 파이프라인 공사를 계획하고 있다. 훨씬 더 비싼 에너지원 이지만 신뢰를 쌓지 못한 국가, 지리적으로 언제든 지대한 위협요소로 기능할 국가인 러시아에 에너지 안보를 맡길 수 없다는 정치적 고려가 강하게 깔려있다고 해석할 수 있다.

일본 게임업체 닌텐도는 2012년 미국 인권단체가 아프리카 분쟁지역의 광물 사용량을 바탕으로 매긴 'DR콩고 평화에 이바지한 기업'순위에서 최하위를 기록하였다. 한 때 위(Wii)를 통해 파괴적 혁신의 대명사로 추앙받았던 닌텐도는 전 세계에서 40만통이 넘는 항의 메일을 받아 홍역을 치렀다. 당시 한국 기업인 삼성전자와 LG전자도 중하위권인 공동 14위를 기록하는 수모를 겪었다. 이처럼 분쟁광물은 글로벌 기업들의 주요 경영변수로 떠오르고 있다. 분쟁광물은 DR콩고 등 아프리카 분쟁지역 10개국에서 생산되는 주석, 탄탈, 텅스텐, 금 등 광물을 뜻하는데, 게릴라나 반군들이 채굴 과정에서 민간인의 노동을 착취하고 있어 국제사회가 규제에 나서고 있다(장온균 2014). 이제 분쟁광물은 기업활동을 넘어 경제외교의 영역으로 빠르게 자리매김하고 있다. 2012년 8월 미국 증권감독위원회(SEC)는 콩고민주공화국, 남수단, 우간다, 르완다 등 분쟁지역에서 생산되는 광물에 대해 자국기업들의 '분쟁광물' 사용을 제한하는 새로운 규제안을 도입했다. 규제안의 내용은 크게 두 가지인데, 앞으로 미국 기업들은 분쟁지역에서 생산된 광물을 사용하는지 SEC와 투자자들에게 매년 공개해야 하고, 나아가 분쟁지역 정부와 기업의 거래내역도 구체적으로 공개하도록 했다. 브루킹스연구소의 보고서에 따르면 미 제조업체들이 분쟁광물 사용을 줄일 경우 90억~160억 달러의 추가 비용을 부담해야 할 것으로 예상된다(서울경제 2012). 그럼에도 불구하고 닌텐도의 수모나 분쟁광물을 사용하지 않은 네덜란드의 페어폰의 성공사례에서 보듯이 장기적으로는 기업의 경영리스크를 줄이고 마케팅에도 도움이 될 것이라는 전망이 유력하다. 또한 미국에 이어 EU도 유사한 규제안을 내놓고 있어 분쟁광물 이슈는 경영리스크의 차원을 넘어 경제외교의 측면에서 반드시 고려해야 할 영역으로 발전하였다.

Ⅳ. 결론: 경제외교에 있어서의 신뢰외교 가설

이상에서 살펴본 바와 같이 경제외교에 있어 신뢰는 다양한 방식으로 기능한다. 무역통상에 있어 세 가지 하위영역, 즉 무역확대, 무역분쟁, 자원 및 에너지의 영역에서 사례를 통해 살펴본 결과 다음과 같은 일반화가 가능하며, 앞으로 보다 체계적이고 분석적인 양적, 질적 연구를 위한 기초로 활용할 수 있을 것이다.

첫째, 21세기의 글로벌화된 국제사회에 출현한 국제정치경제적 변수는 국가 간 지역 간 경제관계를 유기적으로 연결하는 프레임을 만들어, 무역이나 투자 확대를 통해 신뢰를 쌓을 수 있는 계기를 만들고 있다.

둘째, 통상정책의 선진화를 통해 무역을 확대하면 양자, 다자 국제경제관계에서 특정 신뢰를 쌓을 수 있다. 또한 무역의 확대는 장기적으로 일반적 신뢰로 발전할 수 있는 기회를 제공한다.

셋째, 무역분쟁을 야기하면 신뢰에 손상을 입지만, 이를 해결하는 노력을 보이면 신뢰의 회복에 대한 기회가 될 수 있고 나아가 보다 지속가능한 무역통상 관계를 설정할 수 있는 계기가 될 수도 있다. 그러나 이를 방치할 경우 더 큰 타격을 입을 수 있다.

넷째, 크리미아 사태에서 보듯이 국제정치경제의 행위주체는 계약관계의 특정 신뢰와 역사문화적 배경하의 일반적 신뢰에 따라 각각 포지셔닝하는 경향이 있으며 좀 더 다양한 사례분석을 통해 일반화를 시도하는 것이 바람직하다.

다섯째, 다국적 기업의 활동이 활발해 짐에 따라 국경없는 경제활동이 일반화되고 있지만, 분쟁광물이나 환경파괴 이슈와 같이 기업활동이 부정적 결과를 낳을 경우 이는 기업의 영역을 넘어 소속 국가에 대한 신뢰에 타격을 줄 수 있다. 이 경우 모국은 기업에 대한 통제와 제재를 시행하는 것이 바람직하다. 그러므로 민간의 역할이 아무리 확대되어도 경제외교의 주체로서 국가의 역할은 여전히 유효하다.

참고문헌

박홍영. 2002. "일본 경제외교의 특징 - 베트남전쟁기(1965-1975) 대미(對美)관계 사례검토." 『한국정치학회보』. 36권2호. 한국정치학회.

서울경제. 2012. "미 기업, 콩고 · 남수단 등 분쟁지역 광물 사용 제한." 서울경제, 8월 23일, http://economy.hankooki.com/lpage/worldecono/201208/e2012082317480769760.htm.

유현석. 2008. "통상외교와 국회의 역할: 한-칠레 FTA와 한미 FTA의 사례." 『한국정치외교사논총』. 한국정치외교사학회. 29(2).

이동휘. 1998. "국제질서 재편과 한국외교의 대응: 새로운 경제외교체제 구상을 중심으로." 『IRI 리뷰』. 제2권 제4호. 일민국제관계연구원.

이승주. 2007. "한국 통상정책의 변화와 FTA." 『한국정치외교사논총』. 제29집 제1호.

전창환. 2006. "한미 FTA 협상 결정의 배경과 그 파장." 『동향과 전망』. 한국사회과학연구소. 67. 한국사회과학연구소.

장온균. 2014. "분쟁광물 규제에 대비해야." 한국경제 2월 13일. http://www.hankyung.com/news/app/newsview.php?aid=2014021351771.

정진영. 2008. "새 정부의 경제외교 비전과 추진전략: '글로벌 코리아'를 통한 경제안보와 번영." 한국국제정치학회 학술대회, 외교안보연구원.

최영종. 2011. "동아시아 지역통합과 한국의 중견국가 외교." 『한국정치외교사논총』. 32(2).

Adem, Seifudein. 2012. "China in Ethiopia: Diplomacy and Economics of Sino-optimism." *African Studies Review*, Volume

55, Number 1, April.

Al Jazeera. 2013. "India and China: Building Trade and Trust." *Al Jazeera.*

Bayne, Nicholas and Stephen Woolcock. 2007. *New Economic Diplomacy*. Ashgate: Surrey.

Bergeijk en Moons. 2008. "Economic Diplomacy and Economic Security." in C. Costa (ed.). *New Frontiers of Economic Diplomacy*. Instituto Superior de Ciencas Socias e Politicas.

Bull, Benedicte. 2008. "Policy Networks and Business Participation in Free Trade Negotiations in Chile." *Journal of Latin American Studies*. Vol.40, Issue.2.

Das, Dilip K. 2013. "China and the Asian Economies: Mutual Acceptance, Economic Interaction and Interactive Dynamics." *Journal of Contemporary China*. Vol.22, No.84.

Daugbjerg, Carsten and Adrian Kay. 2014. "A Trade Balance: Litigation and Negotiation in the World Trade Organization's Dispute Settlement System." *Australian Journal of International Affairs*. Vol.68, No.1.

Hope, Martin. 2011. "Languages 'Help Build Trust' in Trade, Business Relations." *EurActiv*.

Kalout, Hussein. 2014. "A New Strategic Connection: Growing Brazilian Influence in the Middle East." *Harvard International Review*, Winter.

Levy, Philip I. 2011. "Free Trade Foreign Policy: How Trade Myths Impede a Key US Policy Tool." *Harvard International*

Review, Fall.

Murray, Philomena & Zolin, M. Bruna. 2012. “Australia and the European Union: Conflict, Competition or Engagement in Agricultural and Agri-food Trade?” *Australian Journal of International Affairs*, Vol.66, No.2.

Noland, Marcus. 2014. “South Korea: The Backwater That Boomed.” *Foreign Affairs*, Jan/Feb.

Okano-Heumans, Maaike. 2012. “Japan's New Economic Diplomacy: Changing Tactics or Strategy?” *Asia-Pacific Review*, Vol.19, No.1.

Oskarsson, Katerina & Yetive, Steve A. 2013. “Russia and the Persian Gulf: Trade, Energy, and Interdependence.” *The Middle East Journal*, Vol.67, No.3, Summer.

Ozawa, Marc. 2014. “Energy tade between Europe and Russia will depend on trust.” *Conversation*, 17 March.

Pereira, Antonia F. & Allard, Silas W. 2012. “Looking to Fill and International Regulatory Gap: Brazil Brings the Issue of Exchange Rates and Trade before the World Trade Organization.” Emory International Review, Vol.2.

Svetlicic, Marjan. 2011. “Competences for Economic Diplomacy and International Business; Convergence or Divergence?” *Uprava* IX(1).

United Nations Industrial Development Organization (UNIDO). 2014. “Building Trust for Trade: The National Quality Infrastructure Project for Nigera.” *UNIDO*.

Uscanga, Carlos. 2002. "Mexican economic diplomacy in the Pacific Rim." *Revista Mexicana de Estudios sobre la Cuenca del Pacífico*, 2:4, Jul-Dec.

Vieira, Vinicius Rodrigues. 2014. "Is Politics Behind Trade? The Impact of International Trends and Diplomatic Action on Brazil's Exports during Globalisation." *Bulletin of Latin American Research*, Vol.33, No.2.

Waters, James J. 2013. "Achieving World Trade Organization Compliance for Export Processing Zones while Maintaining Economic Competitiveness for Developing Countries." *Duke Law Journal*, 63:481.

Yeung, Henry Wai-chung. 2011. "From national development to economic diplomacy? Governing Singapore's sovereign wealth funds." *The Pacific Review*, Vol.24 No.5 Dec.

제 9 장

공적개발원조를 중심으로 한 글로벌 신뢰구축 방안

곽재성 경희대학교 국제대학원 교수

Ⅰ. 들어가며

21세기가 전개될수록 인류는 소득 불평등과 소외계층의 확대, 생태와 환경을 위협하는 기후변화, 계속되는 각국의 금융위기 등의 어려움에 당면하고 있지만 국제적인 공조를 통해 이를 극복하려 노력하고 있다. 특히 2014년 말 유엔은 기존의 새천년개발목표(MDGs: Millenium Development Goals)를 대체할 '포스트 2015' 개발 의제를 지속가능발전목표(SDGs: Sustainable Development Goals)라는 명칭으로 확정했다.[1] 또한, 중국과 같은 신흥 공여국 및 기업, 재단, 시민사회단체(CSO: Civil Society Organization)를 포함하는 민간의 비전통적 원조 주체를 효과적으로 활용하기 위한 '원조와 원조 이상의(Aid and Beyond)' 구상도 활발히 진행되고 있다. 또한 경제 성장과 인간 개발간의 균형에

1) 올해부터 2030년까지 추진할 새로운 목표로 유엔은 모두 17개 개발 목표와 169개 세부목표를 SDG로 제시했다. 기존 MDG의 8개 의제에서 목표 의제가 대폭 늘었는데, 양질의 교육 보장, 지속가능한 경제발전, 국가내・국가간 불평등 완화, 지속가능한 소비・생산 등의 분야에서 기존 의제를 좀 더 구체화되거나 새롭게 추가되었다.

초점을 맞춘 포용적 발전(inclusive development)을 추구하는 개도국의 자생적 발전이 강조되고 있다.

이와 같은 21세기의 국제적 논의에서 한국은 글로벌 무대에서 지적 리더십을 지속적으로 발휘하고 있다. 2010년 주요 20개국(G20) 정상회의에서 개발의제인 '서울 개발컨센서스'를 채택하고, 2011년 부산세계개발원조총회에서 개발효과성 제고를 위한 글로벌 파트너십을 구축한 데 이어, 2015년 이후 개발의제 설정에도 활발히 참여하고 있다. 또한 유네스코(UNESCO: UN Education, Scientific and Cultural Organization)를 중심으로 논의되고 있는 '문화와 발전 논의'를 이끌고 있다. 이 과정에서 반기문 UN사무총장과 김용 세계은행 총재 등 한국이 배출한 글로벌 리더들이 주도적 역할을 담당하고 있다.

이 글의 목적은 세계적으로 수원국에서 공여국으로 탈바꿈한 몇 안 되는 사례인 한국의 원조공여 경험을 통해 21세기 대외정책의 한 축으로 빠르게 부상하고 있는 공적개발원조가 우리의 경제외교에 있어 신뢰구축에 기여하고 있는가에 대한 분석을 시도한다. 이를 위해 객관적인 지표를 표방하는 한 씽크탱크(CGD: Center for Global Development)의 자료를 활용(Ⅱ장)하여 우리 원조의 외연상의 이슈를 기본적으로 파악하고(Ⅲ장), 나아가 질적인 면에서의 문제점과 개발효과성을 비롯한 다양한 원조 목적을 확보하기 위한 개선 가능성(Ⅳ장)에 대해서도 논의해 본다.

Ⅱ. 한국의 ODA, 수원국에서 공여국으로

공적개발원조(ODA: Official Development Assistance)는 한 국가의 중앙 혹은 지방 정부 등 공공 기관이나 원조집행기관이 개발도상국의 경제 개발과 복지 향상을 위해 개발도상국이나 국제기구에 제공하는 양허성 자금의 흐름을 뜻한다. 이와 유사하지만 광의의 개념으로 쓰이는 국제개발협력(IDC: International Development Cooperation)은 개발도상국의 빈곤퇴치와 경제·사회 개발을 목표로 한 공공·민간 부문의 모든 활동을 포함하는 광범위한 국제사회의 협력을 의미한다. 공적개발원조(ODA)와 비슷하지만 보다 광범위하고 능동적인 개념인 국제개발협력(IDC)은 개발효과성과 공여국-수원국의 상호 책무성 등을 강조하며, 재원에 있어서도 정부의 대외원조는 물론, 기타공적자금(OOF: Other Official Flows), 수출신용, 민간투자, 기업의 사회적 책임(CSR: Corporate Social Responsibility) 및 자선적 기금 등과 같이 다양한 협력 방식이 포함된다. 특히 전통적인 방식의 정부간 지원(G to G)에서 민간 지원(B to B)으로 개도국에 대한 지원의 중심축이 이전하면서 새로운 상황이 전개되고 개발 패러다임의 변화가 진행되고 있다. 최근의 통계를 보면 2011년 기준 전세계의 ODA는 1.3조 달러였던 것에 반해, 기업의 대개도국직접투자는 6조 달러, 이주노동자의 본국송금액은 3.2조 달러에 이르렀다. 주요 민간 자선기금인 빌앤멜린다게이츠재단(Bill and Melinda Foundation)의 지원액도 무려 24억 달러를 기록하여 한국의 대외원조를 훨씬 상회하였다.[2)]

2) 이상과 같이 국제개발협력(IDC)은 공적개발원조(ODA)를 포괄하는 개념이지만 이하 본고에서는 이를 크게 구분하지 않고 쓰기로 한다.

한국은 해방 이후 90년대 후반까지 약 120억 달러의 공적개발원조를 수혜하였으며, 1946년부터 1980년까지 미국으로부터 가장 많은 원조를 받은 수원국 중 하나였다. 한국전쟁으로 초토화된 직후에 이루어진 원조는 우리나라로 유입되는 유일한 외국자본이었고, 주로 식량과 의약품을 중심으로 한 긴급구호에 집중되었다. 1960년대에는 성장 및 투자로 경제구조가 전환되면서 미국 외에도 일본의 원조를 수혜하였으며, 1970, 80년대를 거치면서 미국을 대체하는 일본, 독일, 국제부흥개발은행(IBRD: International Bank for Reconstruction and Development), 아시아개발은행(ADB: Asian Development Bank) 등 공여국과 시행기관이 다원화되기 시작하였다. 드디어 원조지위 전환기를 맞은 한국은 1995년 세계은행의 차관을 졸업하였고 1996년에는 29번째 회원국으로 OECD에 가입하여 신생 도상국 중에서 최초로 선진국 클럽에 진입하였다. 2000년에는 OECD의 수원국 리스트에서도 제외되었다. 드디어 2009년에는 OECD 개발원조위원회(DAC: Development Assistance Committee)에 가입하여 공여국으로 완전하게 전환하였다.

돌아보자면 한국은 발전과정에 있어 원조재원을 뚜렷한 목적으로 활용하였다. 한국전 직후에는 기아탈출과 빈곤퇴치를 위해 무상원조를 수혜하였고, 1960년대 이후에는 대부분의 원조를 양허성 차관으로 받아들여 경제발전을 위한 초석으로 사용하였다. 이와 같은 강력한 오너십은 시대의 조류가 만들었던 측면이 있지만 한민족 특유의 은근과 끈기가 빚어낸 발전의 의지가 낳은 산물이라고 해도 크게 틀리지 않을 것이다.

그렇다면 한국은 언제 수원국에서 공여국으로 탈바꿈했을까? 정확한 시기는 존재하지 않는다. 믿기 어려운 사실이지만 우리나라는 수원국이자 최빈국이던 1960년대부터 대외원조를 시행해왔다. 한국국제협

[그림 1] 한국의 원조 수원 규모

(단위: USD 백만)

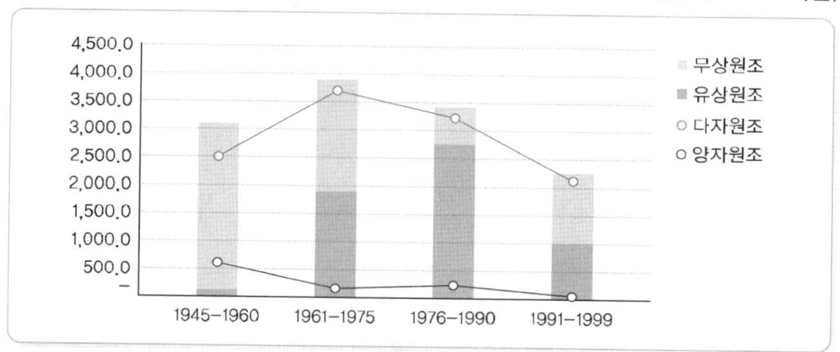

출처: OECD Stats & 재무부(1993), "한국외자도입30년사"

력단(KOICA)에서 발간한 한국의 개발연혁에 따르면 우리나라는 1965년 정부자금에 의한 연수생 초청사업을 시작으로 전문가 파견, 기술공여 등을 중심으로 한 개발협력을 일찌감치 시행해왔다. 그럼에도 불구하고, 이와 같은 초기 원조 정책을 우리나라 국제개발협력의 시원적 흐름으로 파악하기엔 무리가 따른다. 그 이유는 1960-70년대 우리가 시행했던 원조 활동은 빈곤 퇴치나 개도국의 경제개발을 목적으로 한 것이라기보다는, 남북간의 치열한 대치 상황에서 국제적인 지지를 어떻게든 더 얻어보고자 하는 외교적 수단이었기 때문이다. 이는 오늘날 중국과 대만이 중미국가를 대상으로 전개하고 있는 원조전쟁과 매우 유사하다. 코스타리카를 제외한 과테말라, 엘살바도르, 온두라스, 니카라과의 중미4개국은 현재 대만 수교국이며 대만은 이를 유지하기 위해서 매년 대규모의 원조를 지원하고 있다. 이에 질세라 중국도 이 국가들을 대만으로부터 이탈시키기 위해 많은 노력을 기울이고 있는 실정이다.

우리나라의 개발원조가 본격적으로 태동한 시기는 빠른 경제성장을 이룩하고 외채감축과 국제수지 흑자를 이룩한 1980년 대 후반기부터이다. 경제 규모 증가와 국제무대에서의 위상이 높아짐에 따라 그에 부합하는 국제적 책임에 대한 기대가 커졌고, 대외 무역의존도가 높은 우리나라로서는 개발도상국과의 협력강화 필요성이 커졌던 것이다. 개발 원조를 체계적으로 시행하기 위해 정부는 1987년 한국수출입은행에 대외경제협력기금(EDCF)을 설치하였고, 1991년 외무부 산하 무상원조 전담기관인 KOICA를 설립하였다. 같은 해 국제연합개발계획(UNDP: UN Development Programme)의 집행이사회는 한국의 지위를 순공여국(net contributor country)으로 격상시켰다. 2009년에는 국제개발협력기본법이 제정되어 유상원조는 기획재정부가, 무상원조는 외교통상부가 주관하되 국무총리 소속 하의 국제개발협력위원회가 주요 사항을 심의, 조정하여 대외원조정책을 종합적, 체계적으로 추진할 수 있도록 하고 있다.

2010년 한국은 선진 공여국의 포럼인 OECD DAC의 24번째 회원국이 되었으며, G20에서 주도적으로 서울 개발 컨센서스를 이끌어내는 역할을 하였다. 또한 2011년 부산 세계개발원조총회를 주최하여 개발 효과성 극대화와 글로벌 컨센서스 구축을 위해 기여하고 있다. 지금까지 본 바와 같이 한국은 수원국에서 공여국으로 단순하게 전환한 것이 아니라 21세기의 국제개발협력 글로벌 거버넌스 형성을 이끄는 리더로 빠르게 부상하며 한국형 개발모델을 세계적으로 전파시키는 개발 패러다임의 구축에 힘쓰고 있다.

특히, 이제 세계 10위권의 경제 강국이자 민주화를 성취한 국가, 무형적·문화적 자산까지 보유한 중견국으로서 세계적 위상에 걸맞은 윤리적 책임도 생각해볼 필요가 있다. 지금까지 살펴본 대로 한국은 원조를 받던 입장에서 다른 개발도상국들에게 원조를 제공하는 공여자의 입장으로 지위가 전환된 국가이다. 한국은 6·25전쟁 이후 국제사회의 관심과 도움을 통해 수 십 년의 회복기를 마치고, 경제성장은 물론 괄목할만한 국격 회복을 이루어 냄으로써 국제사회에서 선진국들과 어깨를 나란히 하고 있다. 만약 국제사회의 세계화가 선진국들의 야욕과 이기심에서 비롯되었다고 비판하는 반(反)세계론자들의 논리처럼 선진국들의 이기적인 경쟁방식대로라면 한국은 이제 더 이상 선진국으로의 도약과 성공을 기대할 수 없을 것이다. 그러나 한국은 끊임없는 국가 발전을 통해 동아시아 지역권에서의 영향력을 넘어서서 세계질서 중심에 발을 들여놓기 위한 다양한 노력을 시도하고 있다.

한 국가의 ODA 정책에 영향을 미치는 시각에는 크게 인도주의를 중시하는 '이상주의'와 국익을 중시하는 '현실주의'가 존재한다. 이상주의는 북유럽 국가와 같이 선진국과 개도국의 격차 해소 및 인도주의 실천이 ODA의 목표라는 인식이며, 현실주의는 냉전기의 미국처럼 외교 및 안보를 중시하거나 일본처럼 경제적 실익을 위해 ODA를 활용해야 한다는 견해이다. 그럼에도 불구하고 어느 국가에서든지 이상주의적 시각과 현실주의적 필요성이 동시에 존재한다. 미국이라고 인도주의 실현 목표가 없는 것이 아니고, 덴마크라고 해서 자국기업의 개도국 진출을 장려하지 않는 것은 아니기 때문이다.

이상주의적 관점에선 한국이 원조를 적극적으로 시행할 근거인 우리의 경험, 세계사적 사명, 그리고 국제사회에서의 책무성 등을 강조한다. 아울러 원조를 시행하며 국격을 높이는 공공외교의 목표를 달성하고, 민간부문의 경제협력을 촉진하여 수원국과 윈-윈하는 현실주의적 관점도 동시에 존재한다. 두 가지 관점은 흔히 국내외에서 충돌하는 경향도 없지 않지만, 한국이 후발주자로서 공적개발원조를 시행해야 할 근거를 동시에 제공한다.

그럼에도 불구하고 우리의 원조에 대한 국제사회의 평가는 그리 후하지 못하다. 개발 분야의 권위있는 씽크탱크인 미국의 글로벌개발연구소(CGD: Center for Global Development)의 개발공헌지수(CDI: Commitment to Development Index)는 빈곤 국가에게 혜택을 주는 정책 기여도를 기준으로 주요 공여국 27개국에 대한 순위를 정하고 있다. CDI는 대외 원조 흐름의 표준적 비교 이외에도 개발도상국에게 중요한 원조, 무역, 금융, 이민, 환경, 보안, 기술 등의 7가지 정책 분야에 대한 국가적 노력을 평가한다.

2013년도에 한국은 조사대상 27개국 중에서 종합순위 26위에 기록되었다. 한국의 기여도가 낮은 이유는 개발도상국 산품에 대한 수입장벽이 높고 원조의 규모가 매우 작으며 세계 평화 유지에 대한 기여도가 미미하고 온실가스 배출이 많고 어업 보조금이 크다는 등의 이유이다. 반면 개도국에 대한 기술혁신 지원과 첨단 기술을 나누는 데 덜 인색한 국가로 평가 받았고, 많은 개도국 학생을 받아들이는 점에서 후한 점수를 받았다. 특히, 원조분야 지표에서 한국은 매우 낮은 1.1점으로 23위를 기록하였다. 경제규모에 비해 낮은 ODA(0.12%, 24위), 높은 구속성 비율(49.28%, 20위), 프로젝트 평균 크기가 소규모라는 점(순위 25) 등이 약점으로 작용하였다. 더불어 가나와 같이 가난하지만 비교적 거버넌스가 양호한 국가에 대한 지원은 높게 평가(달러당 99센트)하며 아프가니스탄과 같이 부패가 만연하고 법치가 약한 국가에의 지원은 낮게 평가(달러당 1센트)한다(Center for Global Development, 2014).

ODA의 양적 외연을 주로 지표로 한 이 평가에만 비추어도 우리 ODA는 국제사회에서 그다지 영향력이 있거나 신뢰를 얻지 못하고 있다는 것 같다. ODA 총액이 작다는 점, 단위 프로젝트 규모도 작다는 점, 대부분의 원조가 구속화되어있다는 점, 협력국 선정기준이 모호하다는 점 등이 주요 원인일 것이다. 그렇다면 이와 같은 평가는 정당한가? 이를 위해 다음 Ⅲ장에서는 신뢰외교에 직접 영향을 주는 CDI에서 제시된 문제점을 포함하여 한국 ODA의 양적 측면, 즉 외연에 대해 논의할 것이며, 그 다음 Ⅳ장에서는 우리 외교에 대한 장기적 신뢰에 영향을 주는 개발효과성과 관련있는 질적인 측면에서 한국 ODA의 현황을 논의해 보도록 한다.

Ⅲ. 한국 ODA의 외연

위에서 살펴본 CDI 이외에도 우리 원조의 문제점을 지적하는 시도는 매우 다양하다. 이 장에서는 한국 ODA의 외연과 관련하여 제기된 여러 문제점을 ODA 총액, 소규모 프로젝트, 원조 구속화, 유-무상 논쟁을 중심으로 네 가지 측면에서 논의해 본다.

첫째, 한국은 국격에 맞는 충분한 ODA를 시행하는가? 꾸준한 증액 노력으로 한국의 ODA는 2조원을 돌파하였고, GNI 대비 0.13%(2015)까지 성장하였다. 그럼에도 불구하고 한국의 ODA 지원규모는 OECD DAC 회원국에 비해 여전히 절대적·상대적 측면에서 취약한 수준이다. 이미 OECD 권고치인 0.7%를 달성하고 1%대를 유지하고 있는 북유럽의 수준에는 크게 미치지 못하며, 절대 공여액수에 있어서도 여전히 하위권이다. 또한, OECD DAC 가입 당시 우리가 제시했던 중기목표인 2015년까지 GNI 대비 0.25% 증액에도 한참 미치지 못한다. 그럼에도 불구하고 국제사회가 한국을 주목하는 이유는 미국과 유럽 등 기존 공여국의 재정위기로 ODA에 대한 지출을 삭감 또는 정체시키거나 원조기관을 통폐합하는 분위기에서, 한국만이 꾸준한 증액 노력을 통해 국제사회와의 약속을 이행하려 하고 있다는 점, 그리고 공공과 민간 영역에서 국제개발협력에 대한 풍부한 관심과 논의가 활발하게 전개되는 역동성을 보이고 있기 때문이다. 오히려 개도국이든 선진국이든 해외에서 만나는 인사들은 최근에 발전을 이룩한 한국이 국제개발협력에 적극적으로 동참하고 있다는 사실에 놀라는 분위기이다. 무릇 ODA는 제국주의 국가들이 이전 식민지에 대한 새로운 접근법이라고 하지 않던가? 그러므로 우리가 후발주자로서 ODA 총액 또는 GNI대비 비율이 낮은 것은 그리 큰 문제라 볼 수 없고, 지속적인 증가세를 보이고 있다는 점은 오히려 높이 평가받아야 할 부분이다.

그리고, ODA를 벗어나 민간재원까지 포괄하는 국제개발협력의 큰 틀에서 보면 우리나라에서 개도국으로 이전되는 재원 총액은 작은 편이 아니다. OECD DAC 회원국 중에서 한국은 공적원조에 비해 민간투자가 월등히 많은 국가이기 때문이다. 2009년 통계에 비추어 볼 때 한국의 ODA는 8억 6천 불에 불과하지만 민간의 대 개도국 재원 이전 규모는 51억 불에 이르러 무려 6배에 이른다. GNI 대비 ODA 비율의 경우 0.1%에 불과하지만 민간 재원까지 포함할 경우 개도국으로 이전된 재원의 비율은 0.77%에 이른다. 신흥공여국으로서 한국의 ODA가 아직 많지 않은 이유도 있지만, 민간의 대 개도국 경제활동이 매우 활발하게 진행되고 있다고 볼 수 있다. 특히, 개발원조의 선진 국가로 꼽히는 북유럽의 노르웨이와 비교해 보면 확연한 차이를 볼 수 있는데, 노르웨이의 ODA 규모가 우리나라에 비해 5배가 크고 GNI에 대한 비율도 1.06%로 세계 최고 수준이지만, 민간 재원의 이전은 전무하다(<표 1>). 즉 주로 자국에 매장된 막대한 석유자원 및 임산자원을

〈표 1〉 한국과 노르웨이의 개발원조 자금 유형별 비교

(단위: 백만불)

개발 재원의 유형	한국	노르웨이
Ⅰ. ODA(A+B)	816	4,086
GNI 비율(%)	0.10	1.06
A. 양자간 ODA(1+2)	581	3,168
1. 무상	366	3,125
2. 유상	214	43
B. 양자기구 기여금	235	918
Ⅱ. 기타 공적 자금(C+D)	452	4
C. 양자간 OOF(1+2)	452	4
D. 다자기구	-	-
공적재원 합계	1,268	4,090
Ⅲ. 민간 자선 기금	156	-
Ⅳ. 민간 시장 자금(1+2+3+4)	5,018	-
1. 직접 투자	5,018	-
2. 민간 수출 금융	-	-
3. 다자기구 발행 채권	-	-
4. 자본시장투자	-	-
민간재원 합계	5,174	0
Ⅴ. 총 합계	6,442	4,090
총액대비 GNI 비율(%)	0.77	1.06

자료: OECD 통계 기초 저자 작성

비롯한 1차 산물에 의존하고 있는 노르웨이의 경제구조상 민간기업 활동이 개도국에서 없기 때문에 공적원조가 유일한 경제협력 채널이라는 뜻이다. 이에 반해 개도국에 있어 한국 기업을 비롯한 민간의 활동은 한마디로 눈부시다. 다만 이러한 민간부문의 재원 이전이 발전을 위한 개발재원인가 아닌가는 또 다른 논의의 대상이다. 그러므로 총액

또는 GNI대비 비율을 놓고 개발공헌을 따지는 건 좀 무리가 따른다.

둘째, 소규모 단기 프로젝트는 지속될 것인가? 이 역시 표면적으로 보면 크게 문제될 것은 없다. 아무리 사업이 작아도 효과성과 지속성을 확보할 수 있다면 그 사업은 적절한 것으로 판단할 수 있기 때문이다. 그럼에도 불구하고 우리나라의 경우 제한된 ODA 총액에 상대적으로 많은 수원국과 다양한 분야를 대상으로 하다보니 자연스럽게 단위 프로젝트가 소규모로 진행될 수밖에 없는 것이 지금까지의 현실이었다. 이는 유상 차관사업보다는 주로 무상원조에 해당한다. 외교일선에서도 다양한 사업을 통해 주재국과의 관계를 원만하게 지속하는 작업이 필요하다. 전통적으로 공관 수는 많고 사업 예산은 절대적으로 부족한 외교부 총 예산의 1/4인 KOICA의 사업비는 매우 유용한 외교의 수단일 수 있는 것이다. 따라서 우리 ODA는 사업의 선택과 집중 논리는 목표로만 존재했고, 현실은 다국적, 다분야로 파편화된 소규모 사업 위주로 진행될 수밖에 없었다. 통상 한국 공적개발원조는 1987년부터 유상원조 기관인 수출입은행의 대외경제협력기금(EDCF)과 1991년 설립한 무상원조 기관인 KOICA의 지원금이 주요 재원이다. 그러나 무상원조 사업의 경우 전담기관인 KOICA 이외에도 30여개 부처와 지자체가 교육, 보건, 전자정부, 새마을운동 등 각 분야의 경험과 전문성을 내세워 원조 사업에 뛰어들고 있다. 그러나 이들은 한정된 예산을 집행하기 때문에 단위 사업이 소규모일 수밖에 없고, 사업의 프로세스나 시행방식도 초보적인 경우가 대부분이다. 현재 국무총리실 산하 국제개발협력위원회를 통해 다양한 범정부 차원의 주요 정책을 조정, 심의, 결정하는 체제로 운영되고 있으나, 이는 큰 틀의 정책대화 수준일 뿐, 단위 사업의 효과성 확보를 위한 조정역할까지 기대하기에는 무리가 따른다.

이상이 우리 원조가 소규모 단위 프로젝트를 진행하는 배경이다. 우리나라는 이를 개선하고 국제개발협력 선진화를 위해 2010년부터 26개 중점협력국을 선정하여 국별협력전략(Country Partnership Strategy: CPS)을 수립하기 시작했다. 총리실 국제개발협력위원회를 중심으로 각 부처와 원조기관이 참여하는 가운데 각 협력국(수원국)과 협의하여 3-4개 주요 분야(섹터)에 대한 중기적(3-4년) 지원전략을 세웠다. 그럼에도 불구하고 제1기 CPS는 여러 가지 문제점을 노출하였는데, ① 우리 원조 규모에 비해 협력국의 수가 여전히 많다는 점, ② 협력국 선정 기준이 모호하여 단기적이고 직접적인 경제적 실리를 추구하는 관점에서 설정되었다는 점, ③ 분야 선정에 있어 미래지향적이라기 보다는 과거의 협력에 기초하였다는 점 등을 지적할 수 있다. 앞으로의 제2기 CPS에서는 지금까지의 문제점을 보완해 나가는 작업이 병행될 것으로 기대한다.

또한 현재 KOICA를 중심으로 사업의 규모를 키우고, 중장기화하는 노력이 진행 중이다. 이는 지연스럽게 단위 사업에 대한 선택과 집중으로 이어져 협력국에 대한 개발효과성확보에 더 가까이 다가갈 수 있고, 사업 수행 측면에 있어서도 보다 장기적인 인력 및 투자 계획을 세울 수 있는 계기가 될 것으로 기대한다.

셋째, 한국 원조의 구속화(Untied)는 계속되는가? 한국은 원조시 조달품에 대해 국적을 제한하는 등 구속성 지원의 비율이 타 DAC 회원국에 비해 상대적으로 높다. 2001년 DAC 공여국들은 '최빈 개도국에 대한 원조의 비구속화 권고안(Untying Aid to the Least Developed Countries)'에 동의하였는데, 이를 기점으로 많은 공여국이 비구속화 원조를 확대해 왔다. 북유럽 국가들은 이미 권고안 이전부터 높은 비율의 비구속화를 이룩하였고, 영국은 2001년, 호주와 덴마크는 2006년에 자국 원조의 비구속화를 선언하고 현재 거의 100%의 비구속화 원조를 시행 중이며, 캐나다와 미국도 비구속화율을 꾸준히 상향 중이다. 2011년 부산세계원조총회에서 당시 힐러리 미국무장관이 자국 원조의 비구속화율이 60%를 넘어섰다고 천명하자 박수를 받았을 정도로 이는 중요한 이슈이다. 우리나라는 OECD DAC에 가입할 당시, 비구속화 확대에 대하여 권고를 받았고 2015년까지 유무상 원조의 비구속화율 75%라는 목표치를 설정하였으나, 2012년 기준 우리나라의 원조 비구속화 비율은 55.1%로 여전히 하위권에 머물러 있다. 현재 일본을 포함한 대부분의 국가가 60~100%를 유지하고 있고, 오스트리아(47.7%), 그리스(46.7%), 포르투갈(10.2%)만이 우리보다 낮은 수준이다(KOICA, 2014).

그러나 대부분의 우리 원조가 한국 국적의 수행기관만이 조달에 참여할 수 있는 구속화 방식으로 진행되지만, 시공 및 재화, 그리고 서비스 차원에서 현지 조달 분은 비구속화에 포함시키고 있고, 그 비율은 날이 갈수록 높아지고 있다. 토목 공사시 현지 기업의 서비스와 자재를 활용한다거나, 현지에서 유지 보수가 가능한 저기술 기자재를 사용하는 것은 비용절감 뿐만 아니라 사업의 지속성을 확보할 수 있다는 점에서 매우 중요하다. 문제는 기본 조달 과정에서 이를 비구속화할 수 있는가 이다. 선진국의 경우 비구속화를 해도 자국 기업의 수주율(*비구속화율과 다름)이 매우 높다. 기술 스펙을 자국 기업에 유리하게 정해놓은 일본은 거의 100%이고, 자국 조달 규정을 여전히 고집하는 미국도 거의 100%이다. 영국의 경우에도 80%를 상회하는 비율로 자국 업체가 수주한다. 나머지 20%도 영국계 유럽 업체로 추정된다. 따라서 조달 비구속화를 시행해도 자국 기업이 수주하는 방식의 행태는 여전히 지속된다. 다만 최근 들어 이같은 나눠먹기에 변화의 움직임이 있다. KT, 대우건설 등을 중심으로 한국 기업이 일본 원조 재원(JICA: Japan International Cooperation Agency)의 대규모 사업을 수주하기 시작한 것이다. 일본 기업과의 치열한 경쟁에서 사업을 따는 경우도 있고, 일본기업이 더 이상 관심을 보이지 않는 분야에서 한국 기업이 두각을 보이는 경우도 있다. 어떤 이유이든 향후 우리의 비구속화가 시행될 경우 유사한 방식으로 타국(특히 중국) 기업에서 사업을 넘겨줄 수도 있는 상황이기 때문에, 어떻게 수성할 수 있을 것인가에 대해 업계의 관심이 집중되어 있는 상황이다.

넷째, 무상원조는 좋고 유상원조는 나쁜 것인가? 일단 그런 공식은 성립하지 않는다. 국제사회에서 권고하고 있는 바는 외채 상환능력이 없는 고채무국 최빈국에 대해 유상원조를 자제해야 한다는 것이다. 한국은 특히 유상원조로 성장해온 국가이기 때문에 우리의 발전 경험을 나누는 측면에서, 또한 개도국의 오너십과 책임성이 절대적으로 필요한 유상원조가 파리선언의 원칙에도 부합한다는 차원에서 유상원조 자체는 크게 문제되지 않는다. 특히 포스트 2015 SDG 시대의 개발 패러다임은 사회개발 위주의 MDG에서 진일보하여, 경제개발과 사회개발의 균형과 조화를 강조한다. 문제는 유상차관의 경우 규모가 큰 인프라 사업이 대부분이기 때문에 사업의 개발-수행 단계에서 기업의 이해관계가 너무 깊게 뿌리박혀 개발효과성과 사업의 적절성에 영향을 주는 경우 돌이킬 수 있는 문제점을 야기할 수 있다는 점이다. 무상의 경우에도 수원국의 책임성이 덜하기 때문에, 효과성이 크지 않은 소규모의 사업을 쉽게 주고받는 경향이 있을 수도 있다. 또한 직접적인 예산지원이나 해당국 예산으로 집행해야 할 시공-기자재 공여 등 하드웨어 지원은 수원국의 대외 의존도를 높이는 결과를 낳을 수 있다. 그러므로 각각의 형태에 따라 시행체계를 올바로 수립하는 것이 더 중요하다고 하겠다.

그러나 사실상 논쟁의 핵심은 유-무상 원조자체에 있는 것이 아니라 주관 부처(기획재정부와 외교부)간의 갈등, 그리고 이와 무관하지 않은 무상원조의 극심한 분절화에 있다. 2010년에 제정된 국제개발협력기본법상에 명시된 유-무상 기능 분담 규정에 있는데, 본 법의 제9조(국제개발협력 주관기관) ①항에는 "양자간 개발협력 중 유상협력은 기획재정부장관이, 무상협력은 외교부장관이 각각 주관한다"라고 명시되어 있다. 그런데 기획재정부가 한국경제의 정책경험을 개도국과 나누는 정책자문형 무상사업인 경제개발공유사업(KSP: Knowledge Sharing Program)을 시행하면서 유상 전담기관이 무상원조까지 시행하는 것에 대해 외교부가 문제를 제기한 것이다. 이 논쟁은 아직도 진행 중이며, 보다 근본적으로는 원조기관의 이원화로 인행 비효율과 갈등, 너무 많은 정부기관이 원조를 시행하는 것에 대한 문제점, 국무조정실의 조정기능 강화, 독립된 국제개발청 신설 등은 앞으로 풀어야 할 과제이다.

이상에서 살펴본 바와 같이, 우리 ODA의 외연 혹은 양적인 측면과 관련한 문제점의 이면에는 매우 다양한 논의가 가능하다. 원조의 총액은 ODA 증가 노력 및 민간의 적극적인 참여로 타 공여국과 어깨를 나란히 할 수 있는 논리 개발이 가능하고, 소규모 단위사업의 경우 열악한 외교부 예산 상황이라든지, 무상 분절화 등 문제의 본질은 여전히 남아 있지만, CPS를 통한 원조 시스템 정립이나 보다 혁신적인 아이디어 발굴을 통해 소액의 예산을 투입하더라도 효과성을 확보할 수 있는 여지는 충분히 있다. 구속화-비구속화 논쟁은 업계의 경쟁력과 이해관계와 연관이 있으므로 상당히 조심스럽게 접근해야 하며, 유-무상 논쟁 자체도 큰 이슈라기 보다는 대외원조 거버넌스가 아직도 명확하지 않아 때문에 정부내 대내협상에 많은 시간과 비용을 들여야 한다는 점이 그 핵심이다. 물론 이상에서 제기된 양적 측면에 대한 지적은 타당하고 적절한 방식으로 해결되어야 한다. 문제는 원조의 규모를 늘리고, 원조 거버넌스를 확립하고, 구속성의 비율을 낮춘다고 해서 한국의 국제적 기여도가 높아질 수 있을까라는 점이다. 즉, 우리 ODA는 국제사회에서 한국의 신뢰를 강화하는 경제외교 아이템으로 남을 수 있을까? 의문은 여전히 남는다. 그 이유는 한국 개발원조가 질적인 후진성에서 여전히 벗어나지 못하고 있기 때문이다.

Ⅳ. 한국 ODA의 질적 수준과 개선점

한국 ODA의 효과성과 질적 수준에 대해선 다양한 논의가 가능할 것으로 보인다. 그러나 무엇보다 우리나라의 ODA의 주된 문제점은 "ODA의 근본적인 목적인 '빈곤타파와 지속가능한 성장'지원을 하고도 개발효과성을 확보하기 어려웠다"는 점으로 요약할 수 있을 것이다(참여연대 2012, 3). 그렇다면 국제개발의 신흥 공여국으로서 어떻게 하면 질적으로 우수한 사업을 수행할 수 있을까? 이에 대한 논의를 위해 프로세스 개선 측면, 개도국 환경에 대한 고려, 수원국 참여와 오너십, 성과관리, 원조 조화 등의 네 가지 측면에서 접근해 보기로 한다.

첫째, 사업 방식 및 프로세스에 대한 지속적인 개선 노력이 필요하다. 특히, 사업 수행 기간의 중장기화가 필요한데, 사업 모델 구성 초기부터 장기간의 지원을 염두하고 계획을 한 것과 사업을 종료하고 다음 사업을 계획하는 것의 차이는 매우 크다. 장기간의 비전 제시를 통해 궁극적인 사업 목표를 수원국에게 인식시키고 이를 이루기 위한 공동의 협력 체계를 지속적으로 유지시킴으로써 사업성과가 중간에 사장되지 않도록 해야 한다. 또한, 충분한 사전조사도 필요하다. 보통 1-2주 동안 시행되는 현재의 사전 조사의 규모를 확대해 충분한 사업 설계가 이루어지도록 하는 것이 중요하다. 독립적인 사업형성 프로젝트를 지속적으로 발굴하는 노력이 필요하다. 그리고 사업의 효과적인 수행을 위해서는 사전 업무수행 조직 구축 및 초기 인적 네트워크 구축이 중요하다. 사업의 타당성조사 단계에서부터 수원국 차원의 업무가 정의되어야 하고 수원국의 사업담당조직인 PMU(Project Management Unit) 구성에 대한 논의가 심도 깊게 진행되어야 한다. 업체 선정 이후에 PMU를 구성하는 지금의 관행에서 탈피할 필요가 있다. 내용적인 측면에서는 수원국의 특수한 환경이 반영될 수 있도록 분야별 전문가뿐만 아니라 개발 전문가들도 함께 투입하여 집단적인 의견을 모으는 작업도 중요할 것으로 보인다. 아울러, 사업참여자의 연속성이 중요하다. 특히 KOICA의 사업담당자가 빈번하게 교체되어 사업의 연속성과 책무성에 장애가 되지만, 이는 단기간에 쉽게 해결될 수 있는 사안이 아니다. 이에 대한 보완책으로 사무소의 전문가 제도를 활용하여 중장기적으로 안정적인 구도로 사업을 기획, 관리하는 인적 프레임을 구축하는 대안도 고려할 만하다. 현재로선 수행조직의 사업책임자가 이러한 역할을 수행하는 경우가 많다.

둘째, 개도국 환경에 대한 고려와 학습이 필요하다. 한국의 ODA에서 해외지역과 현지 문화에 대한 강조는 매우 중요하다. 그 이유는 서구와는 비교도 안 될 만큼 개도국에 대한 지식과 네트워크가 열악하기 때문이다. 영국, 프랑스, 스페인과 같은 식민 네트워크, 미국의 세계경영 인프라, 사회민주주의와 인권을 내세우며 선택과 집중에 몰입하는 북구, 동남아에 대한 축적된 지식을 갖고 있는 일본 등과 비교해 한국은 너무 초라하다. 재원 접근성에 있어서도 중국과는 상대가 되지 않는다. 결국 일부러라도 한국은 원조의 정책과 사업에 있어 '지역'을 투입해야 할 과제를 안고 있다. 선진 공여국들이 특별한 노력을 들이지 않고 내재한 개도국 지식과 네트워크를, 우리는 매우 비싼 값을 치루더라도 일부러라도 습득하려는 노력을 기울여야 한다. 남들이 굳이 지역에 대해 강조하지 않는 것은 그것이 중요하지 않기 때문이 아니라 그럴 필요가 없을 뿐임을 상기할 필요가 있다. 그럼에도 불구하고 우리의 ODA 수행체계는 서구와 일본의 것을 그대로 들여온 상태에서 빠르게 변화하는 국제사회의 규범(예, 파리선언의 5대원칙 등)을 수동적으로 따라가기에 바쁘다. 현실성을 강조한 정부나 업계도, 이상주의에 기반한 시민사회도 간과하는 부분이다. 예를 들면 대부분의 ODA 프로젝트에서 전문가 투입은 기술 및 분야 전문가 위주로 한정되어있다. 이들은 분야에 대한 지식은 뛰어나지만, 사업관리 능력, 평가 모니터링 등의 기법, 그리고 개도국의 언어 및 현실 등에는 익숙하지 않은 경우가 많다. 실제 스페인어권이나 불어권에서 사업을 전개하면서 현지어를 전혀 모른채 수행하는 경우가 태반이다. 결론적으로, 한국이 축적한 놀라운 기술 및 분야 전문성에 비해, 해외에서 이를 구현할 수 있는 개발전문성(Generic Skill 정책, 사업관리 능력) 또는 지역전문성은 매우 열악한 상황이다. '지역성'은 ODA에서 별도의 재원과 노력을 들여서라도 의도적으로 추가해야 할 한국만의 '요소'이다. 그것이 바로 한국의 ODA가 기술전문성, 개발전문성, 지역전문성 등을 담아낼 수 있는 총요소생산(TFP: Total Factor Productivity)을 가능하게 하는 바탕이다.

셋째, 수원국의 참여와 오너십이 성공의 중요 변수이다. 개발사업에 있어 대개의 문제점은 수원국의 의지가 부족한 데 기인한다. 우선 기술협력을 통해 수원국의 참여를 이끌어냄과 동시에 직접적인 액션을 유도할 수 있다. 이는 미국 국제개발청(USAID)이 적극 활용하는 방법으로서 기술협력을 통해 참여자의 역량개발을 유도하여 인식을 제고하고, 제도 및 물품 등에 대한 수요를 촉발시켜 수원국 정부를 움직이는 것이다. 심지어 "공여국의 역할은 소프트 컴포넌트에 한정하는 것이 바람직하다(USAID 과테말라 사무소 인터뷰 2013, 8월)"는 견해도 있다. 예를 들면 과테말라의 모자보건에서 산파가 매우 중요한 위치를 차지함에도 불구하고, 산파의 위상은 여전히 비공식 부문의 자원 봉사자이다. 이들에 대한 등록, 교육훈련, 관리 시스템이 전혀 부재한 상황이기 때문에, 이와 같은 사업을 종적 횡적으로 중점적으로 추진하여 지역단위별 보건 종사자로서 위상을 정립하고 전문화를 유도한다. 이들의 역량이 개발되면 아래로 부터의 보건 수요가 일어나, 자체 예산이든 외부 원조든 수원국 정부의 관심과 참여를 바탕으로 한 오너십으로 이어질 수 있어 효과성 및 지속가능성을 확보할 수 있다. 또한, 현지 컨설턴트의 참여가 중요하다. 우선 개도국 전문가를 통해 우리가 잘 모르는 현지 상황을 보다 정확히 이해할 수 있고, 동시에 개도국에 대한 역사, 문화, 제도적 리스크를 경감시킬 수 있다. 또한 우리 전문가 투입에 대한 높은 인건비 및 출장비에 비해 현지 인력을 고용하면 보다 경제적으로 사업을 운영할 수 있다. 사실 선진 공여국 사업수행업체의 원가 경쟁력은 현지 인력을 얼마나 고용하느냐에 달려있다. 동시에, 현지인력을 통해 수원국의 주인의식과 책임성을 강화시킬 수 있으며, 한국 전문가와 함께 업무를 수행함으로써 현지의 민간부문에도 한국의 경험을 적극적으로 전달할 수 있다. 유능한 수원국의 개발 컨설턴트로부터 한국 전문가가 배울 점도 많이 있을 것이다. 또한 사업이 완료된 후에도 현지 컨설턴트가 해당 사업 관련 업무를 주도적으로 수행할 수 있다. 이를 위해서 원조사업의 인력투입과 경비구성 등에 있어 전문가 현지 체류(MM)의 일정 부분을 수원국 현지 컨설턴트로 대체가 가능하도록 하는 등의 유연한 운영이 필요하다.

Ⅴ. 결론 및 시사점

지금까지 살펴본 바와 같이 우리나라의 ODA는 양적 성장을 거듭해 왔지만 신뢰 외교를 증진하는 아이템으로 부상했다고 보기는 어렵다. 오히려 전문적인 사업수행을 통해 개발효과성(Development Effectiveness)을 높일 수 있도록 다각도의 노력을 경주해야 할 과제를 안고 있다.

기본적으로 ODA는 우리의 재원을 동원하여 개도국의 발전을 견인하는 목표를 갖고 있기 때문에 경제 분야의 외교적 신뢰를 구축할 수 있는 매우 효율적인 자산으로 활용할 수 있다. 이는 대외경제에 있어 중상주의의 틀에서 기능하는 통상이나 투자 영역보다 훨씬 더 효과적인 신뢰 구축 수단이기도 하다. 그럼에도 불구하고 우리의 재원을 통한 ODA를 시행한다고 해서 저절로 외교적인 신뢰로 이어지지는 않는다는 사실은 그동안의 경험이 강하게 시사하고 있다. 따라서 ODA를 통한 글로벌 신뢰 구축을 위해 다음과 같은 노력이 필요할 것이다.

첫째, CDI와 같이 영향력 있는 국제적 이니셔티브에 대해선 일단 결과를 겸허히 받아들이고 개선 노력이 필요하다. 동시에 다소 오해의 소지가 있는 지표가 있는 경우 적극적인 대응 작업을 통해 시정해 가는 노력도 병행되어야 한다.

둘째, 우리나라의 사업에 대한 성과관리에 만전을 기해야 한다. 우선, 해당 사업에서 추구하는 성과를 정확히 정의해야 한다. 특별히 수원국의 발전에 기여한다거나 인적자원 역량개발을 지향한다거나 등은 너무나 포괄적인 개념이기 때문에 이를 실제로 달성하기 위해서는 먼저 "무엇을 위한 역량개발인가?"라는 질문을 통해 해당 사업에서 추구하는 역량의 의미를 재정의하는 작업이 필요할 것으로 보인다. 이것이 정의되면 목적과 목표가 명확해지고, 이를 측정할 수 있는 지표 발굴과 사업성과를 달성하기 위한 투입 및 사업의 범위, 사업 수혜자 등이 보다 분명하게 설정될 수 있기 때문에 사업 기획 단계에서 반드시 고려되어야 할 것이다. 이를 위해선 성과측정 도구 개발 및 수원국 데이터의 축적이 반드시 필요하다. 특히, 국가별 분야별로 수원국 역량에 대한 빅데이터의 축적이 필요하며, 이는 기초연구에 대한 장기적 투자를 통해서 얻을 수 있으며, 이는 신뢰구축의 첫걸음이다.

셋째, 사업별 국가별 출구전략도 필요하다. 특히 개도국의 사업은 하드웨어는 물론 기술협력에 있어서도 거의 무한대로 사업 수요가 발생할 수 있기 때문에 적절한 시점에서 지원을 중단하고 수원국 스스로 운영할 수 있도록 하거나, 민간과의 파트너십을 통한 출구전략을 세워야 한다. 물론 단기적 일회성 지원도 지양해야 한다.

넷째, 선진공여국과의 원조조화를 충분히 고려해야 한다. 우선, 타국 지원사례를 통해 충분한 학습효과를 얻을 수 있다. 특히, 수원국에 소재한 공여기관 사무소(수도)와 사업현장(지방)에 대한 방문 조사에 더 많은 시간과 노력을 투입하여 우리보다 먼저 대규모 사업을 수행하고 있는 타 공여국의 경험을 학습하기 위해 노력해야 할 것으로 보인다. 나아가, 우리의 비교우위에 입각한 원조조화에 노력한다. 선진공여국은 기술협력위주의 지원을 오래 시행해왔고, 최근 들어 수원국의 참여를 독려하기 위해 하드웨어나 물품지원은 가급적 자제하고 역량개발과 수요창출(demand creation)에 집중하고 있는 상황이다. 이와 같은 환경하에서 하드웨어와 기술협력을 적절히 조화시킨 원조모형을 바탕으로 파리선언(Paris Declaration)의 주요 원칙인 원조조화에 대한 한국의 포지셔닝이 가능할 것으로 보인다.

다섯째, 보다 더 겸허한 자세로 접근해야 한다. 소위 한국형 원조는 그동안 민주화와 고도의 압축 성장을 이룬 한국의 경험을 다른 개발도상국의 사회 경제적 변화를 돕는 데 활용하자는 데 있다. 한국의 빠른 개발경험은 다른 개도국에 매력적인 벤치마킹 대상이 될 수 있다. 그럼에도 불구하고 한국은 매우 특수한 상황에서 발전했다는 점도 우리가 새길 필요가 있다. 오히려 우리의 경험이 개도국의 현실과 매우 다르다는 점을 충분히 인식하고 개발경험 전수를 시작하는 것이 바람직하다.

다섯째, 정권의 이데올로기로부터 ODA를 해방시켜야 한다. 지난 정부의 녹색성장 및 자원외교 기조 덕분에 많은 ODA 재원이 이 분야에 투입되었고 현 정부하에선 많은 문제점이 노출되고 있다. 오늘날에도 '새마을운동'이라는 특정분야에 대한 지원이 집중되고 있는 상황이다. 다수의 대규모 사업이 발주되고 있고, 해외에 전문가 파견 수요는 폭발하고 있는데, 유능한 새마을운동 컨설턴트는 많지 않은게 우리 현실이다. 과거와 같은 유사한 실패가 거듭되지 않고, 또한 2017년까지의 시한부 지원 분야로 전락하는 것을 막으려면, 지금이라도 새마을운동 ODA에 대한 지원 전략을 총체적으로 재검점할 필요가 있다. 사업부서에선 계속되는 사업의 유찰을 우려하는 분위기이고, 르완다의 새마을운동을 관찰한 외국 학자는 "기본 취지는 좋지만 한국적인 면을 지나치게 강조하는 것이 문제이다"라고 지적한 바 있다(Nauta 2014).

참고문헌

고경민·이희진. 2008. "한국공적개발원조(ODA)의 문제점과 혁신방향: 적극적 평화론의 관점에서."『국가전략』. 제14권 4호.

한국국제협력단. 2014. "수원국에 큰 힘 실어주는 비구속성 원조 지구촌가족." 5월호 http://webzine.koica.go.kr/201405/sub3_1.php.

참여연대. 2012. "2012년 ODA정책의 문제점과 개선 방향에 관한 의견서." 참여연대보고서 제2012-01호.

Center for Global Development. 2013. "The commitment to Development Index." http://www.cgdev.org/initiative/commitment-development-index/index.

Nauta, Wiebe. 2014. "Expanding International Development Cooperation in the Field of Culture for Sustainable Development: a case study of development cooperation between South Korea and Rwanda." 2014. *Paper presented at the International Forum on International Development Cooperation in the Field of Culture*, Korean National Commission for UNESCO, 6 Nov.

제10장

글로벌 신뢰국가 이미지 형성을 위한 한국의 공공외교 연구*

주미영 전북대학교 SSK팀 연구교수

Ⅰ. 머 리 말

최근 많은 국가들이 외교 영역에서 공공외교를 강화하고 있지만, 그 효과에 대해서는 여전히 회의적인 견해가 존재한다. 공공외교의 필요성과 중요성이 본격적으로 대두되기 시작한 것은 외교영역에서 소프트파워 개념이 등장하면서부터다. 하지만 실제로는 공공외교의 역사는 아주 오래되었다. 하드파워가 중심 개념이었던 외교역사 속에서 공공외교는 주로 보조적이나 지원적 역할에 머물러 있어서 그 존재감이나 효과를 가늠하기 어려웠기 때문이다.

공공외교가 재조명되기 시작한 계기는 탈냉전 시대에 접어들면서 국제사회가 직면한 새로운 변화와 도전이 시작되면서이다. 정보혁명이 이루어짐으로써 외교영역에서 큰 변화가 나타났다. 즉 정보통신기술의 발달은 지구적 차원에서 즉각적인 정보교환을 가능하게 했고, 사람들

* 이 글은 『정치・정보연구』 제18권 2호(2015년)에 게재된 것이다.

은 아주 다양한 정보 자원을 보다 빠르고 쉽게 얻을 수 있게 됨으로써 국경, 미디어, 혹은 정치적 감시라는 제약을 극복할 수 있게 되었다. 정보혁명은 대중들이 정부가 관할하던 정보에 쉽게 접근할 수 있어서 정책결정에 자신들의 의견을 반영할 수 있도록 했다. 민주화, 세계화, 정보화의 국제환경 속에서 미국은 2001년 9·11테러를 경험하게 된 이후 공공외교는 크게 주목받기 시작했다. 이를 계기로 미국은 스마트파워 개념과 공공외교의 중요성이 본격적으로 강조하기 시작했고, 많은 다른 국가의 외교 관련 부처에서도 이를 둘러싼 논의가 핵심 이슈가 되고 있다. 후쿠야마는 그의 저서 『트러스트』에서 중국, 한국, 프랑스 등 가족, 혈연 중심의 가족주의 국가들은 혈연관계가 없는 사람들 간에 구축되는 신뢰가 부족하고 자발적인 공동체 결성이 취약한 저신뢰 국가군으로, 미국과 독일은 제도의 발전과 공통된 관심사에 대해 자발적인 공동체를 형성하고 조직의 가치를 공유하는 고신뢰 국가군으로 구분하고 있다(Francis Fukuyama 1996). 이 같은 설명은 '국가 내 신뢰'를 언급하고 있기 때문에 공공외교로 구축할 수 있는 신뢰국가 이미지와는 다를 수 있다. 하지만 신뢰 국가로서의 국가 이미지는 국내는 물론 대외적으로도 중요할 수밖에 없다.

특히 국가간 동맹유지를 위한 필수조건이 신뢰라면 해당 국가 국민들 간의 불신과 오해는 외교관계를 저해하는 요인이 될 수 있다(Kim et al. 2006, 428). 상대국가 국민들의 마음을 움직여 신뢰를 얻기 위해 필요한 것이 바로 공공외교의 역할이다. 공공외교는 상대국가의 정부가 아닌 대중들을 대상으로 자국의 이미지 제고와 공감대를 형성함으로써 자국의 신뢰를 구축할 수 있기 때문이다. 이는 외교의 초점이 '정부 대 정부'의 외교와 같은 전통적 개념이 아닌 '정부 대 국민' 더 나아가 '국민 대 국민' 외교 개념으로 전환되고 있음을 알 수 있다.

공공외교는 특정국가가 다른 국가와의 관계에서 신뢰와 신용을 구축하는 활동이기 때문에 장기간에 걸친 노력이 있어야 성공할 수 있다. 다른 국가에 대한 태도와 정책을 논의할 경우에는 심리적인 그리고 정치적인 환경을 구성하는 많은 요소들이 고려되어야 한다. 정부가 신뢰받지 못하는 국가든 안정된 민주주의 국가든 대중과 소통해야 할 때 이제는 더 이상 외교관이 최선의 정보전달자가 아닐 수 있다. 이 때문에 국가들은 다양한 유형의 행위자들과의 보다 협력적인 외교 관계를 적극적으로 추구하려고 노력한다. 공공외교는 이와 같은 협력적인(collaborative) 외교 모델을 위해 필수적인 역할을 한다. 쿠퍼가 주장했듯이 외교에서의 성공은 '공개성과 국가간 협력'을 의미한다(Cooper 2003, 76). 따라서 공공외교란 외국 국민들에게 정보를 투명하고 광범위하게 전파해서 그들의 마음을 움직이게 만들고, 그들의 태도와 의견을 호의적으로 만들어 궁극적으로는 그들 국가의 외교정책에 영향을 끼치게 만드는 과정이라 할 수 있다. '신뢰'는 덧없을 정도로 단기간 유지되는 특성을 보이기도 하지만, 국가관계의 핵심이 되는 중요한 요소이기 때문에 공공외교의 주요 목표이기도 하다.

공공외교의 역할은 외국 대중의 마음속에 우호적인 국가 이미지를 갖게 만드는 것이기 때문에 우호적인 국가 이미지를 형성하는 것과 국제사회에서 신뢰받는 국가 이미지를 구축하는 것은 동일한 목표로 간주될 수 있다. 이 글은 '글로벌 신뢰한국'이라는 국가 이미지 형성을 위한 공공외교모델과 공공외교 전략을 모색하는 데 초점을 맞추고 있다. 이를 위해 첫째, 외국 대중으로부터 신뢰를 얻기 위한 공공외교 모델을 기초로 단계적으로 필요한 공공외교의 활동영역을 파악해 보고자 한다. 둘째, 국제사회 내 한국의 위상을 알 수 있는 다양한 지표들을 통해 한국의 위상이나 국가이미지에서 문제가 무엇인가를 진단해 보고자 한다. 셋째, 외교정책에 있어서 공공외교의 역할은 시대에 따라, 국제정치 환경에 따라, 국가에 따라 각기 다르게 인식되고 있으므로 현 시점에서 한국에 필요한 공공외교 모델을 찾아보고자 한다. 마지막으로 '글로벌 신뢰'를 얻기 위해서 한국은 어떤 공공외교 전략이 필요한가에 대해서도 논의하고자 한다.

Ⅱ. 글로벌 신뢰를 위한 공공외교 모델

20세기와 21세기에 걸쳐 외교영역 중에서 특히 공공외교의 패러다임은 제2차 세계대전의 종식과 함께 변화되기 시작했다. 냉전 동안 각 국가는 타국 정부 및 그 국가 국민들의 태도와 의견이 외교정책 결정에 영향을 끼칠 수 있게 만들기 위해 주로 '설득(persuasion)'에 초점을 두는 공공외교를 목표로 했던 반면,[1] 냉전 이후부터 2001년 9·11 테러 이전까지는 외국 대중들로부터의 이해와 공감을 얻어 내는 수단으로 공공외교를 활용했다. 후자의 경우 공공외교란 각국 정부가 외국 대중들에게 자국의 이념과 생각, 국가제도와 문화, 더 나아가 국가 목표와 정책을 이해시키기 위해서 그들과 소통하는 과정을 의미한다(Tuch 1990, 3-4). 한편 9·11테러 이후에는 공공외교에서 방향성의 변화를 둔 쌍방향 이해, 즉 '연대(engagement)'나 '관계형성'에 초점이 맞춰지기 시작했다. 이는 이전의 공공외교 방식과는 달리 한 국가가 다른 국가들이 필요로 하는 것과 더불어 그들의 문화와 국민을 이해하는 것은 물론 타국 정부와 국민들을 대상으로 자신들의 견해를 전

1) Edward R. Murrow Center of Public Diplomacy, "Definitions of Public Diplomacy," http://fletcher.tufts.edu/Murrow/Diplomacy/Definitions.

달하고, 그들이 가지고 있는 잘못된 인식을 바로 잡음으로써 자신에 대해 보다 긍정적인 태도와 의견을 갖게 만드는 관계형성을 위한 공공외교를 의미한다.

소프트파워를 기초한 공공외교의 중요성은 국제관계 이론 중 자유주의이론을 기초로 한다. 조셉 나이가 "정보가 권력이 되고 있다. … 새로운 정보에 대한 즉각적인 반응 능력은 매우 중요한 권력 수단"이라고 했듯이, "소프트파워는 강제가 아닌 흡인력에 의존해 협력을 이루어 낼 수 있는 권력"이라고 정의했다(Nye 1990). 자신의 목적을 위해 다른 사람들을 설득함으로써 향후 결과에 대한 예측 능력을 키우고, 문화와 관념, 정보를 공유함으로써 권력을 얻어낼 수 있기 때문이다. 국제사회에서 타국과 그 국민으로부터 호감을 얻어내는 능력이 바로 공공외교의 역할이고, 공공외교가 성공적으로 이루어진다면 목표 국가와 협력적 관계나 우호적인 관계를 형성할 수 있는 결과가 나타날 수 있다.

국제사회에서 한 국가에 대한 평판은 외교정책, 책임정부, 국민과 문화, 여행, 경제력, 브랜드, 상품, 수출 등 다양한 영역에서 타국 정부와 타국 국민이 받는 인상과 생각을 기초로 한 종합적 평가에 의해 이루어진다(Ahnholt 2007; Wang 2006). 따라서 '글로벌 신뢰'를 구축하기 위한 공공외교 모델을 구상하기 위해서는 우선 타국 국민들의 태도와 행동에서의 변화 과정에 초점을 맞추어야 한다. 공공외교를 소통 및 커뮤니케이션 과정으로 간주한다면 국가와 국가 간의 상호 평등한 사회교류 및 소통행위가 매우 중요하기 때문이다. 이런 의미에서 공공외교를 통해 얻고자 하는 목표를 달성하기까지 해외 대중들을 대상으로 단계별 어떤 소통과정이 필요한가를 파악해야 한다.

[그림 1] 공공외교의 목표 달성을 위한 단계

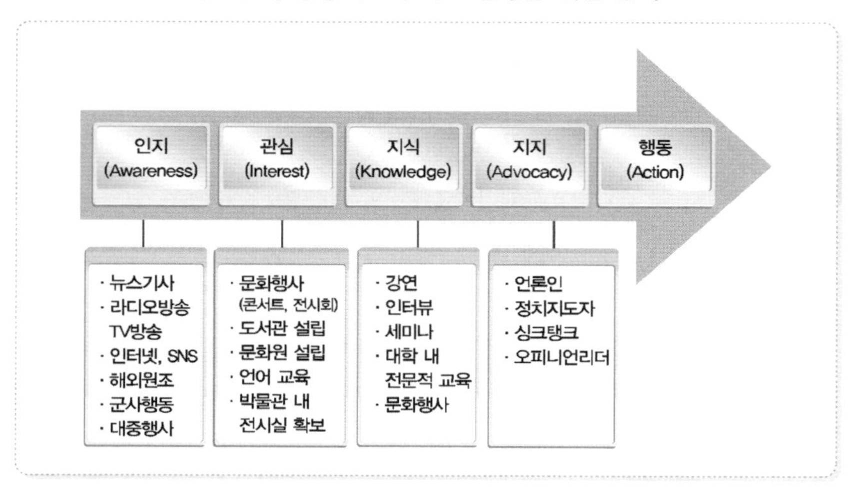

[그림 1]은 맥클렐란(Michael McClellan 2004)의 '공공외교 커뮤니케이션 피라미드 모형'을 일부 수정한 모델이다. 그는 대상국가(target country)의 대중들로부터 주체국가(advocate country)에 대한 호감이나 지지가 증가되어 궁극적으로 이를 기초로 대상국가와 주체국가 간의 협력이나 합의를 이끌어 내는 것을 보여주기 위해 다섯 단계 피라미드 형태를 선호했다. 하지만 이 과정은 피라미드 형태의 구조로 보기보다는 과정적 구조로 이해하는 것이 더 설득력이 있다. 가장 마지막 단계인 행동의 단계는 공공외교에서 얻어내는 궁극적인 목표라기보다는 전통적 개념의 외교가 얻어내고자 하는 목표인 '신뢰를 기초로 한 협력'으로 간주할 수 있다. 이 단계는 공공외교 영역이 독자적으로 얻어내는 목표일 수도 있지만, 공공외교가 다른 외교 영역에 주는 시너지 효과로 나타나는 결과일 수도 있다.

첫 번째 인지 단계는 공공외교 주체국가가 대상국가의 국민들로 하여금 주체국가를 인지하게 만드는 것을 의미한다. 이 단계에서는 대상국가의 대중이 주체국가에 대해 어떤 선입견을 가지고 있는가를 미리 파악해야 한다. 친밀감을 가지고 있는지, 중도적 입장을 보이는지, 적대감을 가지고 있는지에 따라 정보 투입의 수준과 내용이 조정되어야 하기 때문이다. 일정 수준 친밀감이 있는 대중일 경우에는 좀 더 빨리 흥미 단계로 이동할 수 있을 것이고, 중도적 태도를 보이는 대중이라면 신속하고 효율적으로 긍정적 효과가 나타날 수 있는 정보 투입이 필요할 것이다. 적대적 대중일 경우에는 보다 더 장기적인 시각에서 주체국가에 대해 정확히 이해할 수 있도록 함으로써 그들을 긍정적으로 변화시키도록 노력해야 한다. 예를 들면, 핵무기의 파괴력 때문에 적대적 관계에 있는 국가를 상대로 장기적으로 관계를 유지할 수 있는 결과를 얻기 위해서 공공외교를 활용할 경우가 바로 이에 해당된다. 주체국가는 적대국에서 우호적인 이미지를 얻기 위해 자국 내 라디오방송국 등의 정보수단을 사용해 상대국가의 적대적 태도와 정책을 변화시킬 수 있다.

이 단계에서는 주체국가의 매스미디어 역할이 매우 중요하다. 미국의 '미국의 소리'나 '자유유럽방송', '자유아프가니스탄방송', 독일의 '도이체 벨레', 러시아의 '러시아의 소리', 한국의 '자유아시아방송' 등이 바로 이에 해당된다. 외국어로 듣고 볼 수 있는 방송매체의 해외진출이나 역으로 해외방송의 주체국가 내 특파원 또는 지부 유치도 큰 효과를 볼 수 있다. 영상매체는 전파속도가 빠르고 더 많은 청중을 대상으로 하기 때문이다. 해외원조 활동이나 평화유지군 파견과 같은 활동 또한 국제사회에서 좋은 평가를 얻을 수 있는 내용인 만큼 대상 국가 국민들이 주체국가에 대해 인지수준을 높이는 데 큰 도움이 된다.

두 번째 단계에서는 이미 대상국가 대중들이 주체국가에 대해 충분히 인지하고 어느 정도 이해한 상태이기 때문에 스스로 주체국가에 대한 뉴스와 정보를 찾으려 하기 때문에 관심을 지속적으로 갖게 해줄 환경을 마련해 주는 것이 무엇보다도 필요하다. 따라서 주체국가는 대중들의 관심을 보다 더 확대시킬 수 있도록 다양한 문화행사와 정보제공을 위한 문화원 및 도서관 등을 설립하거나 언어교육 기회의 장도 마련해 주어야 한다. 예를 들면, 최근 한류(K-wave) 현상을 보이는 국가들 대중들은 한국에 대한 관심이 커지고 있는 만큼, 한국의 역사, 언어, 사회, 문화, 정치, 경제, 스포츠, 여행, 음식, 예술 등 다방면에 걸쳐 한국에 대한 정보를 충분히 제공해 줄 필요가 있다. 이 단계는 전문적 지식을 얻고자 하는 단계가 아니고 좀 더 관심을 높이는 단계이기 때문에 국가 관련 기초정보 습득을 용이하게 해주어야 하고, 관심을 높이기 위한 체험행사도 제공할 필요가 있다. 많은 국가들이 세계 곳곳에 문화원이나 언어교육원 등을 개설하는 것도 외국 대중들의 관심도를 높이기 위함이다.

세 번째 단계에서는 상대국가 대중들이 주체국가의 문화, 역사, 경제, 정책 등에 대해 보다 깊이 있는 지식을 적극적으로 습득하고자 한다. 이들 대중들이 주체국가로부터 방문한 전문가들의 강연이나 인터뷰, 세미나 등에 참석하여 전문적이고 보다 심도 있는 지식을 얻거나 대학에서 상대 국가를 연구하는 학문영역을 전공하고자 한다. 이를 위해 주체국가는 자국에 대해 많은 자료를 갖춘 문화원 설립, 팸플릿, 잡지, 번역서 등의 무료홍보자료, 영화, 비디오, 강연 프로그램을 이용하고 있는데, 최근에는 웹사이트나 이메일, 심지어는 SNS 등의 수단도 많이 이용되고 있다. 또한 주체국가에 대한 직접 경험이 없는 사회적 정치적 엘리트들에게 주체국가를 직접 경험하거나 주체국가의 국민들과 접촉할 수 있는 기회, 즉 학술교류나 교환프로그램 운영, 학술국제회의 등을 운영하기도 한다.

네 번째 단계는 대중들보다는 언론인, 정치지도자, 싱크탱크 분석가 등의 여론주도층이 자국의 이익에 반하지 않는다는 전제 하에 주체국가의 입장을 지지하는(advocacy) 단계를 말한다. 이 단계는 일단 여론주도층이라면 주체국가에 대한 이해의 폭과 내용이 대중들보다는 넓고 정확하기 때문에 상대국가 대중들의 의견에 영향을 줄 수 있다. 따라서 여론지도자들이 우선 주체국가에 우호적인 태도를 보인다면 대중들의 그 국가에 대한 호감이 높아지게 된다. 이렇게 상대국가 국민들의 여론과 태도는 상대국가가 정책결정을 하는 데 있어서 큰 영향을 끼치게 되므로 반드시 이 단계에서는 주체국가에 호의적인 여론주도층을 대상으로 한 로비활동도 중요하다.

다섯 번째 단계는 전통적 외교인 정부 대 정부의 단계이기 때문에 공공외교가 직접적으로 활용되지 않는다. 결국 앞서 네 단계가 긍정적 효과가 나타나는 방향으로 전개되어 온다면 대상국가의 정부가 국제기구에서의 투표, 무역협정조인, 조약체결, 군사동맹체결 등에 있어 주체국가를 지지하거나 협력하려는 행동을 취하게 된다.

앞에서 논의된 [그림 1]은 과정상 상대국가 국민들 대상으로 진행되는 변화만이 설명되는 것처럼 보이지만 중요한 것은 주체국가와의 상호성이 반드시 전제되어야 한다. 일단 상대국가 국민의 인지수준을 알기 위해서는 그 국가에 대해 충분한 이해가 필요하다. 또한 상대국가의 국민들이 주체국가에 대해 어떤 분야에 관심을 더 많이 갖게 되는가에 따라 그에 필요한 정보나 행사를 제공해 줄 수 있다. 결국 쌍방 간의 대화와 교류가 지속적으로 유지되어야 공공외교의 목표를 달성할 수 있다. 한편 단기적인 효과, 즉 인지와 관심 단계까지 이르기 위해서는 모든 가능한 미디어 기재들이 용이하게 활용될 수 있는 반면, 상호신뢰형성과 유지와 같은 장기적인 목표를 이루기 위해서는 교육문화 분야의 교류활동에 중점을 두어야 한다.

Ⅲ. 국제사회에서의 한국에 대한 평가 및 위상

한 국가에 대한 국제적 수준의 평가와 위상은 주로 많은 연구기관이 제공해 주고 있는 지수를 통해서 비교되고 있다. 국가 간 비교를 위해 사용되는 지수가 상당수 존재하지만, 이 연구에서 다루고 있는 '글로벌 신뢰'를 직접 평가할 수 있는 지수는 찾기 어렵기 때문에 가용될 수 있는 지수들 중에서 어떤 지수가 가장 타당하게 사용될 수 있는가를 파악해 보고자 한다. 국제사회에서 한국의 위상 또는 한국에 대한 평가는 <표 1>에서 살펴볼 수 있듯이 연구기관들이 제공하고 있는 순위나 지수에 따라 다소 차이가 있음을 알 수 있다. 공공외교의 측면에서 볼 때 이 같은 순위와 지수는 전 세계적으로 언론매체를 통해 보도된다는 점에서 다른 국가의 정부나 국민들에게 한국에 대한 인식과 이미지형성에 중요한 영향을 줄 수 있다.

한국의 경우 모든 지수를 통해 알 수 있는 것은 경제 관련 지수나 경제영역에서의 순위에 있어서 한국의 위상이 가장 긍정적이라는 점이다. 가장 흥미로운 점은 G8국가들이 50개국에 대해 평가한 국가평판도는 신뢰와 존경의 수준, 방문하기 안전한 곳, 친절하고 우호적인 국민, 진보적 사회 및 경제정책, 효율적 정부 등과 관련된 문항에 대한 의견을 종합한 것인데 한국의 순위가 그다지 높지 않다는 것이다. 이는 좋은국가지수에서 번영 및 평등, 번영지수에서 사회적 자본과 개인의 자유의 순위가 비교적 낮은 순위를 보이고 있다는 점에서 한국은 국제사회에서 민주주의 국가로서의 이미지 확보에 성공적이지 못한

〈표 1〉 다양한 지표로 본 국제사회 내 한국의 위상

지수 유형	년도	점수(총점)	국제순위
좋은국가지수(Good Country Index)	2010		47위/125개국
과학기술(Science and Technology)			30위
문화(Culture)			34위
평화 및 안보(International Peace and Security)			119위
세계질서(World Order)			45위
지구환경(Planet and Climate)			71위
번영 및 평등(Prosperity and Equality)			60위
건강 및 복지(Health and Wellbeing)			65위
국가브랜드지수(Country Brand Index)	2014-5		20위/75개국
부패인식지수(Corruption Perception Index)	2014	55/100	43위/174개국
국제경쟁성지수(Global Competitiveness Index)	2014-5	4.96/7	26위/144개국
사회발전지수(SPI: Social Progress Index)	2015	77.70/100	29위/133개국
번영지수(Prosperity Index)	2014	1.200408/5	25위/142개국
사회적 자본(Social Capital)			69위
개인의 자유(Individual Freedom)			59위
안전 및 안보(Saftey & Security)			23위
건강(Health)			21위
교육(Education)			15위
거버넌스(Governance)			30위
기업가정신(Entrepreneurship & Opportunity)			20위
경제(Economy)			9위
국가평판도(World's Most Reputable Countries)	2013	47.2/100	34위/50개국

자료: Simon Anholt. The Good Country Index, http://www.goodcountry.org; FutureBrand. Country Brand Index 2014~2015, http://www.futurebrand.com/cbi/2011; Transparency International. Corruption Perception Index 2014, http://www.transparency.org/cpi2014/results; Legatum Institute. Legatum Prosperity Index 2014, http://www.prosperity.com; World Economic Forum. Global Competitiveness Index 2014-2015, http://www.weforum.org/issues/global-competitiveness; Reputation Institute. The World's Most Reputable Countries 2013, http://www.reputationinstitute.com/thought-leadership/complimentary-reports-2013; Social Progress Imperative. Social Progress Index 2015, http://www.socialprogressimperative.org/data/spi#data_table/countries/spi/dim1,dim2,dim3

결과라 할 수 있다. 이는 번영지수에서도 나타나는 현상이기도 하다.

한편 한 국가의 신뢰 수준을 고려할 때 부패인식지수를 생각해 볼 수 있는데, 한국은 174개국 중 43위로, 국제경쟁성지수(26위/144개국)와 사회발전지수(29위/133개국)에 비해 그 순위가 비교적 낮은 편이었다. 한국은 분단국가라는 태생적 한계 때문에 평화 및 안보 영역에서 긍정적인 국가이미지를 형성하기 어렵다. 따라서 평화 및 안보 관련 지표가 지수 산정에 포함될 경우 그 지수의 수준 및 순위는 낮아질 수밖에 없다. 이 문제만 제외하면 국제적 수준에서 국가들을 상대적으로 비교할 수 있는 지수 및 순위는 공공외교의 목표 설정과 전략을 모색하는 데 있어서 도움이 될 수 있다. 그 이유는 한국이 국제사회로부터 평가되었을 때의 강점과 약점을 파악할 수 있다면 공공외교에서의 우선순위나 중요 영역들이 파악될 수 있기 때문이다.

<표 1>에서 제시된 지수들 중 일부는 점수(score)로 비교되기도 하지만 일부는 순위(rank)로 비교되고 있기 때문에 모든 지수들의 일관적 비교가 불가능하므로 이를 구분하여 지수들 간의 상관관계를 살펴보았다.[2] 또한 모든 지수들이 비교될 경우 동일한 크기의 국가사례들을 포함하고 있기 않기 때문에 지수 간 비교를 용이하게 만들기 위해, 미수 자료(missing data)를 줄이기 위해 대부분의 지수들에 포함된 71개국만이 분석에 포함되었다.[3]

다섯 개의 지수 값과 여섯 개의 순위 지수를 분석한 상관계수는 각기 <표 2>와 <표 3>에서와 같이 모두 유의한 결과를 보인다. 이는 모든 지수들의 상관성이 존재하므로 국제사회에서 국가의 위상을 파악

---

2) 지수가 점수일 경우에는 비율측정이므로 피어슨 상관계수(pearson's r)를, 반면 순위로 되어 있는 경우에는 서열측정이므로 스피어만 상관계수(spearman's rho)를 적용했다.

3) 그럼에도 국가평판도가 다른 지수에 비해 조사에 포함된 국가의 수가 작았기 때문에 상관계수 분석에 포함된 국가수가 71개국보다 작았다.

〈표 2〉 지수 값(score) 간 상관계수(Pearson's r)

	사회발전	국가경쟁성	부패인식	국가평판도
국제경쟁성	.766**(64)			
부패인식	.885**(65)	.847**(70)		
국가평판도	.898**(45)	.716**(45)	.858**(46)	
번영	.890**(65)	.886**(68)	.964**(69)	.874**(46)

** α = 0.01에서 유의함. ( )는 분석에 포함된 국가 수임.

〈표 3〉 순위(rank) 지수 간 상관계수(Spearman's rho)

	사회발전	좋은국가	국제경쟁성	국가브랜드	국가평판도
좋은국가	.861**(65)				
국제경쟁성	.777**(64)	.624**(70)			
국가브랜드	.872**(62)	.753**(68)	.859**(68)		
국가평판도	.923**(45)	.889**(46)	.739**(45)	.848**(43)	
번영	.892**(65)	.849**(68)	.874**(68)	.861**(65)	.875**(45)

** α = 0.01에서 유의함. ( )는 분석에 포함된 국가 수임.

하는 데 이들 지수들을 신뢰해도 무방함을 의미한다. 그럼에도 불구하고 각 지수 간 상관성의 정도에서 차이가 나타나고 있다. 국제경쟁성 지수와 사회발전지수 간의 상관성이 낮은 이유는 사회발전지수가 경제적 요소가 제외된 사회적·환경적 측면의 발전만 고려되고 있기 때문이다. 한편 국가평판도와 국가경쟁성 간의 상관성이 가장 낮은 이유는 국가평판도가 50개국을 대상으로 G8 국가 국민들에게 의견조사를 실시해 측정되었기 때문에 객관성이 다소 낮을 수 있기 때문으로 추정된다. 반면 <표 3>에서 좋은국가 지수와 국제경쟁성 및 국가브랜드 간의 다소 낮은 상관성 역시 좋은국가 지수보다 다른 두 지수가 경제적 측면을 더 많이 반영한 지수이기 때문이다.

한국의 경우 국제사회에서 중견국(middle power) 범주에 포함되어 있는데, 국가의 지위와 국제적 평가 수준 간에 관계가 있는지를 살펴보았다. 이를 위해서는 국가지위와 다섯 개의 지수 값에 대한 각각의 변량분석(ANOVA)을 시도했고 <표 4>에서 볼 수 있듯이 국제경쟁성 지수만 유의한 결과를 보여주고 있다. 국제사회에서 한 국가에 대한 위상과 평가를 제공해주는 잘 알려진 지수들 대부분이 국가의 지위, 즉 강대국, 중견국, 약소국으로 범주화하는 것과는 전혀 상관이 없음을 알 수 있다.[4] 국가경쟁성 지수와 국가 지위 간 관계가 있다는 것은 국제사회에서 무엇보다도 경제적 측면이 국가 위상에 영향을 미치고 있다는 것을 의미한다. 따라서 한국의 경우 국제지수를 기반으로 한국의 위상이나 국가 이미지를 상승시키기에는 매우 유리한 환경에 있다고 볼 수 있다. 공공외교를 통해 한국의 역사, 문화, 과학 기술, 교육, 해외원조 및 국제 자원 활동 등을 전 세계에 알림으로써 외국 대중 및 정부가 한국에 대해 보다 더 긍정적인 생각을 할 수 있게 만든다면 국제사회에서의 한국의 위상을 보다 더 향상시킬 수 있을 것이다.

〈표 4〉 국가 지위와 각 지수 간 관계에 대한 변량분석(ANOVA) 결과

독립변수	종속변수	유의도
국가지위(국가 수) 강대국(7) 중견국(41) 약소국(23)	사회발전	.087
	부패인식	.079
	국제경쟁성	.001**
	국가평판도	.478
	번영	.055

** α = 0.01에서 유의함.

4) 71개국 중 강대국은 미국, 영국, 독일, 프랑스, 일본, 중국, 러시아 등 7개국, 중견국은 한국, 캐나다, 호주, 뉴질랜드, 인도, 멕시코, 브라질, 노르웨이, 스웨덴 등 41개국, 기타 약소국 23개국으로 구분되었다.

Ⅳ. 글로벌 신뢰한국을 위한 공공외교 전략

국제사회에서 신뢰를 얻기 위한 구체적인 방법이나 전략을 제시하기란 매우 어렵다. 하지만 외국 대중들이나 정부들로 하여금 한국에 대해 호의적인 태도와 생각을 가질 수 있게 만들 수 있다면, 공공외교의 전략을 모색하는 데 있어서 가장 중요한 요소는 주요 행위자, 목표, 미디어 종류, 수단과 기술 등이다. 소프트파워가 유리한 국제환경에서 공공외교 전략을 세울 경우 첫째, 주체국가는 자신이 전파하고자 하는 문화와 생각(사고)이 세계적으로 널리 퍼져 있는 국제적 규범과 부합되고 있는가를 우선 검토해야 한다. 이는 공공외교의 목표설정과 관련된 것이다. 둘째, 국가는 국제 뉴스미디어에서 이슈가 설정되는 데 영향을 줄 수 있는 다수의 커뮤니케이션 채널에 접근할 수 있는 역량을 갖추고 있어야 한다. 셋째, '어떻게 공공외교를 펼치는가'보다는 '누가 공공외교 활동을 하는가'가 더욱 중요하다.

[그림 2]에서와 같이 공공외교 행위자는 위계적이기보다는 '다중심' 분권 체제를 보이기 때문에 많은 사람과 사회조직, 특히 하부조직 및 참여자의 적극성과 창조성이 발휘될 수 있어야 한다. 분업의 원칙에 따라 반관영기구 및 사회조직에 위임할 경우 전문적으로 운영할 수 있는 능력과 기술을 점검해야 한다. 마지막으로 각 국가 및 지역이 정치, 경제, 문화, 사회, 주체국가와 상대국가 간 관계에서 큰 차이가 있기 때문에 그 대상에 따라 서로 다른 공공외교의 방법, 즉 수단과 기술을 사용할 필요가 있다.

[그림 2] 공공외교 행위자 수준 및 대상국 특성 파악

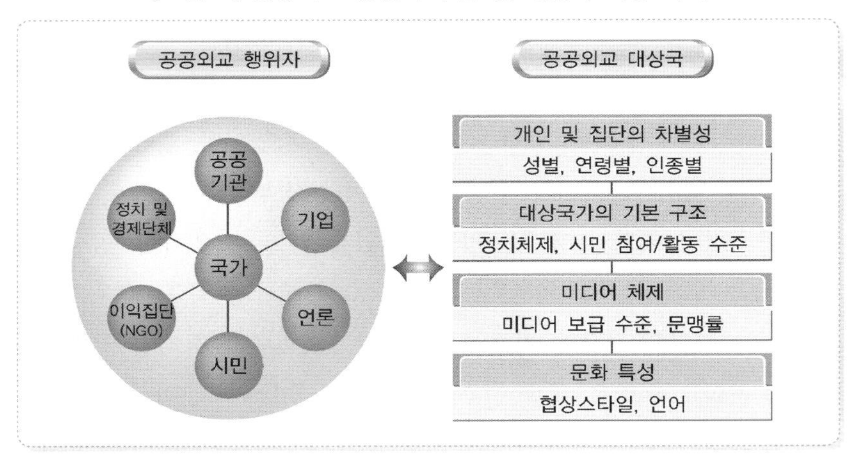

1. 국가 브랜딩 및 국가 이미지 설정

오늘날 세계 각국은 국가 경쟁력과 주도권을 확보하기 위해 자국의 독특하고 매력적인 이미지로 세계인의 마음을 사로잡고자 하는 이미지 경쟁을 하고 있다. 한국과 브라질, 중국, 인도 등 신흥공업국가들도 국가 브랜딩(Nation Branding)[5]의 관점에서 문화외교에 많은 노력을 쏟고 있다. 과거 후진국 내지는 개발도상국 이미지를 탈피하고, 첨단기술과 고급문화로 표상된 국가 이미지를 대외적으로 인식시킴으로써 자국 생산품의 가치를 높일 수 있기 때문이다.

국가 브랜딩을 포함한 한 국가에 대한 평판을 관리하는 것은 국가 정부가 주도적으로 목표한 이미지를 형성하고자 하는 것을 의미한다면, 국가 이미지는 해외 대중들이 그 국가에 대한 인식을 의미한다. 국가 이미지는 오늘날 국제경쟁력을 높이는 중요한 요소로 간주되는데, 긍정적인 국가 이미지는 대외적으로 여러 가지 긍정적인 효과를

5) 일부 학자들은 국가 브랜딩을 '국격 제고'라는 용어로 사용하고 있다.

창출한다. 첫째, 국가 이미지가 책임감 있는 국가, 신뢰성 있는 국가, 청렴하고 투명한 국가 등 긍정적인 이미지로 확립되면 국가의 국제적 신용도는 제고되며 국가 경쟁력 또한 강화된다. 둘째, 국가 간 교섭에서 상호이해의 상충으로 인한 마찰이 발생하는 경우, 긍정적인 국가 이미지는 유리한 통상 교섭을 할 수 있도록 하는 무형의 힘으로 작용하기도 한다. 셋째, 좋은 품질과 더불어 고품격 국가 이미지는 수출제품의 부가가치를 높일 수 있다. 국가 이미지는 또한 상품 경쟁력이나 국가 경쟁력과 같은 경제적 측면에서 뿐만 아니라 국민의 자긍심을 심어주는 등 비경제적 측면에서도 매우 중요하다. 서방 선진국을 비롯한 많은 국가가 자국 이미지 중 미비한 것은 개선하고 긍정적인 부분을 더욱 강화시키려고 노력하는 것은 국가 이미지가 국가 관리 차원에서도 그만큼 중요하다고 인식하고 있기 때문이다.

[그림 3] 국가 이미지에 영향을 주는 요인

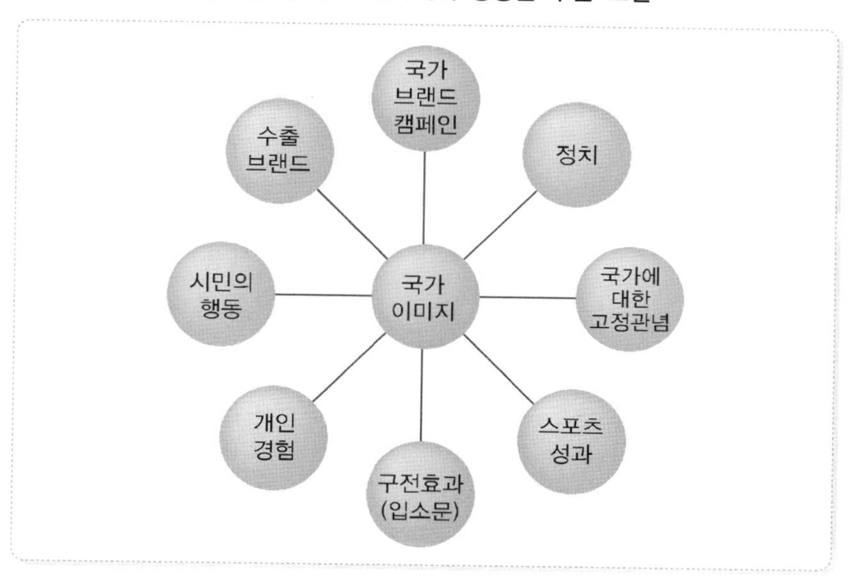

한 국가가 브랜드화 된다는 것은 국가 정부가 해외 대중들에게 어떤 상징성과 이미지를 보여야 할 것인가에 대한 목표가 분명해야 한다. 브랜드 국가는 전 세계 사람들이 한 국가에 대해 생각하고 느끼는 것을 의미한다(Ham 2001, 2-6). 공공외교 영역에서 강대국은 물론 강소국들 역시 오랫동안 추구해온 자신들의 국가브랜드 가치를 유지하고 발전시키기 위해 노력한다. 미국은 '자아표현(self-expression) 및 기술(technology)', 독일은 '공학기술(engineering) 및 고품격 생산품(quality products)', 일본은 '소형화(miniaturizing)', 이탈리아는 '스타일(style)', 프랑스는 '세련미(chic)', 영국은 '우아함(class)', 스웨덴은 '디자인(design)'인 것은 잘 알려진 바이다.

한국의 경우 2002년 '역동 한국(Dynamic Korea)', 2007년 '찬란한 한국(Korea Sparkling)', 2012년 외교통상부는 '매력적인 한국(Attractive Korea)' 그리고 가장 최근인 2014년 7월 문화관광체육부에서 관광브랜드 이미지 확립을 위해 한국의 국가 브랜드를 '당신의 한국을 상상하라(Imagine your Korea)'로 설정했다. 다양한 문화적 매력을 가진 한국에 대해 외국인들이 개별적으로 특별한 한국을 경험하고 당신만의 한국을 꿈꿔보라는 의미를 지녔다고 한다. '국가 브랜드'는 한 국가에 대한 인지도, 호감도, 신뢰도 등 유형 및 무형의 가치들을 총합한 것으로서 국가브랜드 가치가 상승하면 한국 기업과 제품이 세계시장에서 높은 평가를 받을 수 있을 뿐 아니라 세계인으로부터 호감과 존중을 받을 수도 있다.

따라서 적절한 브랜드 이미지를 형성하지 못하는 국가들은 새로운 국제 체제에서 경제적으로 그리고 정치적으로 경쟁하는 데 있어서 성공할 수 없다. 왜냐하면 브랜딩 없는 국가들은 해외로부터 국가에 대한 인식이나 평가가 가능할 수 없기 때문에 투자, 관광객, 기업, 공장

등을 유치할 수 없으며 수출을 확장할 수도 없으며, 국가 경쟁력을 향상시킬 수도 없다. 세계적 기업과 그 브랜드는 원산국효과(country-of-origin effect)를 통해 정부 대표들이 할 수 있는 것보다 오히려 더 많은 사람들의 생활에 영향을 끼친다(Goodman 2006, 5-7). 예를 들면 한국을 대표하는 기업인 삼성, LG, 현대 등의 브랜드 제품은 공공외교와 국가 평판에 있어서 중요한 역할을 하고 있다.

2012년 국가브랜드위원회와 삼성경제연구소가 공동으로 실시했던 조사 결과 한국은 과학 및 기술이 가장 우선된 이미지로, 그 다음은 경제/기업으로 나타났는데 다른 OECD 국가들에 비해 실체보다 이미지가 저평가되던 이전의 현상이 약간 개선되었지만, 여전히 문제점이 지적되었다(이동훈·김경란·양수진 2013). 무엇보다도 전통문화 및 자연, 정부효율성, 국민, 사회적 인프라 등은 실체보다 이미지가 매우 낮게 평가되고 있다는 점에서 실제로 국가브랜딩이 경제적 측면에서만 유리하게 이루어지고 있는 편향성을 지적할 수 있다. 특히 국가적 '신뢰' 이미지를 위해서는 정부와 국민의 이미지가 호의적으로 평가되어야 함에도 불구하고 가장 낮게 평가되고 있기 때문이다. 이를 뒷받침하듯 월드리서치(2009) 조사 결과에 따르면 한국의 이미지가 저평가되는 이유가 북한과의 대치상황(48.4%), 국제사회 기여 미흡(44.1%), 정치사회적 불안(41.5%), 이민/관광지로서의 매력부족(38.8%), 해외여행시 낮은 시민의식(37.5%) 순으로 나타났다.

1990년대 초반부터 시작된 한류 열풍이 과연 공공외교의 일부분으로 평가해야 될 것인가에 대한 논의에 대한 정확한 답을 찾을 수는 없다. 하지만 중요한 점은 '한국'이라는 브랜드가 해외 청소년들을 K-pop으로 이끄는 결정적인 요소가 되지 못하지만, K-pop에 심취한 해외 청소년들은 자연스럽게 '한국'이라는 국가에 대해 관심을 갖게 된다는 것이다. 그렇지만 한류가 국가를 외국에 알리고 외국 대중의 관심을 끌지만, 그것이 최종적으로 주체국가에 대한 지지나 신뢰로 확대될 수 있다는 보장은 없다. 국가가 실시하는 국가 이미지 브랜드화 전략은 긍정적인 국가 이미지를 만들기 위한 필요조건일 뿐 충분조건은 아니다.

호의적인 국가 이미지를 창조하는 작업은 결코 쉬운 일이 아니다. 한국의 경우 'Sparkling Korea'라는 국가 홍보 슬로건을 가지고 이에 부합하는 한국의 긍정적인 대외 이미지를 호소했지만, 당시 BBC News Asia는 2012년 1월 31일 기사에서 "화끈한 브랜드 이미지가 없는 한국"(Selling South Korea: No 'sparkling' brand image)이라는 제목으로 한국의 국가 연상 이미지의 부재에 대해 지적한 바가 있듯이(Williamson 2012), 현재 한국을 대표할 만한 확고한 브랜드 이미지를 확립하지 못하고 있는 실정이다. 무엇보다도 신뢰받는 한국이 되기 위해서는 실천가능하고, 한국에게 가장 강점이 될 수 있는, 외국인들이 인정할 수 있는 국가브랜딩이 이루어져야 한다. 신뢰를 구축하기 위한 것이 공공외교의 궁극적 목표라 하더라도 단계적으로 점진적으로 국가 이미지 설정을 진화시키는 것도 고려해볼 필요가 있다.

2. 문화외교

문화는 교류하는 상대국가 국민의 마음을 사로잡아 국가 이미지를 고양시키는 매력적인 수단으로 작용한다. 한 국가의 문화에 대해 긍정적인 시각이 형성되면 그 나라에 대한 국가 이미지도 긍정적으로 형성될 가능성이 크다. 한국의 경우 오래된 역사와 전통을 지녔음에도 불구하고 앞서 언급한대로 한국의 국가 이미지에 별로 중요한 영향을 주지 못하고 있다.

다른 국가로부터 신뢰를 얻기 위해서는 문화외교만큼 효과적인 게 없음이 검증된 바 있다. 오랫동안 문화외교 프로그램을 만들어 집행해 온 영국문화협회(British Council)가 실시한 조사에 따르면, “영국과의 문화교류, 즉 예술, 교육 및 영어교육활동을 접했던 사람들은 영국인들을 보다 더 신뢰하고, 영국을 대상으로 사업을 하거나 무역을 하는 데 훨씬 더 많은 관심을 가지고 있으며, 영국 정부에 대한 신뢰 역시 상승했다”고 한다.[6] 이 같이 문화교류와 신뢰 상승 간의 연관성은 영국과의 관계가 좋지 않은 파키스탄, 러시아, 그리고 터키 등에서 특히 의미 있는 결과로 나타났다.

한국국제교류재단 설립 당시 한국의 대외적 이미지는 ‘개발도상국’, ‘분단국가’ 등 비호감적 수준에 머물러 있었기 때문에 재단은 국제사회에 한국에 대해 좋은 이미지를 심어 주기 위한 노력으로 한국어·한국학 진흥사업, 문화예술 교류사업, 해외 저명인사 초청 등 다양한 사업을 추진해 왔다. 그 중에서도 한국국제교류재단은 해외 문화예술사업을 통해 한국의 소프트파워 및 국가 브랜드 가치를 제고하는 문화외교 집행의 핵심적 기구로서 그 역할을 담당해 왔다고 볼 수 있다.

하지만 한국의 문화외교 주요 행위자인 문화원이나 문화홍보관의 역할은 매우 미비한 상황에 머물러 있다. 이 조직들은 한국에 대한 정보를 외국 대중들에게 가장 가까이에서 전달해 주는 역할을 하고 있는 만큼 특히 대상국가 대중들의 관심단계에서 가장 중요한 역할을 한다. 미국, 영국, 독일, 프랑스 등의 선진 국가들의 경우 전 세계적으로 많은 국가에 상당수의 문화원을 설치해서 자국의 문화와 언어교육 등의 기회를 제공해 주는 데 비하면 한국의 국제적 지위에 비하면 공

6) 이는 영국문화협회와 Ipsos MORI and YouGov가 공동으로 수행한 조사로 10개국에서 18~34세에 해당되는 10,000명을 대상으로 실시한 서베이로부터 나온 결과다.

〈표 5〉 한국 문화원과 한국문화홍보관 현황(2014년)

	미주	유럽	아시아	중동	아프리카
한국문화원 (28개)	뉴욕 L.A. 워싱턴 D.C. 멕시코 브라질 아르헨티나	영국, 프랑스, 독일, 스페인, 벨기에, 폴란드, 헝가리, 러시아	동경, 오사카, 북경, 상해, 인도, 베트남, 태국, 필리핀, 인도네시아, 카자흐스탄	터키 이집트	나이지리아
한국문화 홍보관 (9개)	캐나다	러시아 스웨덴 이탈리아	싱가포르 홍콩		남아프리카 공화국

공외교 수준은 매우 낮다. <표 5>와 같이 한국은 최근에 와서야 28개의 문화원과 9개의 한국문화홍보관이 해외에 설치되었을 뿐이다. 이런 조건 하에서는 다른 방법의 문화외교인 국제스포츠게임 유치나 국내 관광 활성화 등을 통한 공공외교의 효과도 별로 지속적으로 유지되기 어려울 것이다. 중국 교육부가 100여 개국에 480개나 되는 '공자아카데미(Confucius Institutes)'를 통해 중국어 교육과 중국문화를 해외에 보급하고 있는데, 이 정도까지는 아니라도 한국은 향후 보다 더 적극적인 활동에 나서야 한다.

게다가 문화외교 차원에서 한국이 효율적인 결과를 얻어내기 위해 노력해야 하는 부문은 외국의 박물관에 한국관을 개설하는 것이다. 선진국가의 유명 박물관에서 중국관과 일본관은 쉽게 찾아 볼 수 있으나, 한국관은 전혀 없거나 있더라도 아주 빈약한 내용물만 전시되는 형식적 존재로 평가되고 있을 뿐이다. 한국의 해외관광이 급격히 증가하고 있음에도 불구하고 외국에서 모국의 자긍심을 느끼지 못하는 상황에서 그들 국가 국민들은 한국이라는 국가에 대해 인지할 수 있는 기회조차 얻지 못할 뿐 아니라, 더구나 한국에 대한 관심이 높아지기도 어렵다. 문화외교의 방법적 차원에서 스포츠게임, 국제행사 국내 유치 등과 같은 단기성 이벤트보다는 외국 대중들이 자신의 국가 내에서 한국에 대해 알아가기를 할 수 있는 장기적 효과를 유도해낼 수 있는 문화외교로서의 수단 마련이 급선무 되어야 한다.

3. 재외동포 활용

소프트파워를 기초한 공공외교의 경우 주요 외교정책 수행 주체인 정부 기관보다는 외국 공중에게 효과적인 영향을 미칠 수 있는 신뢰성 높은 민간 '오피니언리더(opinion leader)'의 역할이 보다 중요하게 부각되고 있다(마영삼 2011). 전세계에 흩어져 있는 재외동포들은 한국의 긍정적 이미지와 국가명성 제고를 위한 효과적인 오피니언리더 그룹으로 새롭게 이해될 필요가 있다. 재외동포들은 민간 외교의 최전선에 위치하고 있는 사람들로, 세계 곳곳에 거주하며 외국인들에게 자연스럽게 한국의 긍정적인 면을 부각시켜 한국의 명성을 제고하는 데 핵심적인 역할을 할 수 있는 존재들이기 때문이다.

이들은 한국 정부나 대상국가 외교담당자들보다도 현지인들에 대한 이해가 높기 때문에 그들의 마음과 생각을 움직일 수 있는 능력이 있다. 따라서 정부는 재외동포에 대한 관리 체제를 철저히 하고, 그들에게 한국에 대한 정보와 역사 및 기타 한국에 관련된 교육적 차원의 서비스를 제공해야 한다. 또한 한국 정부, 재외 공관, 외교 담당자, 재외동포 간의 소통채널을 원활히 하고 상호 협조할 수 있는 네트워크도 형성해야 한다. 재외동포를 민간외교관으로 활용할 수 있도록 인력풀 제도를 운영하는 것도 한 방법이기도 하다.

재외동포의 경우 앞서 [그림 1]에서 상대국가 대중의 인지단계와 관심단계에서 큰 역할을 해낼 수 있다. 대중 속에서 면대면(face-toface)으로 한국 알리기를 할 수도 있지만, 동포들에 의해 운영되는 미디어나 모국의 미디어 접근을 통한 메신저로서의 역할도 가능하다. 공공외교의 수행 주체가 될 수 있는 재외동포들은 모국 명성에 대한 인식 정도에 따라 외국 대중에게 긍정적 혹은 부정적인 영향을 미칠 수 있는 중요한 행위자이다. 이런 측면에서 지금까지는 공공외교 측면에서 간과되어 온 재외동포에 대한 관심과 관계설정을 재고해볼 필요가 있다.

4. 미디어외교

서구 선진국들이 소프트파워에 주목하여 24시간 뉴스채널이나 해외 국제방송 등을 통한 미디어외교에 많은 투자를 하여 자국의 입장에 유리한 방향으로 미디어를 운용하고자 다각적인 방안을 강구하고 있는 현실에서, 새로운 방향에서 미디어외교의 가능성을 모색하는 것은 국가 경쟁력 제고와도 밀접하게 연관된다. 예를 들어 최근 남북관계의 긴장 속에서 한국을 바라보는 국제 사회의 우려는 국가신용도 하락으로 이어져 국가 명성에 부정적인 영향을 미칠 수 있다. 이러한 국가 명성의 하락은 주가의 하락과 해외 투자의 감소 등 국가 경쟁력에 전반적인 위기를 초래할 수 있기 때문에 지속적으로 국가 명성을 관리할 필요가 있다.

외교에서 상대국가의 대중은 주체 국가의 정보에 대해 선택적 자세를 취하면서 자신이 주로 흥미를 느끼는 분야의 정보만 받아들이는 성향이 있다. 일반적으로 정치적 광고나 선전보다는 사실로 인식되는 뉴스기사나 사건들에 의해 주체국가를 이해하는 성향이 높고 이를 기초로 국가의 국제적 인지도나 지명도도 변화되는 성향이 높다. 그렇기 때문에 공공외교의 도구적 역할로 미디어의 활용에 따라 그 성과가 다르게 나타난다. 정부지도자나 외교관들이 언론과 인터뷰하거나 뉴스 사건을 감독하는 것도 국가 인지도나 지명도에 큰 효과를 볼 수 있다. 국제사회에서 주체국가가 지지를 얻는 기사가 많을수록 그 국가의 명예가 높아지는 것은 물론 국가의 신뢰도 자연스럽게 높아질 수 있다.

한 연구의 결과를 보면 미국의 경우 주에서 사용되는 한국 미디어 채널이 TV일 경우에 한국 명성이 높게 나타났으나, 태국은 인터넷일 경우에 한국 명성이 높게 나타났다. 또한 한국 뉴스 콘텐츠 이용시간과 관련해서도 미국은 TV와 종이신문을 통한 뉴스 이용시간이 증가할수록 한국 명성이 높게 나타났으나, 태국은 인터넷을 통한 뉴스 이용시간이 증가할 때 한국명성이 높게 나타났다(차희원 · 조은영 · 백상기 2013). 이렇게 국가별로 재외동포의 모국 명성에 영향을 미치는 모국 미디어 이용의 차이가 나타난 분석 결과는 효과적인 미디어외교 수단이 국가별로 달라질 수 있음을 제시한다.

왕(2006)은 역시 공공외교를 구성하는 소프트파워로서의 여론의 힘이 점차 중요해지고 있다고 지적한다. 특히 그는 공공외교를 통한 우호적 여론형성이 국가 명성을 증진시킨다고 주장하면서, 공공외교적 커뮤니케이션(public diplomatic communication)으로써 외국 대중과의 커뮤니케이션 능력을 강조한 바 있다. 이 같은 공공외교적 관점, 특히 커뮤니케이션 접근은 국가 명성의 생성과 확장에 매우 유용하다. 즉, 국가 명성이란 단순히 자국이미지를 투사하는 것뿐만 아니라 외국 대중들의 이해를 구하는 과정이기 때문에 점차 글로벌화되어가는 사회에 있어서 공공외교를 통한 우호적 여론 조성과 커뮤니케이션 능력은 국가 명성에 큰 영향을 미칠 수 있다.

따라서 효과적인 미디어외교를 위해서 미디어 활용과 관리 체제를 확립해야 한다. 비국가 초국가적(Nonstate Transnational) 모델의 경우

단체, NGOs, 개인들이 국경을 넘어서 공공외교를 수행하므로 국제적 뉴스 네트워크와 미디어를 사용함으로써 자신들이 원하는 것에 대해 국제사회에서 지지를 얻어 낼 수 있는 방법이다. 세계화 시대에서 효율적 결과를 얻어낼 수 있는 방법이긴 하나 상대국가가 민주주의 체제가 아닌 경우에는 적용되기 어렵다는 한계가 있다. 한편 국내 홍보(Public Relations) 모델은 최근 가장 인기 있는 것으로 상대국가 내에서 활동하는 홍보 회사와 로비스트를 고용하여 자국이 추구하는 목표를 달성하는 것이다. 직접적인 정부지원 공공외교보다 실제 세력과 자금원을 숨길 수 있고, 상대국 내에서의 지역적 지원 단체나 운동을 형성하는 것은 운동의 정통성과 진실성을 강화할 수 있기 때문에 최근에 많은 국가들이 선호하는 방법이다. 이 방법은 긍정적인 여론조성에 매우 큰 효과를 줄 수 있다.

V. 결 론

소프트파워가 중시되는 공공외교가 외교에서 중요한 위치를 차지하면서 세계 많은 국가들이 문화, 가치, 국가이미지와 같은 자산을 활용해서 정부와 대중, 대중과 정부, 대중과 대중 간의 소통을 개척하여 자국과 상대국 국민에게 올바른 정보를 제공하고 이해시켜 국익을 증진하는 외교적 활동을 전개하려고 노력하고 있다. 공공외교는 한 국가의 현행 정책과 국가목표, 제도, 문화 등을 이해하도록 외국 대중들에게 직접적으로 정보를 제공하려는 정부의 노력 과정이다. 공공외교를 펼치는 주체국가가 아닌 상대국가의 측면에서 본다면 학습과정과 같다. 외국인들이 한국을 알게 되고, 더 많은 관심을 갖게 되고, 한국에 대해 전문적 지식까지 갖추게 되면, 그만큼 한국과 한국인에 대한 이해가 높아져야 자연스럽게 긍정적인 태도를 보이거나 호감을 보이게 될 것이다. 하지만 정보와 지식을 제공하는 방법과 행위자의 역할에 따라 그 성과는 다를 수 있다는 점에서 공공외교의 전략을 모색하는 일이 필요하다.

한국이 국제적으로 신뢰받는 국가가 되기 위해서는 우선 신뢰를 구축하기 위해 선행적으로 확보해야 할 가치와 이미지 형성이 중요하다. 한국의 국가 이미지 형성과 국가 브랜딩은 그간의 노력에도 불구하고 현실적이지 못하고 너무나 추상적인 수준에 머물러 있다. 한국이라는 단어와 함께 해외 대중들이 빨리 머리에 떠오를 수 있는 국가 브랜딩이 반드시 필요하다. 지금 당장은 국가 브랜딩이 '국제적 신뢰'가 아니더라도, 장기적으로 한국이 신뢰국가로 자리매김할 수 있는 방향으로 설정되어져야 한다.

둘째, 공공외교를 담당하고 있는 주체는 크게 정부부처와 산하기관, 민간부문으로 나눌 수 있다. 한국의 각 정부 부처 모두가 국제관계 및 국제시장까지 고려하고 있기 때문에 사실상 모든 정부부처가 공공외교와 관련되어 있다고 봐도 과언이 아니다. 외교부는 공공외교의 주 부처로서 산하기관인 한국국제교류재단, 한국국제협력단, 재외동포재단을 총괄하고 있다. 또한, 문화체육관광부와 그 산하기관인 해외문화홍보원 역시 공공외교의 핵심 주체라고 할 수 있다. 한국의 공공외교는 정부가 주도적인 역할을 담당하고 있지만, 최근 민간부문 또한 주요한 행위자로 부상하고 있다. 해외원조를 하는 NGO를 비롯하여 각 분야의 교류재단, 기업, 교육기관 및 연구기관 등이 공공외교의 대표적인 민간 주체이다. 더 포괄적인 의미에서는 한국의 대표 인사부터 국내외 시시각각 타국 대중과 대면할 수 있는 일반 개인들까지 공공외교의 주체로 포함할 수 있다. 많은 국가에서 공공외교의 주요 행위자들의 변화가 자주 발생한 경험을 보면 공공외교의 목표 달성을 위해 행위자들의 역할과 업무의 변화는 특히 다중심적인 업무체제 하에서는 비효율성이 발생할 가능성이 높다. 업무에 대한 전문성 제고나 부서 간 네트워크화를 위해서라도 안정된 공공외교의 역할분담이 이루어질 필요가 있다.

셋째, 대체로 선진국들은 효과적인 공공외교를 수행하기 위해서는 중장기적인 계획과 일정한 목표를 지향하며 체계적으로 수행되고 있다. 한 국가에 대한 국제사회의 시각을 변화시키는 일은 쉽게, 그리고 빠르게 이루어 질 수 없다. 따라서 보다 장기적으로 미래지향적인 계획을 수립함과 동시에 효율적인 운영의 틀을 갖추어야 한다. 한국 공공외교의 현실은 체계적인 전략으로 수행되기보다는 여러 기관에서 다양한 계기로 분산 추진되어 비효율적으로 공공외교의 활동을 전개함으로써 개선의 여지가 많다. 다양한 주체를 관리하고 공공외교 전략을 총괄하는 컨트롤 타워(control tower)가 부재하기 때문에 공공외교 관련 업무의 비효율성이 야기되고 있다.

마지막으로 한국의 공공외교 전략을 위한 수단으로는 문화외교, 해외원조 및 해외 봉사활동, 국가 브랜딩, 미디어외교 등으로 크게 나눠서 살펴보았다. 수단의 측면에서 최근 한국의 공공외교의 특징은 문화를 기제로 한 공공외교의 특징은 양자적 원조 강화와 문화외교의 강화로 볼 수 있다. 문화외교의 측면에서는 특히 해외 한국학 진흥 사업과 한식 · 태권도 · 국악 등의 전통문화를 세계에 보급하고자 노력해왔다. 최근에는 국가 브랜드 제고 사업으로 해외봉사단 통합 브랜드인 'World Friends Korea'와 한국어 통합기관인 '세종학당' 등을 구축하였다. 그러나 한국이 세계의 지지와 공감을 얻기 위해서는 국제사회에 대한 기여 확대가 필수적이지만 아직까지는 그 효과에 대해서는 평가할 수 있는 수준은 아니다. 무엇보다도 외국 대중들에게 한국을 알기 위한 기초적이고 필수적인 정보를 제공해 줌으로써 역사와 전통부터 이해하면서 점차 관심을 높여가도록 하는 단계적인 전략적 접근이 필요하다.

참고문헌

마영삼. 2011. “공공외교의 현황과 우리의 정책 방향.” 『JPI 정책포럼』. 9월호.

이동훈 · 김경란 · 양수진. 2013. “2012 국가브랜드지수 조사 결과.” 『SERI 이슈 페이퍼』. 1/10.

제프리 코원. 니콜라스 J. 컬 엮음. 2013. 『새 시대의 공공외교』. 한국국제교류재단 공공외교 번역총서시리즈 003. 서울: 인간사랑.

차희원 · 조은영 · 백상기. 2013. “공중외교적 관점에서 본 재외동포의 모국 미디어 이용과 모국 명성의 관계: 미국, 태국 재외동포를 중심으로.” 『한국언론학보』. 57권 3호.

프랜시스 후쿠야마 지음. 구승희 옮김. 1996. 『트러스트』. 서울: 한국경제신문사.

한팡밍 편집. 2013. 『공공외교개론』. 서울: 동국대학교 출판부.

Anholt, Simon. 2007. *Competitive Identity: The New Brand Management for Nations, Cities and Regions*. New York: Palgrave Macmillan.

Auer, Claudia and Alice Srugie. 2013. *Public Diplomacy in Germany. CPD Perspectives on Public Diplomacy*. Paper 5. Los Angeles: Figueroa Press. http://uscpublicdiplomacy.org/sites/uscpublicdiplomacy.org/files/legacy/publications/perspectives/CPDPerspectives_Paper_5_2013_German.pdf(검색일: 2014년 12월 3일).

Cooper, Robert. 2003. *The Breaking of Nations: Order and*

Chaos in the Twenty-First Century. London: Atlantic Books.

Fitzpatrick, Kathy R. 2010. *The Future of U.S. Public Diplomacy: An Uncertain Fate*. edited by Jan Melissen. Leiden: Koninklijke Brill NV.

Goodman, M. B. 2006. "The Role of Business in Public Diplomacy." *Journal of Business Strategy*. Vol. 27, No. 2.

Ham, Peter van. 2001. "The Rise of the Brand State." *Foreign Affairs*. Vol. 80, No. 5.

________________. 2002. "Branding Territory: Inside the Wonderful Worlds of PR and IR Theory." *Millennium*. Vol. 31, No. 2.

Kim, Myongsob, Suzanne L. Parker, and Jun Young Choi. 2006. "Increasing Distrust of the USA in South Korea." *International Political Science Review*. Vol. 27, No. 4.

Leonard, Mark, Catherine Stead, and Conrad Smewing. 2002. *Public Diplomacy*. London: The Foreign Policy Centre.

McClellan, Michael. 2004. "Public Diplomacy in the Context of Traditional Diplomacy." *A Paper presented on October 14 at Vienna Diplomatic Academy*. www.publicdiplomacy.org/45.htm (검색일: 2014년 10월 25일).

Melissen, Jan. eds., 2005. *The New Public Diplomacy: Soft Power in International Relations*. New York: Palgrave Macmillan.

Nye, Joseph S. 1990. *Bound to Lead: The Changing Nature of American Power*. New York: Basic books.

________________. 2004. *The Means to Success in World Politics*. New York: Public Affairs.

Seib, Philip. 2012. "Cultural Diplomacy and Construction of Trust." *Huffington Post*. August 8.

Tuch, Hans N. 1990. Communicating with the World: U. S. Public Diplomacy Overseas. New York: Institute for the Study of Diplomacy.

Yun, Seong-Hun. 2006. "Toward Public Relations Theory-based Study of Public Diplomacy: Testing the Applicability of the Excellence Study." *Journal of Public Relations Research*. Vol. 18, No. 4.

Wang, J. 2006. "Managing National Reputation and International Relations in the Global Era: Public diplomacy Revisited." *Public Relations Review*. Vol. 32, No. 2.

Williamson, L. 2012. "Selling South Korea: No 'sparkling' brand image." *BBC News Asia*. January 31. http://www.bbc.co.uk/news/world-asia-16713919(검색일: 2014년 10월 16일).

Wyszomirski, Margaret J., Christopher Burgess, and Catherine Peila. 2003. *International Cultural Relations: A Multi-Country Comparison*. Columbus: Arts Policy and Administration Program, The Ohio State University.

Zaharna, R. S. 2010. *Battles to Bridges: U. S. Strategic Communication and Public Diplomacy after 9/11*. New York: Palgrave Macmillan.

찾아보기

ㄴ

ㅊ

저자약력

■ 김창희

현재 전북대학교 정치외교학과 교수. 전북대학교 정치외교학과 학사, 석사, 박사. 미국 U. of Missouri 객원교수, 한국정치정보학회 회장, 한국정치학회・한국국제정치학회 부회장, 호남정치학회・호남국제정치학회 회장, 민주평화통일자문회의 상임위원, 통일부 정책자문위원, 통일교육위원, 언론중재위원, 전북대학교 사회과학연구소장, 전북대학교 사회과학대학장, 전북대학교 행정대학원장 역임. 주요저서로는 정치학(공저), 북한의 이해(공저), 김정일의 딜레마(2004), 북한정치사회의 이해: 제4판(2006), 새로운 정치학의 이해: 제3판(2010) 북한정치와 김정은(2012), 비교정치론: 제2판(2012), 남북관계와 한반도: 대결과 갈등에서 신뢰의 장으로(2014), 김정은 정치의 프레임: 체제・이념・시장・승계・핵(2016).

■ 곽재성

현재 경희대학교 국제대학원 교수. 서울대학교 서어서문학 학사, 영국 리버풀대학교 중남미지역학 석사 및 국제정치학 박사. 연구 및 관심 분야는 다자간 국제개발협력, 글로벌 CSR 및 민관협력, 개발사업의 평가 및 성과관리, 국제개발컨설팅, 중남미 정치경제 등. 미주개발은행(IDB)의 무역 및 지역통합국(INT) 근무(2007~9)를 거쳐, 미주개발은행과 아시아개발은행(ADB), 유엔중남미경제위원회(CEPAL) 등의 국제기구에서 컨설턴트로도 활동. 저서 및 보고서로는 국제개발협력 첫걸음(KOICA, 2015), MDB 조달시장 진출방안 연구(한국수출입은행, 2015), 중남미와의 삼각협력 추진전략 연구(KOICA, 2015), 녹색성장 시대의 브라질(환경부, 2009), 한국의 대중남미투자와 진출전략연구(UNECLAC, 2007) 등.

■ 장노순

현재 한라대학교 경찰행정학과 교수. 한국외국어대학교 영어학과 학사. 미국 Florida State University 정치학 석사 및 박사. 주요 경력으로 국정홍보처 전문위원 역임. 연구분야는 사이버안보, 안보전략이론, 정보활동과 정책 등. 주요 연구 실적으로 국가정보학(2014, 공저), 21세기 국가방첩(2015, 공저), "안보와 치안의 상호의존성(2013)", "생물안보와 안보전략의 이중구조(2014)", "안보수단의 비대칭화와 안보딜레마의 전이(2015)" 등.

■ 조성권

현재 한성대학교 행정대학원 교수. 한국외국어대학교 학사, 미국 U. of New Mexico at Albuquerque에서 중남미지역학 석사 및 정치학 박사. 국가안보정책연구소 및 국제문제조사연구소 선임연구원. 주요 관심 분야는 환경, 에너지, 테러, 보건 등 비전통적 안보. 주요 저서로는 세계화와 인간안보(2005, 공저), 21세기 초국가적 조직범죄와 통합안보(2011), 마약의 역사(2012), 한국조직범죄사: 조직범죄와 정치권력(2013), "생물테러 조기인지를 위한 생물학적 위협요인 분석"(2014) 등.

■ 주미영

현재 전북대학교 SSK팀 연구교수. 한국외국어대학교 정치외교학 학사, 펜실베이니아주립대학교 정치학 석사, 미시간주립대학교 정치학 박사. 연구 및 관심분야 비교정치, 미국정치, 방법론. 주요 저서 및 논문으로 "미국 내 여성대통령 등장 가능성 연구"(2013), 미국 전쟁사 속 여성(2014), "미국연방의회의 여성대표성 증진 방안 연구: 1917-2013년까지의 선거경쟁성을 중심으로(2015)", "신뢰한국을 위한 공공외교에서의 국가평판 제고 전략"(2016) 등.

국제관계와 신뢰외교

2016년 6월 10일 초판 인쇄
2016년 6월 15일 초판 1쇄 발행

공 저 자 김창희·곽재성·장노순
조성권·주미영

발 행 인 배 효 선

발행처 도서출판 法 文 社

주 소 10881 경기도 파주시 회동길 37-29
등 록 1957년 12월 12일/제2-76호(윤)
전 화 (031)955-6500~6 FAX (031)955-6525
E-mail (영업) bms@bobmunsa.co.kr
(편집) edit66@bobmunsa.co.kr
홈페이지 http://www.bobmunsa.co.kr

조 판 법 문 사 전 산 실

정가 25,000원 ISBN 978-89-18-03249-8